同一性識別の法と科学

刑事事件における
同一性識別証拠に関する
デブリン・レポート

委員長　デブリン卿

庭山英雄　監訳

信山社

"Devlin Report (Report to the Secretary of State for the Home Department of the Departmental Committee) on Evidence of Identification in Criminal Cases. HC 338 © Crown copyright 1976. Translated into Japanese by Hiroshi Ohyama, Ikuo Sugawara, Tatsuya Sato, Kaoru Kurosawa and Yoshinori Okada, supervised by Hideo Niwayama with the permission of the Controller Her Majesty's Stationery Office who accepts no responsibility for the accuracy of the Translation".

　刑事事件における同一性識別証拠に関するデブリン・レポート（内務大臣に対する部門委員会報告書），HC 338 © Crown copyright 1976　日本語翻訳者・大山弘，菅原郁夫，佐藤達哉，黒沢香，岡田悦典，監訳者・庭山英雄。翻訳はイギリス王室印刷局管理官の承認による。ただし，翻訳の正確性については訳者が責任を負うものである。

　　　　　　は　し　が　き

　本書は，イギリスにおいて1976年に発表されたデブリン・レポート[1]の全訳およびその理解に資するべく付した若干の解説からなる。デブリン・レポートとは，正式名称を「内務大臣に対する刑事事件における同一性識別証拠に関する部門委員会報告（Report to the Secretary of State for the Home Department of the Departmental Committee on Evidence of Identification in Criminal Cases)」と称するイギリスの内務大臣に提出された調査報告書の略称である。このレポートは，イギリスにおいて，誤った犯人識別が原因で起きた2つの有名な冤罪事件をきっかけとして，誤判原因の究明のために作成されたものである。その内容は，2つの冤罪事件の事実関係の詳細な分析から，法心理学および法社会学上の知見を用いた誤判原因の究明におよんでいる。わが国においても時折その存在に言及がなされるが，残念ながら必ずしも内容の詳細な紹介はなされていない[2]。
　今回，すでに古典ともいえる本レポートの翻訳を試みるのは，上記のように，わが国においてその存在が知られつつも必ずしも詳細な内容紹介がなされていないといった点にくわえ，とくに次の2点が大きな動機となっている。
　1つは，現実の冤罪事件を契機に，過ちを繰り返すことのないように，この様な徹底した調査の行われた事実それ自体を広く紹介することにより，冤罪回避の範をそこに求めることにある。すでにわが国においても戦後いくつかの冤罪事件が報じられている。残念ながら，わが国の場合は，いずれも個別事例として処理され，制度的視点からの原因究明がなされたとは言い難い。同じく冤罪を経験しながら，何故かくも事後対応が異なるのか。翻訳作業を通じて，その発想の違いを明らかにしてみたいと考えたのである。
　他の1つの動機は，このデブリン・レポートを今後の法心理学研究のモデルとして，詳しくその内容を紹介したいと考えた点にある。近年，欧米を中心に，法律学と心理学の学際研究が盛んであり，わが国においても，証言心理学を中心に，近時その傾向が顕著である[3]。しかし，それら学際研究は，じつはわが国においてすら，すでに古くから存在しており，その成果が実践的に定着してこなかったという経緯もある[4]。そのような視点から考えるならば，冤罪回避の必要性という視点が，法律学と心理学を1つに結びつけた本レポートは，学際的実践研究の古典的好例といえる[5]。これを詳しく紹介することによって，今後のわが国における法心理学研究の一定の方向性を呈示できればと考えた次第である。
　本書においては，上記のような意図のもと，デブリン・レポートの内容を，法律学者にとっても，心理学者にとっても理解しやすいものにすべく，全文の翻訳に加

はしがき

え，このレポートの歴史的位置づけや，法律学上，心理学上の基礎知識に関する解説をコラムの形で，各所に挿入している。翻訳にあっては，イギリス刑事訴訟法の権威であり，デブリンレポートの作成者であるデブリン卿とも面識を有する庭山英雄先生に鑑訳をお願いした。本書の翻訳および執筆担当者は福島大学・法と心理学研究会のメンバーである。福島大学・法と心理学研究会では，これまで，法律学と心理学を専攻する研究者が両領域にまたがる諸研究に積極的に取り組んできた[6]。今回の翻訳作業もそのメンバーの分担によるものである。翻訳作業は章ごとに担当を決め，各自の責任のもとにこれを行ったのちに，鑑訳者も含め，全分担者による輪読会を開き，内容検討をなすという形で進めた。そして，それらを試訳として福島大学行政社会論集に連載し（11巻2号121頁以下，12巻3号129頁以下），識者の批判を仰ぎ，各所に修正を加え，最終的に今回の刊行に至っている。その意味では，単なる分担訳ではなく，上記のような学際的視点からの共同翻訳である。

　本書の草稿となった試訳の公表にあたっては，福島大学行政社会学部の富田哲教授にレフリーを引き受けていただき，多くの有益なご教示をいただいた。また，前記輪読会には，当初から，千葉大学自然科学研究科（当時福島大学地域科学研究科）の浅井千絵さん，畑野智栄さんが参加し，活発に意見を提示してくれた。両氏には，本書のコラムも執筆してもらった。これらの方々のご協力・ご教示に訳者一同深く感謝申し上げる次第である。

　なお，本書の刊行にあっては，信山社の村岡侖衛氏に大変お世話になった。記して御礼申し上げる。

　2000年5月9日

翻訳分担者を代表して　　菅原　郁夫

(1) The Devlin Committee on Evidence of Identification in Criminal Cases, 1976, HC 338.
(2) 最近の紹介として，庭山英雄「デブリンレポートと目撃証言」季刊刑事弁護11号88頁以下。なお，その翻訳の必要性を指摘するものとして，座談会「法律学と心理学にとっての証言」菅原郁夫＝佐藤達哉編「目撃者の証言」現代のエスプリ350号34頁（渡部保夫発言）。
(3) 最近の研究を紹介するものとして，岡田悦典＝中川孝博＝徳永光「目撃証言・供述に関する文献案内」季刊刑事弁護10巻104頁以下。
(4) この経緯については，佐藤達哉「欧米と日本における証言心理学の展開」前掲現在のエスプリ350号139頁以下，佐藤達哉＝溝口元編著・通史日本の心理学（北大路書房・1997年）196頁以下。
(5) なお，近時のモード論的視点からの解釈によれば，このような研究は，学際的（interdisciplinary）ではなく，むしろ，学融的研究（transdisciplinary）と呼ぶべきものといえる。今回の試みは旧来の「学際」の語を用いて説明したが，その意

図は，単なる法律学と心理学の応用研究ではなく，より独自の理論構造，研究方法，実践様式を目指すところにある。なお，法律学と心理学の協力のあり方について，モード論の視点から解説するものとして，佐藤達哉「進展する『心理学と社会の関係』モード論からみた心理学…心理学論㈡の挑戦(3)…」東京都立大学人文学報第288号159頁以下がある。
(6) たとえば，前掲菅原・佐藤編「目撃者の証言」現代のエスプリ350号ほか，菅原郁夫「事実認定における心理学の応用」季刊刑事弁護10巻41頁以下，佐藤達哉＝菅原郁夫＝浅井千絵「目撃証言の確信度と正確さの関係」季刊刑事弁護10巻81頁以下，菅原郁夫・民事裁判心理学序説（信山社・1998年）。なお，最近の活動については，ホームページ（http://133.52.71.16/ads/ss-lob/tobira.html）を参照いただきたい。

翻訳者一覧	コラム執筆者一覧
第1章　菅原郁夫	「裁判における事実認定」大山弘
第2章　大山　弘	「法律学と心理学のかかわり」菅原郁夫
第3章　岡田悦典	「耳撃証言研究の動向」畑野智栄
第4章　菅原郁夫	「知人同定に関わる問題点」浅井千絵
第5章　岡田悦典	「本当の記憶とは」黒沢香
第6章　大山　弘	「ロフタスたちの目撃証言研究とその後」黒沢香
第7章　大山　弘	
第8章　佐藤達哉	「確信度と正確度の関係」佐藤達哉
付録A～D　黒沢香	「ターンバル判決について」岡田悦典
付録E～K　佐藤達哉	「現在の証拠開示」大山弘
付録L，M　岡田悦典	「心理学実験の論理」黒沢香
	「パレード手続研究からの知見」黒沢香
	「目撃証言研究の歴史」佐藤達哉
	「イギリスの上訴制度」岡田悦典
	「近年における法と心理学の動向－イギリスと日本－」佐藤達哉

目　次

はしがき

序　文 …………………………………………………………………… *1*

第1章　序　　論 ………………………………………………… *3*
 Ⅰ　本報告の範囲 …………………………………………………… *3*
 Ⅱ　訴追手続 ………………………………………………………… *5*
 Ⅲ　問題の本質 ……………………………………………………… *11*
  コラム「裁判における事実認定」 ………………………………… *13*

第2章　ドーティー事件 ………………………………………… *14*
 Ⅰ　犯罪と捜査 ……………………………………………………… *14*
  (1)　犯罪と被疑者 ……………………………………………… *14*
  (2)　捜査と逮捕 ………………………………………………… *15*
  (3)　ホイットレイ湾への訪問 ………………………………… *16*
  (4)　弁護側の準備 ……………………………………………… *16*
  (5)　アリバイ：通知と捜査 …………………………………… *18*
 Ⅱ　公　判 …………………………………………………………… *22*
 Ⅲ　公判後 …………………………………………………………… *29*
 Ⅳ　上　訴 …………………………………………………………… *31*
 Ⅴ　上訴後 …………………………………………………………… *37*
 Ⅵ　コメント ………………………………………………………… *39*
  (1)　訴追側の不完全な捜査 …………………………………… *40*
  (2)　写真同一性識別 …………………………………………… *40*
  (3)　同一性識別パレードの不実施 …………………………… *40*
  (4)　アリバイの下調べ ………………………………………… *40*
  (5)　警察報告 …………………………………………………… *41*
  (6)　被告人席同一性識別 ……………………………………… *41*
  (7)　延期を受け入れないことの決定 ………………………… *41*
  (8)　上訴手続 …………………………………………………… *42*
  (9)　結　論 ……………………………………………………… *44*
  コラム「法律学と心理学のかかわり」 …………………………… *45*

第3章　ヴィラーグ事件 ································· 46
- I　関与者 ······································· 46
- II　リバプールの犯罪 ···························· 47
- III　トライアンフ・ビテスの窃盗 ················· 48
- IV　ブリストルの犯行 ···························· 49
- V　警察の捜査 ·································· 52
- VI　アリバイ ···································· 58
- VII　訴追及び公判 ······························· 62
  - (1)　訴追のための事件内容説明書 ·············· 62
  - (2)　公判 ···································· 64
  - (3)　弁護 ···································· 66
  - (4)　裁判官の説示・評決・上訴 ················ 69
- VIII　ノッティング・ヒルの謀殺未遂 ············· 71
- IX　ヴィラーグ事件の影響 ························ 73
- X　内務省の手続 ································ 74
- XI　アレン警視の報告書 ·························· 75
- XII　コメント ··································· 78
  - (1)　ヴィラーグの無実 ························ 78
  - (2)　誤判の原因 ······························ 80
  - (3)　指紋 ···································· 80
  - (4)　内務省の誤った判断 ······················ 84
  - (5)　アリバイ ································ 85
  - (6)　結論 ···································· 87

第4章　公判での証拠と手続 ···························· 89
- I　同一性識別：意義と本質 ······················ 89
  - (1)　同一性識別の類型 ························ 89
  - **コラム**「耳撃証言研究の動向」 ················· 91
  - **コラム**「知人同定に関わる問題点」 ············· 95
  - (2)　最近の研究 ······························ 96
  - **コラム**「本当の記憶とは」 ····················· 97
  - (3)　視覚的同一性識別の方法 ·················· 100
  - **コラム**「ロフタスたちの目撃証言研究とその後」 ·· 101
  - (4)　安全対策の必要性 ························ 102
  - **コラム**「確信度と正確度の関係」 ··············· 105
- II　補強証拠：歴史と議論 ························ 107
- III　同一性識別事件における警告：歴史と議論 ····· 114

目次

 Ⅳ 補強証拠と警告：結論 …………………………………… *118*
  (1) 提案された準則 ………………………………………… *118*
  (2) 証拠の審理 ……………………………………………… *120*
  (3) 準則の根拠 ……………………………………………… *121*
  (4) 例外的状況 ……………………………………………… *121*
  (5) 追加的証拠 ……………………………………………… *123*
  (6) アリバイ ………………………………………………… *126*
 Ⅴ 補強証拠と警告：改革 …………………………………… *128*
 Ⅵ 被告人席における同一性識別 …………………………… *133*
  (1) 議　　論 ………………………………………………… *133*
  (2) 結論と改革 ……………………………………………… *137*
  コラム「ターンバル判決について」……………………… *143*

第5章　公判前の手続 …………………………………………… *144*

 Ⅰ 訴追側による証拠開示 …………………………………… *144*
 Ⅱ 犯人描写 …………………………………………………… *145*
  コラム「現在の証拠開示」………………………………… *146*
 Ⅲ 写真の使用 ………………………………………………… *150*
  (1) 現在の問題 ……………………………………………… *150*
  (2) 現行準則と改革 ………………………………………… *152*
 Ⅳ 同一性識別パレード ……………………………………… *154*
  (1) 起源と現在の位置 ……………………………………… *154*
  (2) 権利と義務 ……………………………………………… *156*
  (3) パレードの撮影 ………………………………………… *160*
  (4) 参 加 者 ………………………………………………… *161*
  (5) 証　　人 ………………………………………………… *162*
  コラム「心理学実験の論理」……………………………… *167*
  (6) 被 疑 者 ………………………………………………… *169*
  (7) パレードの構成 ………………………………………… *169*
  (8) パレードの報告 ………………………………………… *170*
  (9) パレードの選択肢 ……………………………………… *171*
  (10) 刑事施設におけるパレード …………………………… *172*
 Ⅴ 準則の地位 ………………………………………………… *173*
  コラム「パレード手続研究からの知見」………………… *174*
 Ⅵ アリバイ：準備と調査 …………………………………… *178*
  (1) 訴追側の義務 …………………………………………… *178*
  (2) 弁護側の義務 …………………………………………… *181*

(3)　スコットランドの制度 ……………………………………… *182*
　　　(4)　批　　判 …………………………………………………… *183*
　　　(5)　結　　論 …………………………………………………… *185*
　　　コラム「目撃証言研究の歴史」 ……………………………… *188*

第6章　公判後の手続 ……………………………………………… *189*
　Ⅰ　上訴と国王の赦免権 ………………………………………… *189*
　Ⅱ　上訴手続 ……………………………………………………… *192*
　Ⅲ　内務省の手続 ………………………………………………… *195*
　　　コラム「イギリスの上訴制度」 ……………………………… *199*

第7章　マジストレイト裁判所の手続 ………………………… *200*

第8章　要約と勧告 ……………………………………………… *203*
　Ⅰ　序　　説 ……………………………………………………… *203*
　Ⅱ　公判手続 ……………………………………………………… *204*
　Ⅲ　公判前の手続 ………………………………………………… *206*
　Ⅳ　公判後の手続 ………………………………………………… *211*
　Ⅴ　マジストレイト裁判所 ……………………………………… *212*
　Ⅵ　全　　般 ……………………………………………………… *212*
　　　コラム「近年における法と心理学の動向－イギリスと日本－」 … *214*

付録A　同一性識別パレードに関する内務省通達 ………………… *215*
付録B　1973年にイングランド・ウェールズで実施された同一性識別パレード … *220*
付録C　同一性識別パレードの実施方法 …………………………… *222*
付録D　ヴィラーグの同一性識別結果 ……………………………… *230*
付録E　同一性識別パレードに付帯して用いられる書式 ………… *233*
付録F　リバプールとブリストルにおける銃撃犯に関する描写 … *241*
付録G　内務省から得た資料 ………………………………………… *244*
付録H　刑事上訴局から得た資料 …………………………………… *246*
付録J　「ジャスティス」及びその他から受けた資料 …………… *249*
付録K　参考文献特選 ………………………………………………… *250*
付録L　諸国の法と実践 ……………………………………………… *252*
付録M　参考人名簿 …………………………………………………… *262*

原語訳語対照表／コラム参考文献

あとがき［庭山英雄］ ……………………………………………… 巻　末

序　文

　1978年4月8日，内務大臣は，議会において，ラズロ・ヴィラーグ氏に無条件の恩赦を与えるべく進言する決意を公表した。内務大臣は，また，前月に控訴院において万引きの有罪判決を破棄する判決を得たルーク・ドーティー氏の事件にも言及し，これら二つの事件によって提起された同一性識別に関わる法と実務に関する重要問題について，その部分に関わる刑事法および警察手続を調査する小委員会を任命すべく決意した旨を述べた。

　当該委員会は5月1日に設立されたが，そのメンバーおよび付託事項は以下のようなものであった。

　　メンバー：
　　デブリン卿ＦＢＡ，委員長
　　ジョン・フリーマン女史
　　D.H. ホプキンソン氏
　　J.N. ハッチンソン氏，勅選弁護士
　　P.D. ナイツ氏，ＯＢＥ，ＱＰＭ

　付託事項：
　　ルーク・ドーティー氏およびラズロ・ヴィラーグ氏に関する誤判および他の重要事件を参考に，刑事事件における同一性識別証拠に関わる全ての局面を調査し，提言をなすこと。

　第1回の会合が1974年5月22日に開催されて以降，我々は全部で30回の会合をもった。しかし，我々は，ホプキン氏が，彼が編集を努める新聞の労使紛争の再燃のため，相当期間にわたって委員会の会合に出席できなかったことを残念に思う。そのため，そしてまた不可避的に生じる報告書の提出の遅れを避けるために，ホプキンソン氏は辞任が適切と考え，1975年8月29日にその旨を内務大臣に申し出ている。

　ヴィラーグ，ドーティー両氏の訴追から釈放に至るまでの段階に関わった全ての人々が，記録を利用するにあたっても，質問に答えるにあたっても，全面的な協力を惜しまなかった。我々は，その協力に感謝する。今回の調査にご協力いただいた

序　文

方々のお名前は，付録MのIに示す通りである。テムズ・ヴァリー警察のアレン警視には，我々はとくに感謝なくてはならない。彼は，我々の要請に応じてヴィラーグ事件に関する彼の初期の調査を補足すべく2つの追加的報告書を準備してくれた。

我々はまた，正式に参考意見を提出したり，細かな点に関する多くの質問に答えるといった形で，本報告のより一般的調査を助けてくれた方々に感謝の意を表したい。その方々の名前は，付録MのIIに掲げた。

我々は，刑事上訴レジストラーのマスター・トンプソンに負うところが大きい。彼は，委員会の会合のために時間を調整してくれたのみならず，控訴院刑事部の法と実務についての多くの調査に最も協力的に答えてくれた。我々は，また，ソリシターに関わる多くの事柄に関し，適切かつ迅速に我々を援助してくれたデビット・ナプリー氏に対して，とくに記して感謝の意を表したい。

我々は，内務省および刑事控訴院の方々にも感謝する。彼らは，戦後に生じた同一性識別を争点とする事件を広範囲にわたり調査してくれた。最後に，付録Lが依拠する諸外国の法と実務に関する情報をすすんで提供して下さった各国の協力者の方々に最も感謝の意を表したい。

第1章 序　　論

I　本報告の範囲

1.1　我々に対する付託事項によれば，ここでなすべきことは，2つの有名な事件，ドーティー事件とヴィラーグ事件及びその他の関連事件を通じて，同一性識別にかかわる法と手続について調査をすることに限られる。これら2つの事件では，被告人が誤って犯人であるとされている。これらの事件が浮びあがらせたここでの課題を考えるにあたっては，我々は，内務大臣が，この著名事件において，どのようにして冤罪がもたらされたのかを正確に知ることを欲しているし，さらには，一般の人々にも知ってほしいと思っているという前提に立った。それ故，我々は，それぞれの事件の事実を詳細に検討した。ドーティー事件では，「ジャスティス」(訳注)による調査及び有罪が破棄された控訴院の審理の結果として，事実は既に明らかになっていたが，細部にわたってではなかった。ヴィラーグ事件では，誤判は，真犯人が他の犯罪で逮捕された際に得られた証拠をきっかけとして，警察及び内務省において開始された調査によって偶然発見された。この新証拠は，あまりにも明白なものであったことから，内務省は，女王に謝罪を促すとともに，裁判に付することなくヴィラーグを釈放させた。そのため，この事件に関しては完全ないきさつは，いまだ語られていない。本報告の2章及び3章において，我々は，これら2つの事件の事実を明らかにし，何が悪かったのかに関する結論を明らかにする。我々は，他の一連の事件についても調査をなした。それらは，付録のGからKに示されている。他の調査は，付録Jに記録されている。

　　（訳注）　ジャスティスについては，パラグラフ**2.44**を参照のこと。

1.2　訴追側証人の，真摯ではあるが誤った同一性識別が，ドーティー事件やヴィラーグ事件における裁判の誤りの主要な原因であった。それ故，それが当然にこの調査の第3の骨子，すなわち，刑事事件における同一性識別証言を統率する規範と実務の検証を必要としている。本報告の4章，5章，6章において，その検証が試みられる。4章は公判での手続について述べ，5章及び6章は，それぞれ公判前及び公判後の手続について述べる。我々は，付託事項を鳥瞰したが，それは結果とし

第1章 序論

てそれぞれの章の範囲を概観したことになる。4章及び5章には，アリバイの提示から生じる法及び実務の諸問題が含まれている。同一性識別証拠とアリバイ証拠は同じものではないが，それらは1つのコインの表と裏である。同一性を争う被告人は，通常，アリバイを提出する。被告人が（アリバイの立証に）失敗した場合，同一性識別証言の強さ故に負けたのか，アリバイ証拠の弱さ故に負けたのかを区別することは難しい。本来成功すべきであるにもかかわらず，そのような弁護が功を奏しなかった場合，陪審員に対し，アリバイ証言を過小評価していないことを確認する必要がある。そうしてはじめて，同一性識別証言に高い評価を与えることを禁じたり，抑制したりすべく企図されている法や実務の変革を勧告することが稔り豊かなものになるであろう。

1.3 6章は，公判後の手続の2つの局面，すなわち，控訴院における新証拠の許容性，及び誤判が主張されあるいは疑われる事件に関する内務省による誤判の再審理について述べる。前者の問題はドーティー事件で生じ，後者の問題はヴィラーグ事件で生じた。もちろん，いずれの問題も同一性識別にかかわらない事件においても生じうるかもしれない。しかし，1点が両者に共通する。すなわち，それは，有罪判決後に提出された証拠の評価方法や対処方法である。この点は，どのような形であれ，同一性識別が問題となる事件においてしばしば生じることから，我々は，ここで扱うのが妥当であろうと考えた。

1.4 イギリスにおいては，略式裁判と陪審裁判の2つの形態の刑事裁判が存在する。4章から6章では，陪審裁判に着目した。7章では，陪審裁判に関して到達した結論の略式裁判への応用について検討する。最後に8章においては，我々の提言と結論を要約する。

1.5 本報告書で扱われた事柄の多くは，イギリスの訴追制度に対し，諸々の疑問を投げかけるであろう。イギリスの裁判手続は，刑事であれ民事であれ，周知のように，糾問主義体系ではなく，当事者主義体系を基礎とする。刑事裁判は，裁判所が，全ての犯罪状況に関する完全な調査を行うことによって進行するわけではない（稀にある検死官の調査の場合の例外はあるが，いずれにせよ，もはや重要なものではない）。訴追側は，被疑者・被告人が自発的に提供したものを除いて，彼らからのなんらの情報提供なしに，自らの主張を立証しなくてはならない。理論上，被疑者・被告人は，自分で集めた証拠に頼って，最良の防御をなすことを期待されている。裁判の目的は，最終的には，訴追側の主張が十分有罪を正当化するくらい強固なものであるか否かを判断することにある。

1.6 他国の法律家が，ここで報告しなくてはならない2つの事件に関して研究し

たならば，両事件の全ての問題点を，イギリスの制度には，予審判事のような司法官がいないことのせいにしようとするかもしれない。予審判事の任務は，訴追側に有利なものであれ，不利なものであれ，全ての事実を評価し，もし罪にあたるとしたならば，いかなる罪につき被疑者・被告人に認否を問うべきかを判断し，さらに，公判廷にそれら全ての資料を提出することである。もしそのような司法官がドーティー事件においても存在していたならば，彼は，公判が開始されるはるか前に，被疑者・被告人には堅固なアリバイのあることを発見したであろう。ヴィラーグ事件の場合，司法官は，訴追側の主張を全く異なる形で提出させ，おそらく，同一性識別証拠の外見上の堅固さにもかかわらず，無罪をもたらすような資料を掘り起こしていたであろう。

1.7 これらの点は，4章及び5章のしかるべき箇所で言及される。我々は，法律の素人によく理解してもらうためには，イギリスの法及び実務における刑事訴追の性質及び手続について何らかの補足説明が必要ではないかと考えている。例えば，2章及び3章において両事件の過程を詳述するが，そこにおいてとられた手続上の諸処置を法律の素人は理解できないのではないかと懸念している。そこで，我々は，本章の次のセクションを，それらの点の説明のために当てることにする。

II　訴追手続

1.8 犯罪の発見と犯人の身柄の確保は，警察の任務である。この任務の遂行にあたって，警察は，形のうえでは裁判所の監督に服さない。しかし，もし警察が捜査の際に，公判に及んだ時に，裁判官が威圧的で不公正であると考えるような形で行為したならば，古くから裁判官は，極端な場合には，それによって得られた証拠を全て排除する権限を行使してきたし，それ以外の場合でも，訴追側の主張を弱め，相手方に有利に評価する権限を行使してきた。その結果，警察官は，公正に行動したいという自然な欲求とは別に，古い時代から，どのような基準を裁判官が適用する傾向にあるかを確認しようとする動機を有していたし，彼らは，折に触れて，裁判官自身からの指導をもとめてきた。このことが，様々な問題に関する行為規範の形成につながった。これらの規範のなかで最も名高いものは，裁判官準則として知られており，被疑者及び拘禁中の者に対する警察官の取調べを律している。

1.9 そのなかで，我々の調査に関係するのは，同一性識別パレードの実施及び犯人識別の際の写真使用を律している規範である。それは，たびたび改訂されてきた。1969年に発表された最終版は，内務省通達の9号（1969年）に載っている。付録Aが完全な形での再掲載である。通達は，2つのパラグラフからなる序文につづ

第1章 序　論

き，3つの部分に分かれる。主要部分（パラグラフ3からパラグラフ15）には，「同一性識別パレードの実施」という見出しが付されている。以降，これをパレードルールと呼ぶことにする。その次には，パラグラフ16及びパラグラフ17の短いセクションがあり，「刑事施設における同一性識別パレード」という見出しがある。その後に，パラグラフ18からパラグラフ24にわたり，もう1つの主要部分である「犯人識別の際の写真使用」という見出しがある。以降，これを，写真使用ルールと呼ぶことにする。

1.10　同一性識別パレードは，1世紀以上にわたり，適切に機能してきた。それは，一見警察によって発明されたように見えるが，おそらくは，証人と被疑者の直接の対面といった，より粗野な同一性識別に対する裁判所からの批判に応ずる形で形成されてきたものであろう。例えばアメリカではラインアップとして知られているが，この同一性識別パレードは，イギリス型の訴追制度に従う国以外では稀にしか行われていないようである。1人の人間を，犯罪を犯したと思われる人の描写に似ているということで逮捕した場合，警察はできる限り速やかに犯人としての同一性を確認することを欲する。警察が，もし確認をうることができないならば，その被疑者に関して他に十分な証拠がある場合を除いて，彼を釈放しなければならないし，捜査を続けなくてはならない。もし，警察が同一性を確認できる場合には，彼らは，被疑者と証人との間の対面型の面通しよりも，より信頼できる再認テストを欲する。彼らは，可能な場合，被疑者が選び出されることを期待し，そのためにパレードの準備をする。パレードの中の被疑者をいったん識別した後は，証人は公判で証言を崩されることはほとんどない。そのため，パレードの公正な実施は，弁護側にとってきわめて重大な関心事となった。そして，それ故，準則の必要性もまた重大な関心事となった。

1.11　特定の犯罪で告発がなされた場合，警察は，被疑者を現実に可能な限り迅速にマジストレイトの面前に出頭させる義務がある。この目的のため，犯罪は大きく3つの類型に分けることが可能と考えられる。第1類型は，マジストレイトによる略式審理の可能な軽罪である。第2類型は，陪審によって審理されなくてはならない起訴可能犯罪である。第3類型は，略式でも，起訴でもいずれでも審理しうる犯罪からなる。すなわち，この最後の類型では被告人は公判形態を選択する権利を有している。ドーティーが告発された罪状は窃盗であった。この犯罪は，第3類型に分類される。その結果，彼は，陪審による公判を選択した。ヴィラーグに対する最も重い告発は，謀殺意図のある傷害で，これは第2類型に分類される。それ故，両事件において陪審裁判が行なわれたが，そのための予備審問手続は次のようなものである。

II 訴追手続

1.12 マジストレイト（1人以上の場合もあるが，単数形を用いるのが便利であろう）は，——この手続の場合には予備審問裁判官として知られるが——被疑者を，ヴィラーグ事件のように，勾留したり，あるいは，ドーティー事件のように保釈したりする。彼は，相当と判断する場合には，法律扶助の許可をあたえる。その扶助は，ソリシターについてのものであり，ソリシターの任命は裁判所によってなされる場合もあるが，誰にするかは通常は被告人によって選択される。警察は，訴追のために，証人によってなされた大量の供述書を準備する。ドーティー事件のようにさほど重罪ではない事件では，ソリシターにそれらの供述書が送付され，彼がマジストレイトの前で主張を提示する。警察に雇われたソリシターであれ，ドーティー事件のように地方自治体の訴追部門によって雇われたソリシターであれ，マジストレイトに対する主張提示は，実務一般ではソリシターの仕事であろう。ヴィラーグ事件のような重罪事件では，書類は，公訴局長に送付され，彼の部の担当官が公訴を提起する。

1.13 訴追側ソリシター（この言葉の中に公訴局の担当官も含まれる）は，警察の大量の供述書の中から彼が関連あると思うものを選び，さらに必要になるであろう他のあらゆるものを要求する。予備審問裁判官の前での訴追は，通常，証人の供述書に基づいて行われる。弁護側は，それらの証人の中のいずれに対しても，口頭で証拠を提示すべきであるし，反対尋問に服すべきことを要求することができる。被告人自身も証拠を提示できるし，証人を呼ぶこともできる。しかし，被告人はめったにそれをしないし，両事件においてもそれはなされなかった。立証の最後にあたり，マジストレイトは，被疑者・被告人を公判に付すのに十分な証拠が存在したか否かを検討する。ドーティー事件，ヴィラーグ事件のいずれにおいても，証拠の十分性は争われなかった。

1.14 次に，被疑者は公判に付託される。ヴィラーグが公判に付託された1969年においては，事実審裁判所は，四季裁判所かアサイズ裁判所のいずれかであったが，ヴィラーグ事件は，グロスターのアサイズ裁判所に送られた。1972年にこれらの裁判所は廃止され，刑事法院がそれにとってかわった。したがって，ドーティーはダーラムの刑事法院に送致された。送致から公判までの間に必然的に数週間が経過し，その間に，両当事者の代理人が委任され，事件内容説明書が届けられた。

1.15 上記の点から次のことが理解できる。すなわち，公判付託手続の終了時点までに，弁護側は，訴追側の主張の全てを知るのに対し，訴追側は，弁護側のことは，被告人が進んで開示した事柄しか知らないのである。このような事態に対して1つの例外が存在する。1967年刑事司法法11条は，正式起訴事件の公判においては，被告人は，裁判所の許可がある場合を除き，証人の名前や住所を含む，アリバイを特

7

定する事項に関する通知をしなければ，アリバイのための証拠を提示することができない，と規定している。この条文の目的は，警察が公判前にアリバイ証人に対して質問が可能なようにするところにある。この法案が委員会に係属した折りには，弁護側ソリシターの面前以外での警察の質問を禁じる旨の修正案が提案された経緯がある。その修正案は，政府によって拒否されたが，警察は，可能な場合は常に，弁護側のソリシターに質問の意図に関する合理的な通知を与え，かつ，立ち会いの合理的な機会を与えなくてはならない旨の保障が与えられた。警察本部によるこの点に関する対応については，内務省通達212号（1967年）の第5パラグラフ，及び，1969年の統合通達にも記述されている。

1.16 もちろん，被告人が，逮捕時において，自らは問題の人間であることを否定し，ある種のアリバイを提示することも珍しくない。そのような事件においては，警察が初期の段階で十分な調査をすませていることがある。まさにこれは，ヴィラーグ事件で起こったことである。しかし，ドーティー事件では，後に明らかになるような理由によって，逮捕時に彼は自分が犯人ではないと否定はしたが，自らのアリバイを特定する事柄は示さなかった。いずれの事件においても，アリバイに関する正式通知は公判付託手続の後になされている。

1.17 以上が，我々の報告に密接に関係する範囲での，訴追手続に関する簡単な説明である。その手続は，基本的には当事者主義体系を堅持しているが，実質的修正も組み入れている。当事者主義体系の根幹には，2つの大原則がある。1つは，被疑者あるいは被告人の自己負罪からの保護である。2つめは，公開された裁判である。すなわち，当事者は，それぞれの主張を非公開で準備するが，準備の後は全てが公開される。これらの原則は，刑事法にとっては，民事法以上に，重要である。にもかかわらず，この当事者主義の理論は，刑事裁判の現代理念からして，あまりにも原則に忠実すぎるものであることが指摘されてきたし，その結果，実務上，修正されてきた。この理論は，次のような前提に立っている。すなわち，当事者の力量は，対等であり公正な戦いを保障しうるという前提である。刑事訴訟の場合，両者が公判に至ったときには，この前提は健全なものであろう。なぜなら，その場合，法律扶助が利用可能だからである。しかし，刑事事件の準備段階では，それは，明らかに健全なものとはいえない。というのは，刑事事件の場合，国は，警察内部に証拠発見のための部署を有し，それは，最も裕福な被告人が雇えるであろうものにさえ勝るからである。

1.18 この状況に対する法の対処は，現行制度に対する正式な改革という形ではなされなかった。それは，警察や訴追側に，個別的な制限を課すことによってなされたが，それらは全て同じ方向，すなわち，彼らが自分達の権限を公正に行使し，自

II 訴追手続

分たちのためだけではなく，弁護側のためにも同様に行使する方向に向いていた。その最も明確な例は，既に触れた点であるが（パラグラフ1.31），訴追側は公判前に弁護側に自分の主張の全てを開示しなくてはならないという要求である。このことは，単に蓋然性主張をなせばよいということだけにとどまらない。すなわち，もし，予備審問マジストレイトの前に提示された証拠が訴追側主張の全てにあたらないときには，残った部分は追加証拠の通知によって付加されなくてはならないのである。こういった事柄は，成文法や手続規則には何等具体化されてはいない。19世紀前半を通じて，裁判所の努力によって得られた成果である。

1.19 他にもいくつかの要求がなされてきたが，決して，正式な要求でも，一般的な要求でもなかった。たとえば（パラグラフ1.8-9），我々は，警察の尋問や同一性識別パレードがどの様なコントロールのもとで実施されているかをみた。ここで考えられる可能性としては，警察に対し——あるいは訴追側ソリシターであれ何らかの新たな職員であれ——正式に予審判事や（スコットランドの）検察官に相当する準司法官的権限と義務が与えられるということであろう。しかし，問題が裁判官の手によって処理されている限りでは，彼らは，個々の問題をそれが生じた折に解決するといった形で，状況が必要としたときにのみ行動するといったことを続ける傾向にある。まさに，このようにして，コモンローは形成されてきた。そのことは，多くの利点を有するが，法や実務に関し，常に不明瞭な領域が存在することを意味する。特に，多くの状況において，警察は，被告人の敵対者として行動するように期待されているのか，友人として行動するように期待されているのかが解らず，万人に公正に行動すべきであるといった一般的な考え方以外には自らを導くものを持たないことになる。

1.20 今回の両著名事件は，この一般的な考え方の範囲と意義に関する疑問を提起した。
　ドーティー事件においては，訴追側と警察が非難された。その理由は，彼らが，失敗に至ることが分っている，あるいは，分っているべきであった訴追を続行したからであり，そこまでいかないまでも，少なくとも，アリバイ証拠を徹底的に調べず，加えて，裁判所がアリバイについて完全に知らされるよう努力しないで訴追を継続したからである。ここでの問題は，一部は，公判を準備する際の警察官の一般的な義務に関連するし，一部は，1967年刑事司法法から生じる特別調査義務に相当するものに関連する。我々は，この点に関しては，第5章の第6節で考察する。
　ヴィラーグ事件では，警察は，捜査の初期の段階で，盗まれた物についていた明らかに窃盗犯のものである指紋がヴィラーグのものではないことを知っていた（ヴィラーグは，窃盗のほか，窃盗後の追跡過程での警察官への傷害に関しても訴追されていた）。この証拠が，訴追側の主張の一部となるべきものでないとしても，それは，

9

第1章 序　論

弁護側に知らされるべきであったのではなかろうか。

1.21　これら2つの疑問の前者について，以下の点が問われるであろう。すなわち，何故，訴追側あるいは警察がアリバイ（あるいは，他の，同じような，弁護側によって提出されるべきものに分類されるような事項）のために資料を調査し，その価値を評価すべきなのか。この種の調査は，公判付託手続（パラグラフ1.11－13）での予備審問マジストレイトによってなされるべきではないのか。この点は，我々が考慮すべき問題の1つの局面である。しかし，それを真実の光のもとに置くには，公判付託手続について，もう少し述べる必要がある。たしかに，この手続は，訴追事件が蓋然性証拠を伴った主張にいたらない限り，公判に送られないことを保障するものである。しかし，蓋然性証拠の提示は，最も重要なことではあるが，公訴の提起を正当化するための唯一の必要条件ではない。確知された事実から見て，訴追が成功するであろう合理的可能性もまた存在しなくてはならない。一人の人間が犯行時に目撃されたという証拠は，その証人が信頼できないように見えたり，間違っているように見えるとしても，常に蓋然性証拠である。ドーティー事件では，2人の信用できる証人が彼を窃盗犯として識別した。そして，それ故，疑うべくもない蓋然性証拠を伴った主張が存在したのである。しかし，にもかかわらず，アリバイは，識別証人が誤りを犯していたことを示したのである。

1.22　それ故，実務上警察は，訴追を開始する前に，蓋然性証拠を伴った主張が存在するか否かのみならず，いかなる状況においても事件が勝訴しうる可能性があるか否かをも検討している。このより広い側面につき検討を行うことで，彼らは，関連法規が予備審問マジストレイトに期待した職務を果たすことになる。公判付託手続においては，被告人には証拠を提示し，証人を呼ぶ権利がある点については既に述べた（パラグラフ1.13）。だが，被告人は，そうすることを強要されえないし，彼が証拠を示さない限り，自分自身が質問されることもありえない。しかし，弁護側が主張を提示した場合には，マジストレイトは，付託を正当化するに十分な証拠が存在するか否かを判断するにあたって，その主張を考慮に入れなくてはならない。ホールスベリーのイギリス法[1]の中でウィジエリー首席裁判官[2]によって支持された一節によれば，

> 裁判官は公判で事件を審理する必要はないが，弁護側の証拠が非常に強くあるいは説得力があり，被告人が付託されても，陪審が被告人を無罪にするであろうと裁判官が考えた場合には，裁判官は訴えを却下すべきである。

だが，裁判官はほとんどそのようなことをしないと考えられることから，弁護人が，成功の見込みを不成功の代償相当のものと見なすこと，つまり公判前に証拠開示を行なうことはきわめては稀である。しかし，最終的な勝訴の見込みのみに基づ

いて，訴追がなされるべきであるとするのは妥当ではない。その場合に意図されているのは，予備審問マジストレイトが，上述のような不適切な起訴が生じないように確認すべきだと考えられるのは当然である。しかし，弁護側の助けなしには彼も力不足であろう。彼の無力さが空白状態を作り出しており，ドーティー事件への批判のいくつかからも分るように，その空白は，警察によって埋められるべきだと考えられるようになってきている。

(1) 3rd Edition, Vol. 10, p. 365, note(g).
(2) In re United Artists Corporation Ltd.（CCC, 21 May 1974, unreported）.

Ⅲ　問題の本質

1.23　訴追側の証人が真実を述べないあるいは信頼に足らないという可能性を排除しうる裁判制度は存在しない。そして，結果として，誤判は起こりうる。反対尋問という武器によって，弁護側は真実と異なることや信頼に足らないことを明らかにしようとする。前者の点は，挙動や矛盾した応答から示されうる。記憶や観察の不完全性は，証人の話した内容が状況証拠と両立しえない場合にしばしば明らかにされる。

　これに加えて，誤判の可能性を一般的に下げるために，我々の刑事裁判手続は，合理的な疑いを超えた証明や陪審の全員一致やそれに近いものを要求することによって，有罪判決を下しにくいようにしている。しかし，これらの安全対策は，状況に応じて機能するわけではない。それらは本来無実のものに有罪を宣告することをより難しくするが，真犯人に有罪判決を下すことをも同様に難しくする。

1.24　同一性識別に特有の問題は，証拠価値の評価——この点はパラグラフ**4.25**で詳しく述べるが——がとりわけ難しい点である。反対尋問という武器も湿りがちとなる。1人の証人がその男を識別したと述べれば，それはほとんどそれ以上どうしようもないのである。分析すべき話の内容もなく，単に受け入れるかあるいは拒絶すべき言明が存在するのみである。1人の証人が自分は顔の記憶が得意であると考え，にもかかわらず，実際には貧弱な記憶力しか持ち合わせていなくとも，その過ちを見破るすべはない。ガードナー卿は，1974年3月27日の上院の議論で，まさに以下のように述べた。

　　同一性識別の持つ危険性は，被告人が自分の見た男だということを，証人が全く誠実に，完全に確信を持って証言することによって，この国の誰もが，誤って有罪に処せられるかもしれない点である。証人の誠実さは，それ自体が陪審員に伝わり，彼らは，その誠実さ故に当該証処を受け入れるのである。

第1章 序　論

1.25　我々は，考察の成果として，同一性識別証拠の誤りをつきとめることのできる何等の特別な方法を見つけだすことはできなかった。パラグラフ**4.12-14**において検討した近時の研究は，記憶と観察における誤りの一般的危険性を確認してはいるものの，悪い証人とよい証人を区別するための確信ある手段をいまだ提示していない。パレードのような，同一性識別事件に特有な手続に関する検証も，当該事件において過誤の危険性を実質的に増大させるような制度上の欠陥を明らかにはしなかった。その結果，危険を減少させる唯一の方法は，一般的安全対策を構築することであり，それは必然的に証明責任を高めることになる。この点に関し，我々は，誤判の危険性が最も大きいと思われる箇所で証明責任を高めるといった形で，ある程度は選択的でもありうる。しかし，結局は，高い無罪率の恩恵は，無実のものと同様，真犯人にも与えられることを意味することになろう。その真犯人の何人かは，暴力的犯罪者であろう。我々は提言をなすにあたって，この点を常に留意してきたし，許容しうるバランスを射止めるように努力してきた。現行の法や実務に対する自由主義的な批判者は，我々が見る限りでは，犯罪者が捕まらないことになるという観点から，自らの提案する改革のコストを計算してみることをほとんどしない。わが国においては，これらの点に関して甘んじて非常に高いコストを支払う準備はあるものの，しかし，それは無制限ではありえない。

1.26　(種々の問題のなかでも特に) 我々が検討しなくてはならなかった問題は，最近3つの団体によって検討されてきた。1972年の6月に提出された第11報告書の中で，刑法改正委員会は，エドモンド・デイビス卿の議長のもと，パラグラフ**196**から**203**及びパラグラフ**222**において，同一性識別の問題を検討した。これらのパラグラフに関連する議論の議事録を見る機会を与えられ，我々は，そこでなされていた作業を大いに参照した。このレポートは，トーマス卿によって統括された委員会の業績にも依拠している。彼のスコットランドの刑事訴訟に関する第2報告書は1975年の10月に提出されている。この報告書は，以降，トーマス報告と呼ぶが，12章及び46章において同一性識別の問題を扱っていた。トーマス委員会は，我々と同じ時期に存在し，我々は，関心のある事柄にかかわる事項についての彼らの結論に関して前もって情報の提供を受けていた。オーストラリアの犯罪捜査に関する法改正委員会の第2暫定報告書は，我々が結論を出す作業をしているときに出版された。第4章，パラグラフ**117**から**128**は，同一性識別パレード及び同一性識別の際の写真使用について論じている。

裁判における事実認定

　刑事裁判の最も重要な課題は，犯罪事実を認定することである。過去の出来事である犯罪事実を事後の裁判において裁判官が正確に認定することは容易ではない。わが国の刑事訴訟法317条は「事実の認定は，証拠による」と規定し（これを証拠裁判主義という。），また同318条は「証拠の証明力は，裁判官の自由な判断に委ねる」と規定している（これを自由心証主義という。）。要するに裁判官が法廷に提出された証拠を自由に評価して犯罪事実を認定するのである。この裁判官の事実認定の心理過程の分析については，誤判研究や心理学の知見が有益である。ただ，現在の刑事裁判では，被告人は無罪と推定され，「疑わしいときには被告人の利益に」という大原則の下で，検察官が有罪事実を主張し，「合理的な疑いを超える程度」に立証しない限り，言い換えれば，裁判官に「通常人ならば誰でも疑いをさしはさまない程度の真実らしいとの確信」を抱かせない限り，被告人は無罪とされることから，法理論上，事実認定の問題は検察官の立証の問題として捉えることができる。

　もとより，裁判官の事実認定は，経験則・論理則に適合した合理的・科学的なものでなければならない。欧米では，素人裁判官，つまり陪審員に事実認定を委ねることが多い。これは一般人が経験的にみて合理的な推論だと理解できる方法で事実認定の客観化を図ろうとするものである。もっとも，陪審裁判の場合，職業裁判官の説示によって，陪審員の事実認定が大きな影響をうける可能性がある点については注意が必要である。

　わが国では，周知のように，陪審制は現在，停止したままであるが，刑事訴訟法・刑事訴訟規則の諸規定と，それらの解釈によって，事実認定が誤りなく合理的に行われるように配慮がなされている。すなわち，事実認定の基礎となるべき証拠（いわゆる証拠能力）を限定し（自白，伝聞証拠，違法収集証拠などの制限・排除），検察官が行う証明についても，少なくとも犯罪事実の認定には，証拠能力のあるかつ適法な証拠調べを経た証拠による，合理的な疑いを超えて裁判官の確信を生じさせる「厳格な証明」が必要とされる。また，裁判官の証拠評価を合理的に行わせるために，予断・偏見のおそれのある裁判官を除斥，忌避，回避する制度や，上訴によるコントロール（理由不備・齟齬，事実誤認は控訴理由となる），さらに再審制度などがある。

第2章　ドーティー事件

I　犯罪と捜査

(1)　犯罪と被疑者

2.1　ブリティッシュ・ホーム・ストアは，サンダーランドの小さなスーパーマーケットである。その店の造りはふつうのもので，従業員は，当然，万引きの警戒をしていた。1972年8月，若い女性販売員のテルフォードは，店内でしばしば若い女と年配の女を見かけた。そして，彼女は彼女たちを万引きグループではないかと疑っていた。8月23日，彼女は，年配の男と一緒に不審な行動をとるこの2人を見た。そして昼休み前の午前11時に，彼女は上司であるマリンにこのことを伝えた。マリンは，その者たちを監視していた。特に彼女は，右足を明らかに大きく引きずって歩く女を注目していた。11時30分を過ぎてまもなく，マリンは副支配人であるバターフィールドを呼び出した。2人はカーテン陳列棚の前にいる3人を視ていた。そして年配の男が自分の持参した買物バッグにいくつかのカーテンを入れるのを目撃した。そのあと，グループは離散し，別々の出口に向かった。バターフィールドは年配の男を通りへと追いかけ，そして店に戻るように求めた。男は店に再び入る時に，バターフィールドに対してドアを激しく叩きつけ，同氏が不意をくらって驚いている隙に，バッグを残したまま別の出口から逃走した。バッグには11ポンド25ペンス相当のカーテン3セットが入っていた。

2.2　バターフィールドは警察署に電話し，出来事を通報した。そしてアンダーソン巡査が捜査のために出向いた。26歳のアンダーソン巡査は1972年1月に警察官になり，この事件のほんの少し前に初等訓練を終了していた。彼のノートには次のように書かれていた。すなわち，午後12時15分にブリティッシュ・ホーム・ストアに到着し，バターフィールドに会い，彼から出来事につき説明を受けた，と。彼は，バターフィールドが説明した年配の男の特徴を次のように記録した。すなわち，55歳ぐらいで身長5フィート8インチ，濃い褐色の短髪でがっしりした体格，眼鏡をかけ，暗い茶緑色のコートを着ていた，と。また，彼は，マリンがその男を目撃したことも記録していたが，その特徴について彼女に尋ねていなかった。彼は，2人

の目撃者が次の日に警察署に出向いて写真を見ることについて2人の目撃者と打ち合わせをおこなった。彼は，ほかの2人の被疑者についても話を聞かされていたが，それについて記録せず上司にも報告していなかった。

2.3 次の日，つまり8月24日に，マリンとバターフィールドは警察署に出かけた。2人はそれぞれ，警察に把握されている男たちの写真アルバムを手渡され，確認するように求められた。その確認は，警察署の8フィート幅の廊下で行われた。2人の目撃者は，5～6ヤード離れて位置し，お互いに相談しないように指示されていた。2人は，それぞれ独自に，ルーク・クレメント・ドーティーの写真を選んだ。あとで，2人は同じ男を確認したことを告げられたと述べている。その後でアンダーソン巡査は，ドーティーを警察署に引致するために彼の家に行ったが，彼は不在だった。

2.4 ルーク・クレメント・ドーティーは，このとき43歳であった。犯罪記録局に登録されている彼の特徴は，身長5フィート5.5インチ，色つやのよい顔色，黒髪，茶色の目となっていた。彼は無職であり，少なくとも，扶養しなければならない4人の子供を残して彼の妻が死んだ1970年9月以来ずっとそうであった。彼は公営住宅やサンダーランドのヘンドン・ローレンスコート7のアパートに住んでいた。過去10ヵ月に渡り彼は隣の住人で離婚して2人の子供を育てているハルと親密な交際をしていた。彼は微罪，その多くは不誠実行為の長い前歴をもっていた。彼は全部で19回の有罪判決をうけたが，初回は13歳のときで，少年裁判所で有罪判決をうけた。刑の言渡しを延期された最近の2回の有罪判決は1970年9月16日に万引きのかどで，そして1972年1月17日に夜間侵入窃盗のかどで，それぞれ受けたものであった。

(2) 捜査と逮捕

2.5 ドーティー事件では，1972年9月6日までそれ以上の手続はとられなかった。遅延したことについての説明は，アンダーソン巡査が見習い訓練の一部として警察署の中で行政事務を行っていたというものであった。9月6日に彼は再びドーティーの家に出向き，そこでドーティーを発見し，彼がブリティッシュ・ホーム・ストアに対する窃盗罪の責任を負うと信じる理由があることを彼に伝えた。ドーティーはこれを強く否定したが，アンダーソン巡査と警察署に同行することには同意した。警察署において，彼は注意をうけ，窃盗についての詳細が知らされた。そして彼はそれについて何も知らないと述べた。事件当時どこにいたのかを尋ねられたとき，彼は明白には分からないと言った。同一性識別パレードに異議があるかどうかを尋ねられたとき，彼は「いや，なんだっていい」と述べた。そのあとドーティーは，パレード参加のために9月15日金曜日午後7時30分に警察署に出頭する

第 2 章　ドーティー事件

ことで帰宅を許されたが，このような条件を与えられた帰宅形態についてはいくつかの疑問がある。

2.6 マリンとバターフィールドは，同一性識別パレードのために金曜日の夜に警察署に出向いた。アンダーソン巡査は，窃盗犯人を目撃したブリティッシュ・ホーム・ストアのテルフォードと他の従業員にもパレードを見るように求めた。しかし彼等は様々な理由で辞退した。警察は十分なボランティアを集めることができなかった。そしてドーティーは現われなかった。したがってパレードは取り止めになった。そこで警察では，パレードを再び行うことなく，ドーティーを逮捕し告発することが決定された。9月16日，アンダーソン巡査はドーティーの家に出向き，彼を逮捕して所轄警察署に引致した。ドーティーは，なぜ出頭しなかったのかという問いに対して，日付けを間違えたと答えた。彼はそれ以外のことはなにも述べなかった。彼は，10月18日にマジストレイト裁判所に出頭することで，再び保釈された。

(3) ホイットレイ湾への訪問

2.7 ドーティーは家に戻り，ハルに事情を話したところ，彼女は彼に次のことを思い出させた。すなわち，窃盗のあった8月23日には，彼は彼女や彼女の子供たちとともにホイットレイ湾へバス旅行に出かけていたということを。次の日にドーティーは，バス会社にその旅行が8月23日であったことを確めた。バスはブリティッシュ・ホーム・ストアから徒歩で7分程離れたところにあるクイーンズホテルを午前11時50分ごろに出発した。窃盗の正確な時刻については，いくぶん不正確さが許容されなければならないとしても，11時45分より早いことはありえない。ドーティーが窃盗を行い，そしてハルと4人の子供たちを集め，11時50分にバスに乗るということは全く想像することができない。したがって，はじめからドーティーがバスに乗っていたとしたら，明らかに彼は窃盗犯人ではないことになる。

(4) 弁護側の準備

2.8 ドーティーは，久しく，彼がかつて家庭内のもめ事などについて相談をしていたソリシターであるP.A.ハミルトンの依頼人であった。これまでもハミルトンのもとにドーティーは定期的に訪れていた。ハミルトンは，フリードマン・ハミルトン・エマーソン法律事務所の一員であり，兵役期間を別にして1937年以来ずっと経験豊かなソリシターであり，特に1953年から1967年までマジストレイト補佐官として勤務していた。彼の事務所の仕事の90％は刑事事件であり，週に20～30件の刑事事件を扱っている。

2.9 9月17日，つまりドーティーが告発された朝，彼はこの告発記録をハミルト

ンに回付した。彼は,「私には全く当てはまらない。なぜなら,バスの中のたくさん人々が私が別の場所にいたことを証言できるからだ」と述べた。ドーティーとハミルトンはアリバイに関する一般的な話を交した。ドーティーは目撃者として呼び出しうる40人の人々がいることを話した。彼は,ハミルトンから法律扶助は5～6人を越えては支払われないだろうことを伝えられた。ハミルトンは「6人の善良で健全な市民」で十分であると述べたことを認めているが,法律扶助がそれ以上には支払われないと述べたということについてはこれを認めなかった。(あとで,彼は,目撃者を呼ぶか呼ばないかの問題は決して費用が法律扶助によって支払われるという事実によって影響を受けるものではないということを付け加えていた。)ドーティーが5～6人の目撃者を選定し,証言を得るためにハミルトンの事務所に連れてくることになった。ドーティーは友人や隣人である多くの乗客を知っていた。そしてハミルトンは,選出される目撃者は善良な者でなければならないことを強調した。

2.10 公判の形態について話し合いがなされた。いかに軽微なものであっても窃盗罪の場合,陪審員による公判をうける権利が与えられているが,実際,その大部分,つまり90％ぐらいはマジストレイトによって審理されている。このことは弁護側目撃者が裁判所に出廷するのに遠くないようなアリバイ事件においては好都合である。それに対して陪審員による公判はダーラムの刑事法院で開かれることになっている。しかし,刑事法院で審理されることが決まった。ドーティーはハミルトンのアドバイスに従ったと述べているが,他方,ハミルトンは,手続について正しく認識できるドーティーが望んだためにそのようになったのだと述べている。この記憶の食い違いは重要ではない。なぜなら,ハミルトンは,自分がおそらく,ドーティーの顔がマジストレイトに知られているという理由で何らかの形での助言は行ったであろうと思っているからである。

2.11 また,同一性識別についても話し合いがもたれた。ハミルトンは次のことを確かに記憶している。すなわち,ドーティーにどのようにして窃盗事件に係わることになったのかを尋ねたこと,そして店の女店員が目撃していたのだと警察官から聞かされたとドーティが答えたことを。ハミルトンは,ドーティーが事情聴取を受けている間,この女店員が警察署の中にいたということに強い疑問をもった。この疑問の根拠は簡単である。すなわち,ハミルトンの意見によれば,それは,被疑者・被告人が取調室にいる間に,被疑者・被告人の同一性を確認するために警察署の廊下にすわっている目撃者のための「相当広く知られた手続」なのである。ドーティーは,参加しなかったパレードについては,何も言及しなかった。あとで,彼は,パレードを要求したこと,そして警察がそれを拒否したことをハミルトンに告げた。ハミルトンは,それはかなり後のことだったと述べている。

　実際,ハミルトンは同一性認識パレードに疑念をもっている。彼は依頼人にパ

第2章　ドーティー事件

レードに行くことを拒否するようには助言しなかった。なぜなら，それは良くない戦術だからである。しかし彼は必ずしも確実にパレードに行くように助言したわけでもない。ハミルトンはわれわれに次のことを述べた。すなわち，ドーティーがかなり特徴的な外見を有しており，したがって，警察が彼によく似た6人ないし8人の人間を確保することに疑問があること，そして彼が即座に選びだされるであろうことを。

2.12　ドーティーの調書は，訴追局への送検のための警察本部の監督官であるアームストロング警部のところで準備された。同警部はマジストレイト裁判所でハミルトンと顔を合わせた時々に，事件について何気ない会話を交した。そして，彼が10月12日に訴追側ソリシターに調書を送致したとき，そこには次のように記入されていた。「私は，彼がおそらく，当時，50人の人々とともにバス旅行中であったことを主張するであろうと思う」と。ハミルトン（彼にはこの会話の記憶がないが，否定もしない）は，明確に比較的容易な方法でアリバイを主張した。そしてもちろん警部はドーティーの前歴を知っていた。したがって，彼は，根拠のない弁護の可能性があるので，訴追側ソリシターに留意するように調書に注意書きをしたと言っている。

(5)　アリバイ：通知と捜査

2.13　1972年10月18日にドーティーはマジストレイトの面前に現われ，公判へと進むことを選択し，そして公判付託手続のため，11月10日まで保釈され家に帰された。マリンとバターフィルドはそこに出席しており，ドーティーが無実を主張するのを聞いていた。彼等は2人とも同時に彼が窃盗犯人だと認識したと述べている。11月10日にドーティーは公判のためにダーラムの刑事法院に送致された。このとき，ドーティーと彼のソリシターは，訴追側ソリシターであるカーネイの面前でアリバイについて話し合った。カーネイのファイルには，「呼び出しうる目撃者54名，被告人はバス旅行!!－アリバイ」と書かれていた。ドーティーはハミルトンに，5名の目撃者の名前と住所を教え，そして11月13日に，ハミルトンは，以下のようなアリバイ通知を急いで発送した。

　　我々はここに，この事件の公判において，弁護側が次のようなアリバイを主張することを通知する。すなわち，1972年8月23日，被告人は，サンダーランドのヘンドン通りにあるクイーンズホテルから，午前10時50分にウイットボーンのレッドバイ・コーチ氏所有のバスに乗った。被告人は，彼の4人の子供とともにホイトレイ湾にバス旅行に出かけ，12時7分にホイトレイ湾に到着していた。以下の目撃者たちがアリバイを立証するために呼び出される。

　　1.　B.リーバス　　　　　　サンダーランド　バーレイ　ガース72
　　2.　アイリス・ドナウ　　　サンダーランド　ローレンス　コート25

3.	M.A.ハル	サンダーランド　ヘンドン　スクエア7
4.	トマス	サンダーランド　ローレンス　コート6
5.	エドワード・パーソン	サンダーランド　ローレンス　コート65

　バスの出発時刻と到着時刻が正しくないことに注意しなければならない。4人目の目撃者の名前も正しくない。彼女の名前はトムスであり，この旅行の企画者である。1人目の目撃者は，（このことをドーティーが知っていたかどうかは別として）万引きなどの犯罪で以前に多くの有罪判決をうけていた。

2.14　アームストロング警部とカーネイによって記された記録から，訴追側は，アリバイを全く重視していなかったことが明らかになる。彼等がそれを捜査するための何らかの手段をとるまでに1ヵ月が経過した。にせのアリバイは珍しくないこと，そして50人のバス乗客の多くが1人の人物のためにありそうもない舞台設定を知らせることはないことを記憶しておくべきである。ドーティーが，旅行中に彼を目撃したということを彼の友人と隣人の4～5人に説き伏せることは，さほど困難なことではないだろう。ドーティーが警察に事件当日はどこにいたかは確かではないと告げた後，事件の最終段階でアリバイの問題が浮上した。

2.15　ハミルトンがアリバイを全く取り上げていなかったことも同様に明らかであろう。そしてそれは，正確にいえば，逆の理由である。つまり，彼は，アリバイを全く疑っていなかったし，本当に警察がそれを調査すれば，警察は事件をあきらめるはずだと思ったと述べている。彼の事務所員の1人がバスの出発時刻を確かめたのだが，もしそうだとしたら，その事務所員が過ちをおかしたのだ，と彼は述べている。彼は，ドーティーが隣人をよく知っていたことから，その名前のいくつかを否定したと述べているにもかかわらず，彼はドーティーに目撃者の選定を任せた。また，リーバスは以前に有罪判決をうけており，しかも彼の依頼人であっにもかかわらず，彼は目撃者らが過去に有罪判決を受けていないことを確認しなかった。弁護士に届いた事件内容説明書は，全くおざなりの調査しかなされていなかったことを示している。アリバイの点は以下のパラグラフの中に述べられている。すなわち，

> 1972年8月23日，彼はホイットレイ湾へバス旅行に出かけた。彼は，サンダーランドのヘンドン通りのクイーンズホテルを午前10時50分に彼の4人の子供たちとともに出発した。彼は12時30分にホイットレイ湾に到着し，午後ずっとそこで過ごした。

　ドーティーの証言は，4行の実質上同じ言葉の文章でくりかえされている。ハミルトンは，目撃者らのうちの2人，つまり彼の依頼人であったパーソンとリーバスから証言を得たと述べているが，しかしリーバスは証言していないと言っていた。もっとも重要な目撃者であるトムスは，自分がスティブンソン婦人警官以外の誰からも質問されていないこと，そして「その時点まで，何が起こったのか全く知らさ

第2章 ドーティー事件

れていなかった」ということについては確実だと言っている。ハルはソリシターには何も述べていないと言っている。事件内容説明書にある目撃者らの証言は，事件内容説明書自体と同様に不毛なものであった。つまり，30人あるいは40人の目撃者の中から，その記憶がもっとも納得のいくような情景を提供しうる者を選出するための何らの試みもなされなかったのである。

2.16 状況を補充することは困難ではなかったであろう。ドーティーは，刑事施設に収容されている間に，次のような説明を書き留めた。

　　8月23日の朝8時30分ごろから私は私の子供にホイットレイ湾へ行くための準備をさせていた。つまり，子供たちの身体を洗い，服を身に着けさせ，そして旅行のために用意したレモネードとともに彼等に持たせるサンドウィッチを作ったりしていた。10時45分ごろハルが彼女の子供たちと一緒にやってきた際に，彼女は準備万端整っているのかを確認しようと子供たちを見ていた。11時ごろ我々は階下に行き，塀に腰掛けていた。私は，1人の女性が道路の向こうで窓越しに，11時30分と言った思うが，それまではバスは来ないと大声で叫んでいたのを覚えている。そこで，ハルと私と子供たちはクィーンズホテルに向かって歩いていった。そのとき支配人のジョーが私にバスがやってくるまで子供たちを中に入れ，外に出さないように言ってきた。私は1杯のビールをもってハルと立っていた。バスが来たとき，私たちは一番小さい子供を抱き上げ，バスに向かって歩いた。そのとき支配人の妻と子供たちと一緒だった。ハルと私は互いに隣の席にすわり，子供たち3人は別の側の1つの席に座っていた。私の背後にライトとパーソンが座り，トムスはリーバスとドナウが現われたとき，名前を呼んでいた。私は立ち上がり，彼女たちが座り終わるまで彼女の赤ん坊を預かり，膝の上に抱いていた。バスが10分ほど走ったころ，トムスはドミノカードを配って回った。それは，28枚のカードのそれぞれの番号に1シリングを賭け，勝者は1ポンドを獲得するというものだった。我々は誰も持っていなかったので，運転手がドミノを指定するように依頼された。カードが開かれ，私が5番で勝利したとき，子供たちはみんなで歌を歌い始めた。ホイットレイ湾に12時15分ごろ到着したとき，我々はバスを降り，庭園を歩いた。芝生の上に若干の無人休憩所があり，その中に椅子とテーブルがあった。そしてパーソンと私はテーブルを立ち上げた。ハルと私とパーソン，そしてライト，全ての子供たちは食事をとり，我々は一時，海岸へ行った。そして我々はグループに分かれた。ハルがビンゴゲームを楽しんでいる間，私は子供たちをずっと見守っていた。ハルが戻ってきたとき，私は席に腰掛けていた。私はホリディとその子供たちが散歩に出かけるのを見た。バスの中では周囲に多くの人々がいた。

I 犯罪と捜査

2.17 この説明の中に述べられている出来事の説得力のある補強証拠は，容易に入手可能であった。バスの中でのパーティは，専ら女性と子供で構成されていた。だから2人の男性，ドーティーとパーソンは目立っていた。特に，パーティにいた人々には少なくともドーティーの顔は既に知られていた。バス旅行に参加した女性たちの1人の夫であるスティークは，塀に座っていたドーティーのグループを記憶している。彼はドーティーと新しいスーツについて会話を交していたし，ドーティーがバスに乗り込んだところを見ていた。窓越しに大声でしゃべった道路の向こう側の女性はオールド夫人であり，彼女は23年間，ドーティーを知っていた。彼女はドーティーにホイットレイ湾からいくらかの小石を持って帰るように頼んだ。クイーンズホテルの女支配人マウハンはこのバス旅行に参加しており，ドーティーのグループがホテルに入って来て，ドーティーとハルがバーで酒を飲んでいたこと，そして彼等全員がホテルを出てバスに乗ったことを記憶している。ホテルの清掃者として雇用されている2人の女性も，バーの中にいるドーティーを記憶している。彼女たちはバス旅行について会話を交し，彼は彼女たちにバス旅行に来るよう誘った。バス旅行の企画者であるトムスはドーティーの真下の階に住んでいる。ドーティーは彼女にバス旅行でドミノカードで楽しむことを提案し，彼はドミノカードを入手した。彼女やバス旅行に参加した他の多くの乗客は，ドーティが5番で勝者となり，彼女が小銭を集めて1ポンドを彼に支払ったことを記憶している。ライトは，パーソンとともにドーティーのグループに参加していたのだが，彼が述べているところを補強している。ホリディは，ドーティーの説明の中に出てくるのだが，ドーティーを個人的には知らなかったが，彼がだれでどこに住んでいるのかについては知っていた。つまり，彼女は，バス旅行中，彼が子供たちの面倒をみていたのを記憶している。ドーティーの上訴が棄却された後で行われた調査が，他の補強証拠となる細部を明らかにした。我々は，このパラグラフにおいては，公判前になされたドーティーへの尋問から直ちに浮かび上がってくる事柄のみを取り上げた。

2.18 1972年12月12日，婦人警官スティブンソンはドーティーのアリバイを調査するように命じられた。1969年警察のための内務省統合通達9章第5節には，弁護側ソリシターには，アリバイ証人が尋問されるときに，そこに立ち合う機会が与えられなければならない，と記されていた。就職して6年目のスティブンソンはこれを知らなかった。いかなる場合にも必要な措置をとることが彼女の上官の義務であった。しかしサンダーランドにおける実務では，弁護側ソリシターがアリバイの告知の際に立ち合うことを希望するか否かを告知することになっており，ハミルトンはこれを知らせなかったようである。ハミルトンはそんな実務について全く聞いておらず，また内務省通達についても聞いたことがないと言っている。スティブンソンは，彼女が発見できなかったパーソンを除き，目撃者全員に質問を行った。彼女は，バスは実際に11時30分に出発したことを確かめた。彼女は運転手のスミスに質問し

第2章　ドーティー事件

たが，彼はドーティーを知らなかった。1972年12月22日，彼女は報告書を提出した。最も重要な部分は次のように書かれている。

> ドーティーが旅行のためにバスに乗っていたことを全員が認めている。ドーティーのガールフレンドだと噂されているハルは，彼が子供たちとともに自分と一日中一緒にいたと述べている。この旅行を企画したトムスは，アリバイを証言するために法廷には絶対に行かない，と言っていた。全員が証言をすることを望んでいなかった。運転手の記録を調べた。その結果，1972年8月23日午前11時30分にクイーンズホテルを出発した。運転手に質問したが，彼はドーティーを知らないので，捜査の役には立ちえない。
> リーバスとその妹ドナウの過去に言い渡された有罪判決の写しを添付する。

ドナウは実際，ブリティッシュ・ホーム・ストアで1972年11月18日の万引きのかどで2日前に有罪判決を受けていた。トムスには病弱な夫と赤ん坊がおり，事件当時，彼女はいつものように，病院に見舞に行っていた。彼女はスティブンソン婦警から，一度証言すれば裁判所に出廷することを求められることはないと告げられた，と述べている。スティブンソンはこれを否定し，トムスは彼女の赤ん坊の健康が原因で出廷しないと言ったと述べている。他の目撃者たちは，証言することを断わることに同意した。リーバスはドーティーのソリシターに証言するつもりだったので，そのようにしたと言っている。

2.19 スティブンソンの報告書は，訴追ソリシター局へ正式に提出された。カーネイは蓋然性の主張が存在することを助言した副ソリシターであるが，11月末日に局を退職した。その報告書には，追加調査や事件の真価の再吟味については何も書かれていなかった。当時，オルソンは主任訴追側ソリシターであったが，彼は我々に，アリバイに何らかの実体があるとは感じなかったと述べた。それどころか彼は，警察や訴追側にはこの種のアリバイを調査する何らかの義務があることを考えてもいない。つまり，警察はアリバイを崩す証拠を引き出しうると思料する場合にだけ調査をすべきだというのである。

II　公　判

2.20 この事件は，1972年11月11日に始まる週に審理されるようにダーラム刑事法院の予約リストに登載されたが，実現されなかった。さらにそれは1973年1月30日に行われるようにリストに登載されたが，以前から継続中の事件が予想以上に長引き，結局，その日取りが取り消された。最終的に証人尋問は2月22日に行われた。その間，ドーティーは彼の目撃者が裁判所に出廷するように取り計らう仕事をまかされた。ハミルトンはドーティーが目撃者の出廷を確信していたと述べている。

II 公 判

1973年1月26日，彼はドーティーに手紙を書き，目撃者が1月30日に確実に出廷するように促し，もし目撃者らのうちに出廷するかどうか疑がわしい者がいる場合には，その目撃者に召喚状を発付する用意があることを伝えた。彼は再び2月19日にドーティーに手紙を出し，2月22日9時30分に出廷すること，そして目撃者にこれを予告することを伝えた。ドーティーは2月20日にこの手紙を受け取った。そして直ちに目撃者に会いに出かけた。トムスは彼に，22日の午前中は彼女の赤ん坊を病院に連れてゆかねばならないが，午後には出廷できるだろうと告げた。また，彼女は，もし証言したならば出廷する必要はないと警察から告げられたということも付け加えた。他の目撃者は出廷すると回答し，ドーティーはダーラムへ彼等を連れてゆくためにタクシーを予約した。彼は，公判日の午前9時に電話で伝えるまで，ソリシターにはトムスのことについては知らせなかった。彼は電話をかけた後で，ドナウが現われなかったことに気がついた。しかし残りの3人の目撃者はタクシーでドーティーとともにダーラムに向かった。

2.21 弁護側の事件内容説明書は，ハミルトンによって，ニューキャッスルのダビット・フェンヴィック弁護士事務所に送付された。ハミルトンは彼の事務の大部分をこの弁護士事務所に送付している。この種の些細な事件内容説明書の場合，通常，弁護士に証拠について助言を求めること，あるいはソリシターが当日に裁判所で会う前に弁護士と協議することはないと，我々は聞かされた。さらに，このような事件内容説明書の場合，ハミルトンは，それを特定の弁護士のために作成するのではなく，当日都合のよい弁護士に割り当てるように，事務所員に依頼していた。それは，おのずから弁護士事務所の比較的若い者に割り当てられるような事件内容説明書であったが，とりあえず割り当てられた弁護士は都合が悪いことが明らかになった。ドーティーが厄介な依頼者であること（彼が興奮しやすい性格であるという別の理由からもそれは確かである）は了解されていた。そこでフェンヴィック自身がこの事件を担当することが決定され，彼は公判前日の夕方5時に事件内容説明書を受け取った。フェンヴィックは経験豊かな弁護士であり，1948年以来，実務に携わっており，現在も専ら刑事事件を担当している。

2.22 公判は，ジル裁判官の面前で午前10時30分に開始されることになっていた。したがって，その前に，ほぼ1時間ぐらい，弁護士がソリシターや依頼人と協議する時間があった。ハミルトンはその日の随分後まで現われず，事務所員を差し向けてきた。フェンヴィックの指示の下に，その事務所員はリーバスが以前に有罪判決を受けていることを確かめた。そしてそのことをフェンヴィックに伝えた。フェンヴィックはリーバスを呼ばないことを決めた。フェンヴィック自身はドーティーからは多くのことを得ることはできなかった。彼はドーティーの無実を主張することを大変危惧し，動かぬ事実を得ることが困難であるように感じていた。彼は多くの

第2章　ドーティー事件

目撃者を得なかったことについてソリシターを非難した。

2.23　しかしフェンヴィックは，本件事件において同一性識別の点で弱点があることに気付いた。その弱点は3つあった。第1に，事件内容説明書は，ドーティーは同一性識別パレードに参加する用意があると述べていたが，「しかし誰もそうは思わなかった」ということをフェンヴィックに伝えていた。第2に，フェンヴィックは，訴追側弁護士であるライトソンから，彼の依頼人を確認するための目撃者2人は事前に警察の写真を見せられていたということを確かめた。第3に，2人の目撃者のうち1人だけが，当時，窃盗犯人の特徴を述べており，その特徴のなかで頭髪の色が明らかにドーティーのものとは異なっていた。これらの3つの点のうち，前2つについてはさらに念入りに吟味することが必要である。

2.24　目撃者は，犯罪が行われたときにはじめて被告人を見た者であり，被告人が被告人席にすわるまでは，再び見る機会はない，ということが想起されることであろう。もし，目撃者が見た人物と被告人席にいる人物との間にある種の類似点があるとすれば，目撃者は当然，被告人席の人物を犯人として同一視することになりがちである。この状況を回避することこそが，同一性識別パレードの主たる目的なのである。もし被疑者がパレードに参加することを拒否する場合には，被告人席同一性識別に対する選択肢は存在しないことになる。フェンビックは，ドーティーの参加不履行が拒絶と同じであると主張する訴追状況にはないことを確かめた。実際，ライトソンはドーティーにこの点について反対尋問をしなかった。したがって，これは，回避され得た被告人席同一性識別の事件であった。そして被告人席同一性識別が望ましくないものであるというための確かな根拠が存在する。明らかにこれには弱点があるといわなければならない。

2.25　フェンヴィックには別の手段もあった。目撃者は2人ともドーティーの写真を見せられていた。次のような危険が存在する。すなわち，被疑者・被告人の写真を見せられたことのある目撃者が，あとで被告人席であろうと，パレードであろうと，生身で対面したときに，彼は，おそらく犯罪の現場で一瞬しか見ていない人物よりもむしろ，既に学習した写真の方を認識しがちであろうという危険である。重要な点は，以下に引用する2つのパラグラフが記されている内務省通達1969年第9号[1]の中で扱われている。

 18.　対面的な同一性識別が可能な状況であるなら，被疑者の写真は識別の目的であっても，決して証人に示されるべきではない。誤認という結果を生じなかったとしても，同一性識別パレードによって，証人が被疑者を識別する能力が適切に検証される前に，被疑者の写真が証人に見せられたという事実は，証言の証拠価値を相当に減じてしまう。

Ⅱ 公 判

20. もし証人1人が,写真を使って積極的な同一性識別ができるなら,他の証人たちには写真を見せるべきでなく,同一性識別パレードに出席するよう依頼すべきである。

ドーティー事件においては,このパラグラフ第20が遵守されなかったのである。マリンとバターフィールドの両者ではなく,どちらかが写真を見せられるべきであった。この通達は,首席裁判官との協議の上,内務大臣によって用意されたもので,その序文には次のように書かれている。すなわち,「この規定の不遵守は,結果として裁判官において,つまり陪審員に対する総括において,獲得された証拠の確実性の論評のなかに十分に現われることになる」。

(1) 付録Aを参照。

2.26 写真による同一性識別については別の側面がある。一般的なルールとして,被疑者・被告人の過去の有罪判決は陪審員には知らされていない。このルールは弁護側目撃者には当てはまらない。このことが,好ましくない特性をもったアリバイ目撃者は可能ならば回避されるということの理由なのである。つまり,過去の有罪判決は,アリバイ目撃者の信用価値に影響を与えるだけでなく,通常,彼等は被疑者・被告人と顔見知りなので,陪審員に被疑者・被告人の前歴を推測させることになる。推測の例としては次のような場合がある。すなわち,警察によって見せられた写真のアルバムから被疑者・被告人が識別されたことを陪審員が知った場合である。なぜなら,そのようなアルバムに載っていることは犯罪歴のあることを示唆するからである。弁護側弁護士は困難な決断をしなければならない。すなわち,目撃者が事前に写真を見ていたという根拠で同一性識別を攻撃することによって得られるであろう利益は,それによって陪審員が被疑者・被告人に前歴があることを疑うことになるという危険と同価値なのだろうか。もし同一性識別における訴追側の証拠が希薄で,そして有罪判決が危険ないし不満足なものになるということを根拠に陪審員から本件を却下するように求められた場合,——これは,フェンヴィックがやろうとしていたことなのだが——裁判官は,陪審員には話されていないであろう同一性識別証拠における脆弱さについて自らは知っているという思慮によって影響を受けることになろう。

2.27 だから,これらの根拠に基づき,フェンヴィックは,アリバイ証拠の状態とは無関係に,無罪放免を確信していた。彼は直ちに攻撃に移った。その後,ドーティーが召喚され,そして陪審員がいない時に,フェンヴィックは裁判官に被告人席同一性識別を許すべきでないと述べた。つまり,それは,もちろん同一性についての他の証明はないので,訴追は失敗に終わるであろうことを意味する。しかし,裁判官は,もし被告人が被告人席を離れ,待機中の陪審員の中にすわらせられたならば,被告人席同一性識別は回避されると考えた。そのときは,目撃者は法廷の中

第2章 ドーティー事件

にいる人々から窃盗犯人を選び出させるかどうかを尋ねられることになる。裁判官は事件の審理を続けることを指示した。

2.28 マリンは次のように証言した。すなわち，私は2度，窃盗犯人を見た。1度目は，40フィート程離れて2分間ぐらい，彼の顔を正面からしっかりと見た。そして2度目は，3フィートぐらい離れて横から見た，と。彼女は陪審員の中からドーティーを選び出した。彼女は彼の頭髪をこげ茶色だと描写した。

2.29 バターフィールドもドーティーを選び出した。彼は次のように述べた。すなわち，私は約1分間，注意深く窃盗犯人を2～3フィート離れてしっかりと見ていた，と。彼は，自分が濃い茶色の頭髪について見誤っていたことを認めた。また，彼はマリンと共に，ドーティーが召喚されている間に，裁判所のガラス越しにドーティーを既に見ていたことも認めた。だから，被告人同一性識別を回避するためにとられた予防策は無駄であった。いずれにせよ，それらは無駄であった。誰も裁判所の中で明らかにそれを知っていたわけではないが。なぜなら，目撃者らは既にドーティーをマジストレイト裁判所の被告人席の中で見ていたからである。上記パラグラフ**2.13**を参照されたい。

2.30 フェンヴィックは裁判官に対して，写真同一性識別に関する指摘を行っていたが，再びそれを陪審員の出席に際しては言及しなかった。訴追側の主張の終わりに，彼は裁判官に次のことを述べた。すなわち，被告人席同一性識別の阻止の試みは失敗したので，有罪判決が必然的に危険又は不十分であるという根拠で訴訟は停止されるべきであることを。これは司法裁量の行使についての論点を惹起した。そして裁判官は彼に反対した。

2.31 そうして，ドーティーは証人席に入った。まず，フェンヴィックは証言の中にあることがらのみ，つまりバス旅行の生の事実と問題の時間についてごく短く尋問した。裁判官は，バスが毎日運行されているのか，それともそれは特別な場合だったのかを彼に尋ねた。そこで彼は「企画された特別な場合だ」と答えた。詳細が反対尋問において明らかになり始めた。誰が企画者か。トマスだ(ママ)。彼女の住所はどこか。彼女はまだそこに住んでいるのか。そして元気か。いや，彼女は健康ではない。彼女は毎朝病院にバスか病院送迎車で出かけていき，昼に戻ってきた。彼女は8月中，毎日病院に行っていたのか。いいえ。32歳のまだ若い彼女が病気でそんなに毎日病院に行かなければならなくなったのはいつか。それは彼女が子供を出産した後だとドーティーは思った。バスに乗ったのはいつかと尋ねられ，彼は11時20分から11時30分までだったと答えた。そうすると，アリバイの通知と同じく，彼がバスに乗り込んだのは11時50分だったと述べたことは正確ではないのか。いや，そ

れは間違いだ。ハルをどのくらいの期間，知っているのか。10ヵ月だ。彼は，彼女がごく親しい友人であり，警察官がやってきたとき，彼の家にいたことを認めた。彼等はバスの中で隣り合せに座り，そして旅行中，会話を交していた。そしてその後，次のような質問と答えが続いた。

 質問：何か特別な話題だったのか。それともごく一般的な会話だったのか。
 答え：非常に特別な話題だった。ホイットレイ湾への道中，我々はドミノくじを楽しむことを決めた。ドミノカード，つまり25の番号がついた紙の小片で，そして誰かが1枚のドミノを引く，そしてそのカード面にはドミノ番号がある。不幸にも我々は何らドミノをもっていなかったので，バスの運転手がドミノ番号を指定するよう求められ，彼はそのようにした。そしてそれが開かれたとき，番号は5であり，私が1ポンドを得た。

2.32 これは，旅行の主要な出来事であり，いくつかのアリバイの要点であった。それは，主に，ストーリーの自然な部分として彼の証拠の中には現われず，あたかも強力に懇願された目撃者による虚構のようなものであった。つまり，それは「本当に非常に悪い印象」を惹起した，とフェンヴィックは我々に語った。バスの運転手，つまり目撃者から指定されたライトソンは出来事の中で重要な役割を果していた。彼の名前は？　ドーティーはそれを知っていたが，いまは忘れてしまっていた。それをバス会社で確かめようとしたのか。いいえ。

 ドーティーは事件についてハルと話し合ったのかどうか尋ねられた。私は弁護士に話したのと同じことをハルに話した。私は無実の人間であり，私はここにいる全ての人の前で今，それを証明できる。
 ジル裁判官：あなたは，現在それを行っている。
 証人：私にその機会が与えられるなら，もっと容易にそれを証明できる。
 そのあと，彼は別の事柄について尋ねられた。しかし1，2分後，裁判官は話を元に戻した。
 ジル裁判官：あなたは先程何か述べた。あなたはあなたの無実をここで今，証明しうると述べたのか。
 答え：はい，できる。
 ジル裁判官：それはどういうことか。——あなたはそれがどういうことなのか知っているのか。
 この質問はフェンヴィックに向けられた。彼は知らないとフェンヴィックは答えた。そして，裁判官は，フェンヴィックに彼の依頼人と協議するように指示した。

2.33 フェンヴィックは，事実上，バスの運転手やその他の目撃者を呼び出すために延期を要請されていると理解した。彼はバスの運転手がストーリーを支持するかどうか分からなかった。つまりもし運転手がそれを否定したら，悲惨なことになる。

第2章　ドーティー事件

彼は，我々に述べたところによると，裁判官の自由裁量が支配的である上訴裁判所に上訴するまでは真相が明らかにならないような，答弁できない上訴事件を担当していると信じていた。彼が述べたように，彼は審議している裁判官や陪審員との法廷裏での長い会議を開催することができなかった。つまり，これは迅速な決定を要する事件であり，彼にはそれをする責任があった。彼はドーティーに，延期に反対することを助言し，ドーティーが主張しない限りは誰にも要求することはせず，そして答弁できない上訴理由があることを伝えた。そしてドーティーは証人席に戻った。

　　フェンヴィック：あなたがやりたいことは，もしあなたが助言を受けうるとすれば，あなたに有利な証拠を得るために，バスであなたが親しくなった全ての者をつれてくることか。
　　答え：はい。
　　問い：あなたは，有罪又は無罪を審理するために2人の証人で満足するか。
　　答え：私は，今日，この訴訟を続行するつもりだ。

　その後パーソンとハルとが簡単に尋問され，そして反対尋問を受けた。陪審員は，アリバイの通知の中で述べられた5人の目撃者がいたこと，そしてその中から2人だけが呼び出され，そのうちの1人は，パーソンがドーティーの「女友達」であると言及した女性であったことを知った。

2.34　ジル裁判官は，誰もが同意する公平でバランスのとれた結論が批判を乗り越えるのだと述べた。彼は陪審員に，同一性識別証拠には特に注意をもって見なければならないと告げた。確証は要求されないが，「陪審員は注意深く，助言を受け，そして指導されねばならない。ごく容易に同一性識別の誤りがおかされる。あなた方は，特別な懐疑の念をもって同一性識別証拠に接しなければならない。だから最終的には，あなた方は，同一性識別が正しいと納得できる何かを探すことになる。」そして，彼は「被告人席同一性識別はきわめて危険である。」と述べた。マリンとバターフィールドは共に確信しており，そして，陪審員に向けられた問いは「その同一性識別が，あなた方が述べることができる範囲において，あなた方を納得させるものかどうかであり，我々はこの人物が店の中で窃盗を行っていた男であると確信している。」というものであった。

2.35　陪審員は午後3時42分に退席し，午後5時17分に，裁判官は，彼等が絶望的に意見が分かれているのか，あるいはどこかで評決に近づきうるのかを尋ねるために人を差し向けた。陪審長は評決に近づいていると述べた。さらに25分間の退席ののち，彼等は全員一致で有罪の評決をした。裁判官は6ヵ月の拘禁刑を科し，さらに延期されていた刑の言渡し（**2.4**を見よ）を行い，結局，全部で15ヵ月の拘禁刑を宣告した。ドーティーは自分の無実を主張した。

Ⅲ　公判後

2.36　サンダーランドの20～30名の人々は，無実の者が刑事施設に送られたと疑う余地なく理解した。やがて，これらの者の理解となった事柄は，近所や街の認識になるに違いない。なぜなら真実は容易に確認されうるからである。公判に呼び出された幾人かの信頼できる目撃者はごく簡単に物事を正すことができるであろう。だから，普通人にとっては，真実がすぐに明らかにならない理由はないように思われた。しかし，法律家と行政官にとっては，陪審員の評決は厳粛な事柄であり，容易に妨げられることはありえない。その後数ヵ月間，控訴院への必要的に制限された道筋を通じて，真実を伝える試みがなされた —— それは不成功に終わった ——。

2.37　1908年の年頭から，刑事控訴院（これは1966年に控訴院刑事部に変わった）は，「裁判のために必要又は有益と思われる場合」[1]に，新証拠を受理する権限を有していた。しかしこの権限は非常に控えめに行使されていた。1968年に控訴院で言われていたように，評決が審理される際に，どの時点に提出された証拠でも裁判所によって一般的に許容されるとするならば，「公的阻害が生じ，法律上の手続が限界なく延期されることになる」[2]。「公的阻害」の例としては，明白に，被疑者・被告人又はその助言者が弁護側の何らかの部分を保留し続けることによって，戦術上の有利さを得ようとする可能性があげられる。当初から刑事控訴院は，新証拠を受理するのは，ただ例外的な状況の下でのみであり，そして例外条件に従うことになると言っていた。そして，遅くとも1961年ごろには改正されたが，4つの例外条件の最初のものは，その当時に利用できなかった証拠でなければならないというものであった[3]。

　　(1)　Criminal Appeal Act 1907. s 9.
　　(2)　*R. v. Stafford & Luvaglio* (1968). 53 Cr App R 1, *per* Edmund Davies LJ at 3.
　　(3)　*R. v. Parks* (1961), 46 Cr App R 29.

2.38　刑事控訴院が，通常，直面することになる困難さの1つは，新証拠を受理した場合，事件自体を再審理しなければならず，もしかすると，陪審員の評決を自らの決定に置き換えなければならないということである。1964年に，裁判所はこのような場合に新しい陪審員の面前での新しい公判を命じる権限を付与された[1]。首席裁判官の権威の下に下院において，刑事控訴院がこの権限に照らして訴訟手続を再審理するということが述べられていた[2]。故ドノバン卿によって統括された委員会の報告は，一層の自由化を導いた。そしてそれは，1968年刑事上訴法23条において具体化されている。その重要な部分は次の通りである。

　　(1)　控訴院は，裁判のために必要又は有益であると思料する場合には，も

し提出されたならば，なんらかの証人の証拠を受理することができる。
　(2)　上記(1)項を侵害することなしに，証拠が控訴院に提出される場合において，その証拠がたとえ受理されたとしても上訴を許容するための根拠を与えないであろうことを裁判所が確信させられないならば，以下の場合に裁判所は証拠を受理する権限を行使する。
　　(a)　証拠が信用できそうで，かつ，上訴がその起因である争点について理由ありとされるその手続において容認され得たであろうことが，裁判所にとって明白である場合，そして，
　　(b)　手続の中では証拠として提示されなかったが，証拠を提示できなかったことにつき合理的な説明があると裁判所が確信する場合

(1) Criminal Appeal Act 1964, s 1.
(2) Official Report,Vol 694, col 722.

2.39　上記(2)項は，公判に証拠として提示されなかったにもかかわらず，もし，証拠を提示できなかったことにつき合理的な説明があれば，控訴院に重要な証拠を容認するように要求しているということに気付くであろう。さらに上記(1)項において，それは「裁判のために必要又は有益」である場合，新しい証拠を容認する権限を認めている ── それを行使する義務を課しているわけではないが ──。法は，トンプソン＆ウォーラストンの著書[1]の中に述べられているように，「もし裁判所が裁判のために必要又は有益であると考えた場合，23条(1)(C)に基づき，証拠を審問する裁量が存在する。そして23条(2)の下での義務は，この裁量を侵害することなしに課せられる」とするものである。

(1) D. R. Thompson and H. W. Wollaston, *Court of Appeal Criminal Division* （1969）, p. 122.

2.40　ドーティーは法律扶助制度によって弁護されてきた。これは，上訴のための根拠があるかどうかについての助言とその場合の準備を含んだ，上限を定められた「事後活動」のサービスを包含している。もし助言の結果として上訴許可申請がなされた場合，それは，第一段階として，通常，「単独裁判官」と呼ばれている控訴院刑事部の裁判官に提示されることになる。単独裁判官は，通常，書面上の内容のみで検討し，口頭による論証の聴聞は行わない。彼は，許可申請を拒否するか，あるいは容認するか，そして中間の道としてこの許可申請を口頭による論証のための全員法廷に付託させるかを決定しなければならない。もし彼が第2の道か，第3の道を選んだ場合，彼は，通常，法律扶助を許すことになる。要求されたことが全て口頭による論証である場合，その許可は，通常，弁護士のみに限定されることになる。しかし，もしそれ以上の準備が必要とされる場合には，ソリシターも割り当てられることがある。通常，ソリシターと弁護士は公判で採用された人物ということ

になる。もし申請人が新証拠を提出することを望むときには，彼はそうすることの許可をうるための別の申請をしなければならない。この申請は，もし予想される証人からの証言を得ることが必要なときにソリシターがその目的のために指名される場合を除いては，既に記述された方法で処理されることになる。

IV 上　訴

2.41 公判が終了後，直ちにフェンヴィックは上訴の問題について助言するために意見を示した。彼は，有罪判決後に彼の依頼人と面会した。そしてドーティーは，彼のアリバイを支持できるバスの証人たちについて懸念を示した。フェンヴィックは，その意見の中で，この問題についてハミルトンによって採られた道筋を是認し，そしてなぜフェンヴィックが延期を求めなかったのかを説明した。彼は，ドーティーがもし公判でのフェンヴィックの措置に不満であるならば，独自の助言を求めるべきだとの彼の願望を明示した。彼がまとめた上訴理由は，被告人席同一性識別を陪審員に委ねた裁判官の裁量の行使についての裁判官の決定に対するものであった。彼は，これは有罪判決が危険で不十分なものであるという申立てに基づき争いうる事件であるということを助言した。3月6日に，この理由のみに基づき，弁護士の意見が付いた上訴許可申請書が提出された。

2.42 成功のチャンスについてのフェンヴィックの見通しが，この時点で，彼が公判で彼の依頼人に示したものより一段と楽観的ではなくなった，ということは明白である。彼が第1に念頭においていた判例は，控訴院が被告人席同一性識別は「通常，不公平」であると述べたハウィック事件 [1970] Crim L R 403. であった。しかしジョン事件，これは1973年2月までの Criminal Law Review（page 113）には報告されていないのだが，この事件において，裁判所は，可能ならば回避されるべきだとだけ述べて，被告人席同一性識別を容認していた。これによってフェンヴィックは，ドーティー事件において控訴院が問題点を公判裁判官の裁量の1つとして取り扱うのではないかという危惧をいだいた。

2.43 一方，トムスが行動を開始した。公判の当日に彼女は夫とともに午前9時30分から午後5時まで病院にいた。次の日，つまり2月23日に彼女がサンダーランド・エコー紙にてその報道を読んだとき，——彼女が述べているように，「ルーク・ドーティーにほとんど興味はなかった」けれども——彼女は公判の帰結に衝撃をうけた。彼女は抗議のために警察署に直行した。彼女はそこで弁護側ソリシターに問い合わせるように言われた。彼女は2月26日にソリシター事務所に出かけたが，誰にも会うことができなかった。友人のジャーナリストが彼女にサンデー・ピープル

第2章 ドーティー事件

紙に投書するよう助言した。彼女はこれを実行した。彼女は記者によってインタビューをうけ，その結果，3月4日付けのサンデー・ピープル紙面に「刑事施設の中の男のアリバイ」という見出しの記事が掲載された。それは，彼を解放する運動について報じ，「運動のリーダー，セイラ・トムス26」によって述べられた「彼の無実のための鍵」を伝えていた。

2.44 刑事施設内にいたドーティーは，独自の手段をとり始めた。すなわち，（3月12日付で長い名前リストが提出された）証人召喚の許可のために，そして保釈のために，さらに（3月13日付で提出された）申請書に関する聴問に出席することの許可のために，あらゆる種類の申請書式に書き込んだ。前述パラグラフ**2.16**で言及した説明書を彼が書いていたことはこれらを補強した。3月中に何度か，彼とトムスは「ジャスティス」と接触していた。「ジャスティス」は国際法律家委員会イギリス支部のことである。「ジャスティス」は，特に司法の公正な執行と時代遅れで不正な法や訴訟手続の改正に関心をもっている法律家——バリスター，ソリシター，そして法律学者——の全ての団体の連合体である。

2.45 新証拠を呼び出すための申請書の基礎は，新たな証人からの説得力のある陳述で構成されなければならず，その確保はソリシターの任務である。しかし法律扶助制度の下でのハミルトンの報酬は終了し，そして前述パラグラフ**2.40**で説明されているように，法律扶助の新たな許可がなされるまで，彼は報酬を与えられうるようないかなる仕事も行うことができなかった。したがって，差し迫った必要性は，弁護士とソリシターの両者をカバーする法律扶助の許可である。1973年4月4日に，「ジャスティス」の法律秘書であるブリッグスは，刑事控訴院レジストラーにトムスからの手紙を同封し，そしてこれはトムスの手紙の中で挙げられている人々からの証言を獲得することに限定された法律扶助を許可するのに適切なケースであることを示唆する書簡を書き送った。4月10日，レジストラー[1]は「この段階では，公判時点で有益ではあるが弁護士の助言を要求されない多数の人々が尋問されるための法律扶助を許可することは適切だとは思わない」と回答した。しかし彼は，裁判所が法律扶助のためのドーティーの申請を考慮するときに，この手紙は裁判所に提出されると述べた。「ジャスティス」は任意の寄付金によって維持されている団体であり，当然，出費の多い調査を行うだけの資金をもっていない。したがってブリッグスは，彼に与えられた名前の人々に質問事項を書き送ることに決めた。彼は4月27日にこれを行った。

　(1) 我々は，この語を官庁を表わすものとして用いる。現実には，それは事務処理をするレジストラー副補佐であった。

2.46 1973年5月9日に許可申請書が単独裁判官によって審理された。はじめに，

IV 上訴

フェンヴィックの意見の中で示された理由，つまり被告人席同一性識別の点について，単独裁判官は，申請者の代わりに弁護士による論証のため全員法廷で申請書を審理するという中間の道（前述2.40を参照）を選んだ。つまり彼は弁護士のための法律扶助を許可した。彼は，新証拠を呼び出す必要要件が満たされているとは考えず，そのような条件の下ではソリシターは必要ではないと決定したと述べた。普通，単独裁判官が自己の決定についてその理由を明らかにすることはなく，事実，彼はこの事件についてもそうしなかった。上述の見解は，裁判官が事後に弁護士に送付することを認めた書面から得られたものである。当時，「ジャスティス」には，上訴許可申請書が全員法廷で審理されること，及びフェンヴィックが弁護士として選任されたことのみが伝えられていた。それ故に，「ジャスティス」は，新証拠を呼び出すことの許可申請書がまだ審理されていないと仮定し，所見を得るためにソリシター選任獲得に向けての努力を続行した。

2.47 「ジャスティス」は自分たちの質問事項に対する10個の回答を得たが，その全てがドーティーはバスに乗っていたことを確認するものであった。1973年3月22日に，ブリッグスはフェンヴィックにこれを確認するように書き送った。さらに6月1日に，ブリッグスはフェンヴィックにこれらの回答を送付し，それらは上訴のためにはそれ自体では十分ではないが，特定の陳述を得るためのソリシターの必要性を明らかにしていることを述べた。5月23日に，フェンヴィックは，自分が感じ取った状況においてはソリシターが選任されるべきであるとレジストラーに書き送った。そして6月1日にはドーティー自身が刑事施設内から所定の形式による申請書を出した。6月6日に，レジストラーがフェンヴィックに回答した。レジストラーは，単独裁判官に再び問題点を照会する前に，「ソリシターによってなされるためにあなたが必要的に考慮することがらを正確に」知らねばならないと述べた。彼は単独裁判官による所見を自由に公表することはできなかった。しかし，彼は次のように述べることができた。すなわち，「あなた自身が設定した理由の方が申請者自身の理由よりも影響を受けたことは明らかである。それは，裁判所が，自明のことだが，公判に呼び出され得たであろう証人（しかし，かれらはアリバイ通知書には含まれていなかった）のつながりを審問するように求められるという見込みを含んでいる」。

2.48 6月7日にフェンヴィックは，もし上訴人が新証拠に関する訴えについての彼自身の通知においてその理由を強調したいと望むならば，明らかにソリシターがそれを推進し提示する準備するために必要とされるであろうことを回答した。つまり上訴人は，この第2の理由を強調する決定において最終決定者でなければならない。「上訴人がもし『新証拠』の理由を強調したいのならば，ともかく実際，上訴人は助言を与えるソリシターと全く新しい弁護士をもたなければならないと思う」。

第2章　ドーティー事件

もし上訴人が，個別に助言を受けた後で，フェンビックに同一性識別の点について上訴を論じてほしいならば，ただその理由においてのみ，そうすることはできるであろう。

2.49　6月18日に，レジストラーは，単独裁判官がソリシターを含むために拡張される法律扶助を拒否したことを伝えるためにフェンヴィックに対して書簡を送った。彼は，手紙の2枚目に「したがって，あなたは申請者にそれを送り，そしてその効力を彼に説明することができる」と書き送った。添状の中でレジストラーは次のように述べた。すなわち，フェンヴィックが公判において起こった事柄を知っており，また全員法廷の前に審理されるべきだと単独裁判官が考えたところの理由を整えたのだから，フェンヴィックが引き続きドーティーの代理人となるということが疑いなくドーティーの利益にとって最善である，と。さらに，もし彼の依頼人があくまでも新証拠の提出に向けての申請を懇願するならば，フェンヴィックは裁判所の注意を書類に導くことができ，そして少なくとも延期と拡張される法律扶助を要求しうるであろう。したがって，予想される証人が述べうる事柄の調査ができるであろう。その開廷期中に審問が設定されうる機会がまだあった。

2.50　追って，フェンヴィックとレジストラーとの間で電話連絡が行われ，個人的な通信が交された。我々は，明らかにされた論点を要約することによってこれを最も適切に処理できる。第1に，レジストラーもフェンヴィックも新証拠を呼び出す申請をかなり見込みのないものと思っていたことは明らかである。単独裁判官は明らかにそれについて何らの考慮もしていなかった。レジストラーはフェンヴィックに「この種の事件はうまく進みそうにない」と述べ，さらに次のように付け加えた。「弁護士の依頼人が要求したにもかかわらず，公判で証人を呼ぶことを弁護士が拒否したという不成功に終わった申請書についてのこれまで報告されていない事件があった。」我々に表現されたものとしてのフェンヴィックの見解は次のようなものであった。すなわち「この時点までは，通常あなたが適切な勤勉さをもって当時，追加証拠を得ることができたならば，控訴裁判所はあなたに追加証拠を求めさせることはないということが自明になっていた」。

　第2に，フェンヴィックはこの点を論じる準備をしていなかった。彼はそれをあまりにも面倒なものだと感じていた。彼は，彼の依頼人に対して延期の受け入れではなく，2人の証人で手続を進めることを助言していた。確かに彼は，事実上，彼の依頼人に代わってそのことを決定していた。そしてこの決定は申請過程での1つの障害であった。他の弁護士ならば上記の準備に着手したであろう。

　第3に，フェンヴィックはドーティーに書簡を送る準備をしていなかったし，またソリシターなしで刑事施設内で接見する準備をしていなかった。

　それ故に，レジストラーが申請人に状況を説明するために書簡を送ることになっ

た。

2.51 6月20日に，レジストラーは刑事施設の中にいるドーティーに長い書簡を送り，フェンヴィックにはその写しを送付した。その書簡は，はじめに，単独裁判官がソリシターのための法律扶助を許可することを拒否したことについて触れ，そして以下のような文章が続いていた。すなわち，

> 要するに，特に追加される証人が公判前に弁護側に知られていた，又は発見され得たような場合は，当裁判所が新証拠を審問するようなことはほとんどない，という点が重要である。一見したところでは，あなたは，裁判所に審問してほしい人々，全てではないにしてもその大部分の人々を知っていた，あるいは発見する方法を知っていたにちがいない。これが，疑いなく，新証拠を呼び出すための要件が充足されているとは考えなかったと裁判官が述べた原則的理由である。裁判官の決定にもかかわらず，フェンヴィックが新証拠を呼び出す許可の申請書を提出しようとするならば，申請書が提出に向けて完全なものにされる以前にソリシターによる膨大な予備的な作業が必要となるので，彼は困難な状況に陥るであろう。裁判官は彼に対してソリシターの援助を否定した。

もし新証拠の問題を検討するためにドーティーが全員法廷に持ち込もうと望んだならば，書簡によれば，フェンヴィックは他の誰かに代わられるべきだと考えた。この点についてレジストラーは様々な観測を示した。同一性識別の指摘こそが，単独裁判官の決定が成功の何らかの希望を与えるた唯一の関心事であった。新証拠を呼び出すための申請書に必要な準備的作業は，必然的に審問での遅延を引き起こすであろう。明らかにフェンヴィックが事件を明らかにする最良の立場にあった。「フェンヴィックがなしうることだけに基づいてフェンヴィックのサービスをあなたが受けようとしないならば，弁護士の交代の申請も含めてあらゆることがらは，非弁護士申請として全員法廷での審理の対象とされなければならないであろう。フェンヴィック以外の者があなたの代理人となるならば，全ての謄本が必要となるであろう。もしそうであるならば，数週間以上の遅延が生じるであろう」。

したがって，ドーティーは，フェンヴィックが彼の代理人となり続けるべきかを決定しなければならない。というもの，「新証拠を呼び出す許可のためのあなたの申請書をフェンヴィックが提出することはできないと理解されるからである。」レジストラーは速やかな回答を促した。そうすれば，申請書が7月末以前に審問される適切な機会が与えられることになるが，そうでなければ遅延が考えられうるからである。

6月22日にドーティーは，「私は私の弁護士に全ての信頼を置いている。そして証人が出席することなしに，全員法廷において私の事件を処理することに同意する」と回答した。

第2章　ドーティー事件

2.52　「ジャスティス」の質問事項とその回答に関して，レジストラーとフェンヴィックの間でいくらかのやりとりが行われた。6月19日にフェンヴィックはレジストラーに「彼があなたに新証拠の側面を押し進めるように要請する場合の安全確保のために」，書類を送付した。6月21日にレジストラーは，レジストラーがソリシターとして行動しうると仮定することは誤解であること，そして書類はレジストラーの手許に止められないことを回答した。6月25日にフェンヴィックはレジストラーに「ドーティーがやりたいことを正確に決定するまで」，書類を保留しておくことを懇請した。

2.53　7月5日にドーティーは上訴の審問に出席できるように申請書を作成した。彼は手紙の中で，証人のことについて理解していること，そしてそれはフェンビックの過誤でもなく，また自分の過誤でもないことを述べた。7月9日にレジストラーは，ドーティーを王立裁判所の中の居房に移すように手配がなされたこと，そして裁判所自らが審問の際に出席を許可するかどうかを決定することを回答した。

2.54　1973年7月12日に申請書が公開の法廷において控訴院によって審問された。ドーティーはその居房に移された。刑事施設被収容者は，通常，外出は許されない。2人の看守の警備に伴う出費は66ポンド8ペンスであった。フェンヴィックは彼に会わなかった。そして彼が出席することを裁判所に申し入れなかったし，裁判所もこれを命じなかった。フェンヴィックは我々に次のように語った。すなわち，

　　私は彼に会うことによって自分自身を当惑させるつもりはなかった。私は彼が階下にいたこと，そして上に来ることを許されなかったことを知っている。私は階下に降りて彼に会い，そして彼に，「私は救われるのか？上訴は成功するのか？」と言わせるつもりはなかった。私は，上訴は成功しないだろうというかなり明白な危惧感をいだいていた。

2.55　事件はフェンヴィックによって精力的に弁論された。彼は次のように評価した。すなわち，彼の方法における原則的な困難さは裁判官が陪審員に与えた警告の強さにあった。つまり，彼はこのような強力な警告が必要であるような事件において有罪判決を下すことは安全ではないと主張した。裁判所は申請を却下した。裁判所は，先例の効果を「被告人席同一性識別を行うことは望ましくない，できれば回避されるべきもの」だと判断した。しかし最近のジョン事件では，次のことが明らかにされた。つまり，被告人席同一性識別は重要な証拠であること，それを排除するための唯一の理由は法律上容認できる証拠を排除する司法裁量にあること，そして裁判官の意見において，その偏見をいだかせるような帰結は容認される価値を超えるものであること，が明らかにされた。それ故に，「その裁量の実行において博学なる裁判官には，もし彼がこの種の証拠の危険性についての明白な警告を与える

ならば，陪審員の前に問題を提示する資格は十分に与えられる。彼はこれらの警告を疑いなく与えていた」。写真は1969年警察のための内務省統合通達9章に厳正に従って証人に見せられることが望ましいこと，そして同一性識別パレードが行われることが望ましいことを裁判所は述べていた。しかし同一性識別パレードが行われなかった理由について疑いがあるので，裁判所はそれ以上述べることに有益な目的がないと感じていた。

2.56 新証拠に関する資料の全てではないにしても，そのいくらかは裁判所の前にあった。裁判所は，その判断において，問題を非常に適切に刑事控訴局とともに提起した「ジャスティス」の注意が事件に向けられていたことに留意した。フェンヴィックは我々に，この点を論じることができないと述べたことを伝えた。彼が何を述べようとも，裁判所がそれを申請の断念として処理したことは明らかである。裁判所は，弁護士がその裁量においてそれを追求しなかったこと，そして裁判所は彼が正確に彼の裁量を実行したものとみなしたことを述べた。アリバイ通知の中で名前を挙げられた2人の証人は万引きのかどで有罪判決を受けていたし，バスの運転手は「弁護士とソリシターが，証拠が何であるかを詳しく知っていなければ，申請の利益に対する大きな危険なしには呼び出されえないもの」であった。裁判所は，フェンヴィックの決定は批判を超えていることを確認し，そして「さらに，それは我々に，フェンヴィックが別の道筋を採用したとしても，そのような証拠が当裁判所に受理される前に条件が必要的に満たされていないことを想起させる」と付け加えた。

V 上訴後

2.57 トムスは，彼女の活動を再び開始した。彼女は彼女の下院議員に手紙を書き送り，またドーティーもそのように行った。10月21日にサンデー・ピープル紙上に再び記事が掲載された。ＢＢＳ放送が，トムス，ハル，そしてパーソンが出演したバス旅行を再現するフィルムを用意し始めた。そしてそれは「何ということだ！」という番組の中で放映された。

2.58 最も効果的な行動を起こしたのは「ジャスティス」であった。ブリッグスが1973年8月16日に休暇から戻ってきたとき，彼は控訴院の判決の写しを読み，この判決は非常に疑わしいものだと考えた。「ジャスティス」の評議会はソリシターに陳述書を入手するよう指導することを決めた。1973年9月25日に，サウス・シールズのパターソン・グレントン及びストレイシー事務所のブラウンは，彼が有罪判決を「明白に最も重大な異議を許容するもの」と感じた13通の詳述された陳述書を添

第2章 ドーティー事件

えて，「ジャスティス」の事務局に報告した。それに基づいて「ジャスティス」は内務大臣に具申するための覚書を用意した。そして，これは1973年10月29日に「ジャスティス」のガーディナー議長からカール内務大臣への私信封筒で急送された。手紙は，大臣に対して，ドーティーが最小限の遅れでもって刑事施設から解放されるように，緊急に調査を行うことを強く要請するものであった。また手紙は，以下の4つの「わが国の刑事司法システムにおける欠点」についても注意を喚起していた。すなわち，

1. 裁判所によって獲得され，受け入れられる同一性識別証拠にあいまいさがあること。
2. 独立した訴追機関のコントロールなしに警察が告発を決定し強行することを許す危険性があること。
3. 法律扶助と上訴の援助のための適切な用意がないこと。
4. 控訴院が新証拠の採用を認めるそのルールの適用が厳しいことである。そして特に注意すべきことは，上訴人が，彼の弁護側の法律家の何らかの不注意や無能さの結果に耐えなければならないことである。

2.59 1973年11月6日に，内務省はこの内容をダーラムの警察本部長に送り，簡単な報告をするように緊急用件として要請した。警察本部長は折り返し，次のように回答した。すなわち，もし「ジャスティス」とその予備的調査によってもたらされた証拠が初期段階で有効だったとしたら，「ドーティーは犯罪のかどで告発されなかったか，あるいは彼の公判にはいかなる証拠も提出されなかったかのどちらかである」。署長は他の警察職員による十分かつ公平な調査を開始することを決定した。その後，ノーザンバーランド州警察のベイリー警視長がこの目的のために任命された。

2.60 1973年11月14日ごろ，内務大臣は1968年刑事上訴法17条に基づいて権限を行使し，そしてさらなる考慮のため事件を控訴院に照会した。そこで裁判所は保釈金によるドーティーの即時釈放を命じた。実際，ドーティーは通常の経過では12月21日に釈放されることになっていた。12月14日にベイリーは19人の証人によって詳しく述べられた陳述を添えた報告を行った。12月21日に，控訴院はこれらの証人の証拠が1968年刑事上訴法23条4項に基づき，審査官の前に提出されるべきであると指示した。弁護側が新しい弁護士とソリシターによって代理されたので，審査は1974年2月に行われた。2月13日に，いくらかの証人が尋問された後，訴追側は，陪審員の評決が危険で不十分なものであるという上訴人の論点に抵抗し続けないことを決めた。上訴は1974年3月14日に審問され，そして審議の結果，首席裁判官は以下のような裁判所の判断を示した。

この事件は，上訴開始において十分にかつ明白にアンスによって取り扱

われてきた。そして我々が事実を再び調べることは全く不要であるように思われる。以下のことに争いはない。すなわち，この事実に対する最終調査によって非常に多くの証言が獲得されたが，その全てはドーティーが問題のバスに乗っていたこと，そして申し立てられたスーパーマーケットでの犯罪を犯していないということを示している。そして裁判所は，このような事情の下では，1968年刑事上訴法12条の文言をみると，上訴は認められ，そしてこれら全ての事情の下では，有罪判決は危険で不十分であるという理由で有罪判決は破棄されるという，ベイカーの申し立てに全く同意する。我々は，我々が今日，関与できる限り，正確には関与すべきである限りにおいて，事件は緊急かつ注意深い考察を要求する数多くの事実を疑いなく示していたし，我々が我々の方法で，我々の時間において取り扱わなければならない事件であると感じている。上訴は認められることになろう。有罪判決は破棄され，そしてこの事件に関する限りにおいてドーティーは解放されることになろう。

2.61 1974年3月16日に，ダーラムの警察本部長は，職員がその義務において怠慢であったかどうかを確認する目的で，事件における警察関係者を調査するために，ベイリー警視長に調査を続行するよう要請した。4月16日に，ベイリーは懲戒請求がなされるという結論を報告した。アンダーソン巡査は義務違反（最初に窃盗事件に関与していたと言われている3人の人物の共犯関係を捜査し，又は報告することを怠ったこと），及び命令違反（証人2人以上による写真同一性識別を許したこと）のかどで懲戒され，またアンダーソン巡査の上司は2つの義務違反（アンダーソン巡査に対する適切な監督を怠ったこと，そしてドーティーが同一性を識別された直後に，身元を調査され面会聴取されたことの確認を怠ったこと）のかどで懲戒された。アームストロング警部には，ドーティーのアリバイの効力を確認するためにあらゆる可能な調査を行い，告発の根拠となった事実を再検証することを怠ったという義務違反のかどでの懲戒はなされなかった。証言を聴取したうえで警察本部長は彼を不処分としたのである。

2.62 1975年1月21日に，ドーティーには，誤った有罪判決とその影響に対して，恩恵的に2000ポンドの補償金が支払われた。

Ⅵ　コメント

2.63 全く尋常でない数多くの事柄がドーティー事件において間違って生じた。そして多くの考察すべき重要な点が引き出された。我々はそれらを以下のパラグラフにおいて列挙して，個別に簡単な論評を加え，そしてこの報告書において我々が提

第2章　ドーティー事件

案する対処方法を示すことにする。

(1) 訴追側の不完全な捜査

2.64 アンダーソン巡査は，次のことを怠った。すなわち，

　　a．全ての出来事について完全な報告をすること，そして，
　　b．マリンによる窃盗犯人の描写を獲得すること，又は記録すること。

我々は，警察によるあれこれの作為又は不作為に関して，特定の職員とその上司の間において非難がなされる領域を区分けようとするものではない。そのことは，最初から過ちがあったことを認め，かれらを処分した警察本部長によって行われた（パラグラフ**2.59**と**2.61**）。

　　a．について。この過ちが裁判の失敗に寄与した。発見するには，単独の担当者よりもチームの方が容易である。そして目立った特徴がない男性よりも，足を引きずって歩く年配の女性の方が容易に同一性を識別できた。その女性についての調査が，同時に，被疑者の名前をもたらしたであろう。そして彼女は，ドーティーとはいかなる関係においても知人ではなかった女性であったであろう。

　　b．について。描写を獲得することは同一性識別手続の重要点である。我々は，後述パラグラフ**5.6-15**において，その一般的な問題を扱う。

(2) 写真同一性識別

2.65 これは不適切に行われた。前述パラグラフ**2.25**を参照せよ。これもまた同一性識別手続の重要なポイントであり，我々はこれを後述パラグラフ**5.16-28**で一般的な形で取り上げることにする。しかし，ドーティー事件では，同一性識別パレードが行われなかったという事実がこの不適切さの効果を減少させた。

(3) 同一性識別パレードの不実施

2.66 保釈通知の写しがないので，現在，ドーティーが不注意で出頭しなかったのかどうかを述べることは不可能である。たとえもし彼がそうだったとしても，それはパレードを中止する十分な理由ではなかった。もっと年長者で能力のある職員がだれもその準備を担当していなかった。もし職員がそうだったとしたら，ドーティーは呼び出しを受けて発見され，そしてパレードが実施されたであろうことは十分有りうることである。パレードを実施しなかったことは重大であり，正当化されないし，また裁判の失敗に寄与したといえよう。我々は，後述パラグラフ**5.29-82**において，同一性識別パレードの問題を一般的に取り扱う。

(4) アリバイの下調べ

2.67 我々は，前述パラグラフ**2.13-18**において，何がなされたのか，そして何がなされ得たのかを考察してきた。我々は，ソリシターのこの種の事務処理における

困難さのいくらかを耳にしてきた。そして我々は，この点やアリバイに関する問題点の他の局面を，後述パラグラフ**5.96－120**において考察する。しかし，最も限定された基準の下においても，我々は，この事件でおこなわれた事務処理が全く不適切であったように思う。我々の意見では，この不適切さが裁判の誤りの主要な原因であった。

(5) 警察報告

2.68 ここには一般的な重要性について2つのポイントがあり，我々はそれを5章6節で取り扱う。まず第1は，目撃者たちにインタビューすることを弁護側に通知することに関する警察の失敗である。我々は，それがはたしてこの事件において重大だったかどうかは疑問に思っている。つまり，ハミルトンは我々に，もし彼が通知を受けていたら，彼はそれについて何かの行動をしたであろうという印象を与えなかったからである。第2は，報告が事件の当否についての訴追側によるいかなる再吟味をも導かなかったことである。アリバイの通知に関して訴追側の義務については次の2つの考え方がある。1つの考え方は，訴追側は初めに被告人に不利な証拠を調査するのと同程度の完全さでもってアリバイ証拠を調査すべきであり，そしてもしアリバイありと思料するときには事件捜査を打ち切るべきである，というものである。もう1つの考え方は，事件が刑事法院に付託された以上，訴追側はアリバイがあるか否かを決めるいかなる義務も負わないのであり，かれらの義務は，アリバイをくつがえしうる何らかの資料が法廷にもたらされることを確かめるためにのみ，それを調査することである，というものである。前述パラグラフ**2.19**で記したように，この事件の訴追側ソリシターは狭い考え方に属していた。我々は彼が到達したレベルにまでは行かないが，我々は実質的に以下の理由，つまり2つ目の考え方をとる。すなわち，我々は，警察がアリバイの有効・無効を決定する責任を負うべきであるのは，最も例外的な事件においてのみである，と思う。ドーティー事件においては訴追側の証拠は脆弱だった。つまり視覚による同一性識別を維持する状況証拠はなかったし，同一性識別パレードも実施されなかった。このような状況の下では，我々は訴追側が十分な報告を要求すべきだったと思う。しかし，もし最終的に訴追側が，法廷こそが証拠の矛盾を解決する固有の場であると決めていたとしたら，我々の意見では，そのような決定にはいかなる批判もないはずである。

(6) 被告人席同一性識別

2.69 これなしには，訴追は根拠をもちえなかった。我々は，この点について法と実務が変更されるべきか否かを4章で検討する。

(7) 延期を受け入れないことの決定

2.70 全ての事実が知られたので，これは誤った決定であったことが判明する。し

かし，控訴院はそれを弁護士がその状況の下で選択した道理にかなったものとみなし（これについては我々は丁重に同意する），そして特に控訴院に提出された資料に基づいて，控訴院はそれを事実についての正しい決定であると考えた。この種の決定が，新証拠を呼び出すための申請に対していかなる効果をもつのか。我々はこの問題を6章で検討する。

(8) 上訴手続

2.71 1974年3月14日にドーティーを無罪とした控訴院の決定は，もし事件の全ての詳細が以前の段階の第一審裁判所に存在していたならば，1973年7月12日に下されていたはずである。もしそうだとしたら，ドーティーは実際よりも4ヵ月早く釈放されていたことになる。なぜその詳細が裁判所にもたらされなかったのか。我々はパラグラフ**2.36**で示唆しておいたように，世間一般はなぜ物事が正しく容易に，そして速やかに運ばなかったのかを理解することが困難であるとみとめなければならないであろう。我々には説明の一部がパラグラフ**2.37**において既に与えられている。新証拠の許可を制限する何らかのルールがなければならない。第6章において我々は，既存のルールが拡張されるべきであるという示唆を検討する。

2.72 しかしこの事件の状況の下で，控訴院に新証拠を認めさせることは容易ではなかった一方で，なぜそれを試みなかったのかが問われうる。明白にフェンヴィックは，レジストラーと同じく，それは失敗するはずだと思っていた。パラグラフ**2.50**を参照せよ。次の2つの事柄がこのあきらめに寄与していたようである。第1にフェンヴィックもレジストラーもドーティー氏の主張の圧倒的な堅固さに気づいていなかった。彼等は「ジャスティス」の質問事項の回答を得たが，ブリッグスが指摘していたように（パラグラフ**2.47**），それ自体は十分なものではなかった。つまり事件を抵抗できないものにしているのは，まさにその細部には本質的に本当でないこと，又は誤りの可能性を含んでいる証人の証言である。第2に1966年に行われた法改正[1]の効果が十分に評価されていなかったこと，そして特に，いまだに以下のように思われていたことである。すなわち，(1)項における裁量権限を度外視し，新証拠の許容は(2)項によって専ら規制される，と。シャーロット[2]判決においては，新証拠を喚起する申請は(2)項のみを参照することによって却下されていた。

  (1)　1968年刑事上訴法23条で再び規定された。パラグラフ**2.38**参照。
  (2)　CA, 8 December 1973, unreported.

2.73 もちろん，控訴院が，「ジャスティス」の資料によって支えられた新証拠を喚起するドーティー自身の申請書を前にしてそれを却下したということは，真実である。しかしそれは必ずしも，たとえ(1)項の下での権限を強調して，申請が弁護士によって精力的に行われたとしても，少なくとも延期と一層の法律扶助の許可を獲

得する程度にまで，ソリシターに調査をすることを可能にさせることには至らなかった，ということの結果として生じたわけではない。もしそれがそうだったとしたら，つまり予め裁判所が資料から事件の堅固さを自ら確認するよう期待されるとすれば，弁護士の主張は何ら意味を持たないことになろう。

2.74 フェンヴィックは望ましくない立場にあった。この立場におかれた弁護士ならば，それに伴う個人的な当惑がどんなものであれ，できる限り強力に申請を強調することが正しいと思うであろう。フェンヴィックは違う考え方をもった。新証拠を喚起する申請の過程における主たる障害は延期を求めないという彼の決定であったので，彼は，申請が別の弁護士によってなされなければならないと思っていた。これは，全く当惑という問題ではない，と述べることは正当である。つまり，そこには，最初の弁護士が効果的な弁護人たりうるのか，あるいは効果的な弁護人であると思われうるのかどうか，という事実上の疑いがあるにちがいない。フェンヴィックはレジストラーに別の弁護士を指名するよう頼んだ。彼は，申請がなされる場合にはソリシターの必要性を強調した。彼は申請をするつもりがないことを明確に示した（パラグラフ**2.48**）。レジストラーはドーティーにその選択を委ねた。そしてドーティーは，弁護士の変更がもたらす遅滞を考慮してフェンヴィックを自分で選んだ（パラグラフ**2.51**）。

2.75 我々が以上のパラグラフの中で概観してきたように，この状況は，時々，最良に運営されているシステムにさえ悪影響を与えるような気まぐれにすぎないものによって生じたのだとして受け入れられうるようなものではない。我々の見解では，このトラブルの根底には，ドーティーに公判後に新たな弁護士とソリシターが用意されなかったという事実がある。たしかに，法律扶助によってなされたはずだった事柄を「ジャスティス」が行ってはじめて，物事が正しく進み始めた。調査の仕事は別にして，上訴の準備は，我々が詳述したように，あらゆる段階においてソリシターの必要性を示している。特にレジストラーは，ソリシターがいないという理由で，パラグラフ**2.51**で示されたような手紙を書かねばならない立場におかれるべきでない。手紙は，本来ソリシターの助言のテーマとなる問題を扱っていた。首席裁判官によって予め示されたように（パラグラフ**2.60**），このシステムにおける変更は既に行われている。法律扶助の問題について我々は第6章において一般的に論じることにする。

2.76 我々がコメントしなければならない手続の別の側面がある。王立裁判所に多額の費用をかけて引致されたドーティーが，彼に関する重大な手続が行われていた法廷の外に拘禁されていたということは，極めて奇妙なこととして多くの人々の心を打つであろう。パラグラフ**2.44**において，我々は彼の出廷許可申請書の提出について言及した。許可の必要性は，彼が拘禁中であるという事実から容易に生じる。

つまり，彼が自由の身であったなら，もちろん彼が望むときに，彼は出廷することができたであろう。この点に関して，拘禁中の申請人と自由の身の申請人との間に区別があってはならないということがドノバン委員会(1)において勧告されていた。委員会は，抽象的にはそのことは正しいが，それを望むあらゆる被拘禁者が法廷に移送されねばならないとすれば，受け入れることが困難な管理運営上の負担も生じうる，と考えていた。

(1) Report of the Interdepartmental Committee on the Court of Criminal Appeal (Cmnd 2755), 1965, paragraph 127.

2.77 申請手続に出廷できる拘禁中の者の数は制限されざるを得ないので，控訴院が，申請人に出廷する権限が付与されている事件（ドーティー事件はこれには含まれない）や，あるいは許可を与えた特別な事件に限定するように命じることは，明らかに正しいように思われる。しかしこのことは，申請人が出廷する手続における困難さが管理運営上の困難さであり，法的な困難さではないという事実を曖昧にするものではない。ドーティー事件においては，良い理由であれ悪い理由であれ，困難さは克服されていた。つまり，我々は次のように理解している。すなわち，もし他の準備が不可能であるときには，裁判所の構内で弁護士との相談を許すというルールの下でドーティーは移送された，と。我々は，もし申請が控訴院に提出されていたならば，あるいはさらに裁判所が建物の中に彼がいたことを知っていたとしたら，手続への彼の参加は許されていたであろうということをほとんど疑うことができない。そうでなかったことは誠に不運であった。これを2度と繰り返さないようにするために，我々は，拘禁中の申請人が建物に移送されてきた時には，通常は彼の出廷が認められるとする一般的指示があることが望ましいように思う。

(9) 結　論

2.78 誤った確認を行ったあれこれの事件を吟味することにおいて我々の主たる目的は，同一性識別における誤りが間違った有罪判決に至りうるその過程を発見することであり，そしてその発見された事柄に照らして，誤りに対してどのような防止策が考案されうるのかを考察することである。この目的からすると，検討すべき典型的な事件は，手続過程における唯一の欠点が誤った同一性識別であるというような事件である。ドーティー事件はこのような事件ではない。ある事件が，この事件のように誤ったものであるときには，事件の性格が何であろうと，あるいは議論される事柄が同一性識別であろうと，それ以外のものであろうと，おそらく結果として不正義が生じるであろう。したがって，ドーティー事件は決して誤った同一性識別のリーディングケースではなく，また我々の調査の中心点を照らし出すものでもない。しかし，ドーティー事件は，既に我々が示したように，我々がこの報告書において後に考察することになる重要な付随問題に光を投げかけているのである。

法律学と心理学のかかわり

　法律学と心理学は，それぞれ独立した研究分野である。しかし，いずれも人間の社会行動に関わる学問であり，その相互交渉の歴史も比較的早い時期から存在する。目撃証言研究は，その代表的な領域であるが（コラム188頁参照），ほかにも犯罪心理学なども長い研究の歴史を有する。これら，古典的な研究領域に加え，近時，法律学と心理学の学際研究はさらに拡大の傾向が著しい。たとえば，裁判手続に関わるものでも，裁判官の量刑判断の研究，裁判における責任帰属判断の研究，裁判手続の公正さに関する研究，陪審研究など，枚挙にいとまがない（このような研究領域の拡大に関しては，菅原，1998参照）。また，すでにイギリス，アメリカにおいて，心理学会の中に，犯罪学や法理心理学の部門が独立に創設されているのと並んで，わが国においても2000年11月より，「法と心理学会」が設立される。
　このような法律学と心理学の学際的な研究の広がりは，今や世界的傾向とも言えるが，近時の研究は，かつての裁判心理学や法廷心理学と呼ばれたものとはやや異なる傾向を有する。その特徴は，研究の対象が，裁判場面に限定されず，法意識や法交渉など法現象一般を対象にしたものへと，その裾野を拡大した点である。そのきっかけは，上記アメリカの学会American Psychology-Law Society の機関誌 Law and Human Behavior の編者 Saks が，「実際上，全ての法は，人間の行動仮説を基礎にしており，それら法の有効性や活用可能性はその行動仮説の正確性に部分的に依存している」として，ひろく法律学における心理学研究の可能性を示唆したことにあるとも言える（Saks, 1986）。そのため，今日，その名称も，従来のような裁判場面を強く連想させる法廷心理学（Forensic Psychology）といった呼び名ではなく，より法現象一般を対象とすることを示唆する「法と心理学」（Law and Psychology）（ないし Psychology and Law）と呼ばれる。
　今日，アメリカにおいては，「法と心理学」のコースをもつロースクールが数多く存在する。そこにおいては，交渉理論やリーガル・カウンセリングといったより実践的な講義が準備されている。このような研究ニーズは，今後わが国においても法学教育がより実践的になるにつれて高まることが予想される。以前にもまして，法と心理学のより広範かつ実践的研究の展開が期待される。

第3章　ヴィラーグ事件

Ⅰ　関 与 者

3.1　ラズロ・ヴィラーグは，1969年7月11日，グロスターシャー・アサイズ裁判所において，1969年1月19日のリバプール，及び1969年2月23日のブリストルの犯行について，有罪判決を受けた。犯行とはその両場所で駐車メーターのコイン入れからの窃盗を行ったことであった。そして，犯行にはリバプールで逮捕に抵抗するために銃器を使用したこと，ブリストルで重大な身体上の危害を及ぼす，あるいは逮捕に抵抗する意図をもって警察官を傷つけたことが含まれていた。その結果，ヴィラーグはリバプールの犯行については3年の拘禁刑，ブリストルの犯行については7年の拘禁刑を宣告され，刑は全部で10年の拘禁刑であった。1974年4月5日に内務大臣は，ヴィラーグに無条件恩赦を与えると提案し，ヴィラーグは直ぐに釈放された。以下に要約する証拠を審査した後，ブリストルの犯行がヴィラーグではなくジョージ・ペイエンとして知られる男によって行われたという結論に，我々は到達した。また，この男がリバプールの犯行を犯したのだろうと，我々は考えている。

3.2　ラズロ・ヴィラーグは，1938年12月16日，ハンガリー，ブダペストに生まれた。彼は1957年1月に避難民としてイギリスにやって来た。彼はスコットランドの学校で英語を学び，そこで6ヵ月過ごした。その後，彼は独学しつつ，6ヵ月間ロンドンで機械工として働いた。彼はメーター窃盗を行ったことにより1958年1月24日に有罪判決を受け，保護観察に付された。それ以来，彼は窃盗と商店不法侵入などで，8回有罪判決を受けた。彼は暴力や銃器を利用する犯罪について，有罪判決を受けたことはなかった。最も長い拘禁は2年であった。そのとき彼が釈放されたのは，1966年8月25日であった。1958年以後，彼は定職についたことはなかった。ただし，1961年に塗装業者と室内装飾業者として，短期間，協同して働いたことがある。刑事施設から最後に釈放された後，彼は1968年6月まで塗装業者，室内装飾業者として定職につかずに働いていた。その後，彼はケンジントンの賭博クラブであるトロジャン・クラブで賭博場の元締めとして働き，賃金に代わるチップで生計

を立てていた。問題となった1969年に彼は既に結婚しており，2人の子どもがいた。彼は生活保護給付金を1週間に14ポンド15シリング受けており，家賃週7ポンドのロンドン，シンクレアー・ストリート，W14にあるアパートに居住していた。

3.3 ローマン・ホーラドニキーは，かなり長い間，ジョージ・ペイエンとして知られていた。彼は1934年12月26日，ウクライナで生まれ，1950年に避難民としてイギリスにやって来た。彼が何の職についていたかは分からない。1954年7月30日，彼は窃盗の有罪判決を受け，保護観察に付された。1955年1月20日，彼は再び窃盗の有罪判決を受け，ボースタルに送られた。1956年9月24日，彼はボースタルから逃亡したが，3日後に捕まった。そして，内務大臣の命令によって，期限付きではないボースタル訓練から同じ条件の拘禁刑に変更された。1964年9月10日，彼は不法目的住居侵入で，12ヵ月の拘禁刑を宣告された。1969年まで，彼は暴行や銃器の使用に関する有罪判決を受けたことがなかった。

3.4 ペイエンとヴィラーグの性格はそれぞれ異なる。ヴィラーグは落ち着いており，内向的である。ペイエンは，口がうまいのではあるが，簡単に動揺させられる性格である。ヴィラーグは公判中に抗議の言葉を2つだけ喋った。しかしペイエンは，別の犯罪で後に審理されたときに（パラグラフ**3.80**参照），よく喋り，厄介な性格であり，弁護士とソリシターを解任し，自分で弁護をして，何回も警告された挙げ句の果てに，彼が審理に介入したために，被告人席から退席させられた。犯罪者としてのペイエンはヴィラーグよりもしたたかであった。ペイエンは数か国語を話すことができ，何回も旅行していた。逮捕されたときに，彼はイギリスとアメリカ合衆国のパスポートと，名前の異なるベルギー人の身分証明書を所有していることが分かった。2人の写真は66頁（訳注：翻訳では87頁である）に再現されている。ヴィラーグは身長5フィート10インチ，ペイエンは身長5フィート11.5インチである。ヴィラーグの髪は黒く，目は茶色である。一方，ペイエンの髪は茶色であり，目は緑である。両者とも顔色はよい。彼らを目撃した者たちは類似性に関する印象を異にする。両者における最も顕著な違いは，頭髪のはえぎわである。ヴィラーグの髪は額まで来ている。ペイエンの髪は後退している。以下に述べる中で，犯人は帽子をかぶっていない状態で，一度も目撃されなかった。

Ⅱ　リバプールの犯罪

3.5 1969年1月19日日曜日，午前1時35分頃，キャロン巡査とロバーツ巡査は[(1)]，リバプールの中心地で警察のランドローバーにいた。そのとき，服の下に何か隠しているようにして街頭を歩いている男を目撃した。キャロン巡査は止まれ，とその

第3章　ヴィラーグ事件

者に叫んだが，その男はなお歩き続けた。キャロンはランドローバーから降りて，彼の後を追って歩いた。キャロンがその男から約10フィートのところに来たとき，その男は振り向いてピストルを取り出し，それをキャロンに向けた。そして男は，立ち去れ，さもなければ打つぞ，と叫んだ。キャロンは，ランドローバーへ注意するよう叫んだ。そしてすぐに，ロバーツ巡査が加勢した。彼らはその場から動けず，その男は停車しているトライアンフ車の方へ後退した。その男は車に飛び乗り，走り去った。男はコーデュロイのソフト帽をかぶっていたが，それでその顔立ちは隠れなかった。街頭の光が頭上から降りていて，見分けるには十分だったと，ロバーツ巡査は述べている。その男が去った後に行われた捜索で，メーターを開けるための自家製の鍵が，男が最初に目撃された道路の地点で発見された。そして，2つの駐車メーターのコイン入れが，男が車に乗り込んだ所の路上で見つかった。

(1) ヴィラーグを公判で識別するために召喚され，彼を識別した証人たちの名前は大文字で印刷されている。公判でヴィラーグを識別しなかった人たちの名前は，太字で印刷されている。普通に印刷されている人たちは，公判に召喚されていない（訳注：翻訳では，原文で大文字となっている名前に下線を付すこととした）。

3.6　当該警察官は，事件の詳細を警察情報室に電話で伝えた。そしてオペレーション・サーチ（事件についてその他の警察車両に警戒体勢をとらせる事前調整の制度）が午前2時10分に執行された。そして午前3時45分に，結果がでないため解除された。夜間当番の捜査課部門警察官たちも出動したが，価値ある指紋は全く発見されなかった。午前9時，巡査部長によってキャロン巡査とロバーツ巡査は面接された。彼らが述べた詳細から似顔絵作成器具による印象画が用意された。1月22日，犯行は犯人の描写と自家製の鍵の描写付きで「一般犯罪情報」で回覧された。似顔絵作成器具による印象画は1月24日に回覧された。地域では聞き込みがなされ，トライアンフの描写に符合する市内の盗まれた車両全てがチェックされた。これからなんら手がかりはでてこなかった。捜査は休止状態となっていたが，1969年2月25日に，2月23日のブリストルの類似犯罪についての詳細を伝える緊急のメッセージが，グロスターシャー警察本部長からようやく回覧された。その後，2つの警察が連絡をとりあった。

Ⅲ　トライアンフ・ビテスの窃盗

3.7　1969年1月27日，トライアンフ・ビテス車・インデックス・ナンバーＰＹＸ544Ｆの所有者であるダネンバーグは，売り出しの広告を出した。2月2日日曜日，購入しようと考えている者が，テンターデン・ガーデン，ＮＷ4にあるダネンバーグ宅を訪問した。彼は自分の名前をポロックと名乗った。ダネンバーグは彼を中欧

人と思った。なぜなら，外国人なまりが目立っていたからである。2人の男は車両を点検し，M1高速自動車道路を走行しようと出発した。運転中にポロックはダネンバーグにトム・サムという葉巻きをくれた。彼らは値段について合意し，ポロックが次の木曜日に現金を持参することとされた。約1時間，彼らは一緒にいた。

3.8 次の月曜日の夜，ビテス車がダネンバーグの家の車道から盗まれた。木曜日にポロックは約束に少し遅れてしまったと電話した。彼は，全てが大丈夫かどうか，何もなくなっていないか尋ねた。疑いを抱いたダネンバーグは，全てが順調だ，君に会えることを楽しみにしていると彼に語った。ポロックは現れなかった。

Ⅳ　ブリストルの犯行

3.9 1969年2月23日日曜日，午前8時頃，便利屋の**カンリフ**はブリストルの中心地，スモール・ストリートを下った中ほどに車を止めていた。彼は男がメーターを開けているところを目撃した。彼は不審に思った。彼はその男に何をしているのか尋ねた。男は市から派遣されてきた，今チェックしていると答えた。しかしすぐに彼が来た方向とは別の方向に，その男は去っていった。**カンリフ**はなお疑いを抱き，男の後を追ってスモール・ストリートを下っていった。男はコーン・ストリートへ左に折れた。そして再びブロード・ストリートへ左に折れた。道を横切りトライアンフ車に乗った。それはグランドホテルの反対側に駐車されていた。**カンリフ**は車両ナンバーを控えておこうと決めた。彼はメモ帳を取り出し，そこにＨＬＧの文字を書き留めた。彼が数字を書き留めようと顔を上げると，客席のドアが開いていて，銃が蝶番の間から彼に向けられていた。彼は振り返ってブロード・ストリートを全速力で走り，ワイン・ストリートへと左へ折れた。後ろに車が来ているのが彼には聞こえた。彼は歩道の椅子の下に隠れた。車がワイン・ストリートへ曲がった。**カンリフ**は車がユニオン・ストリートに入り，ニューゲートの方へ行くのを見た。彼はすぐに警察に電話した。銃器を持った男が駐車メーターをいじりまわし，スモール・ストリートで騒ぎを起こし，緑のトライアンフ・ヘラルドＨＬＧの車に乗って走り去ったというメッセージが，オペレーションズ・ルームから流された。

3.10 **スミス**巡査と**オーガン**巡査は，午前8時15分頃，警察のメッセージを受けた。そのとき，オールモンズバリー・インターチェンジをパトロール中であった。ここは，ブリストル中心部から東へ約10マイルのところにあるＭ４とＭ５の交わるところであった。午前8時20分頃，トライアンフ・ビテスの車がＭ５をブリストルからすごいスピードでやって来て，Ｍ４をロンドン方向へ向かった。パトロール・カーがすごいスピードで後を追った。2マイルしたところでビテスは高速道路の路肩に

第3章　ヴィラーグ事件

止まった。パトロール・カーが詰め寄り，ビテスの車両ナンバーがＨＬＧ770Ｅであることを確認した。ビテスの運転手が車から降りた。ビテスの後ろにパトロール・カーが停車したとき，その運転手はビテスの先頭の方から，銃を向けて立った。そして彼は運転手である**オーガン**巡査に発砲した。**オーガン**巡査は回避した。スミス巡査が銃の男にタックルしようと車から降りようとした。彼はドアを開けて足を外に出したときに，**オーガン**の足がクラッチを滑ったので，パトロール・カーは前方へゆっくりと動いた。ドアはビテスの後方のバンパーへぶつかり，後へ跳ね返った。そこで，スミスの脚が閉じ込められた。その結果，**オーガン**は車をバックしなければならなかった。彼がこうしている間に，銃の男はビテスに飛び乗り走り去った。パトロール・カーは再び追跡を開始した。

3.11　約4分の1マイルいったところで，ビテスは再び高速道路の路肩に停車した。パトロール・カーは，後方約40ヤードのところに停車した。銃の男は車から降り，北側の草の生えている道端へ向い始めた。2人の警察官は少し離れて彼を追った。彼は2度振り返り，彼らに発砲した。そして，高速道路の境界フェンスによじ登って，野原へ降りていった。スミスと**オーガン**は，約30フィート後方から彼を追った。ときどき，彼は振り返って，叫んで銃を向け，追ってくるなと警告して威嚇した。彼は外国人なまりであって，スミスは中欧人と思った。何度か彼は警察官たちに発砲した。スミス巡査は彼が銃を振っているのを見て，銃が故障しているか弾がきれていると考えた。スミスは彼に詰め寄ろうと決断した。銃の男は別の銃を取り出し，スミスが約15フィート離れたところで彼の左手を打ち抜いた。スミス巡査は血に覆われた手を掲げ，負傷したことを示した。銃の男は彼に「見逃せ。このことについて何もいうな。そうすれば1000ポンドやろう。俺は大金を持っているんだ」と叫んだ。スミスは追跡を続けた。

3.12　銃の男が高速道路を離れた地点は，高架橋が高速道路と交叉しているウェスターレイ道路から西側へ少しのところであった。この橋のちょうど前で，ウェスターレイ道路とつながって南北に走っている細い道がある。銃の男がとった方向から，スミスはこの道へ向かった。彼がこの道に着いたとき，男は高速道路へ戻ろうとその道を走って下っていった。もちろん，スミス巡査のパトロール・カーは，ラジオでオペレーションズ・ルームと連絡をとっていた。パトロール・カーで多数の警察官は，小道がウェスターレイ道路につながっている所で待ち構えていた。先頭にある車の1つが，デービス（現巡査部長）巡査とブラッグ巡査の乗っているパトロール・カーであった。**オーガン**巡査とともに，銃の男が小道を降りてくるのを彼らは目撃した。両手に銃をもって，銃の男は15ヤード離れたところで彼らと向かい合った。デービス巡査がハンガリー人かポーランド人なまりであろうと描写したように，「ここに来い」と男は彼らにいった。彼らはパトロール・カーを勝手に使い

Ⅳ　ブリストルの犯行

たいのだと思った。そこで，彼らは車に戻り車をバックさせた。銃の男は小道を戻っていった。

3.13　農場経営者，トーマス・**テイラー**はローバー2000を運転し，Ｍ４を南からウェスターレイ橋を横切った。彼は小道を左手に折り返し，男が彼の方へ歩いてくるのを目撃した。彼は男が乗せて欲しがっているのだと考えて，速度をゆるめた。男が約６フィート離れているところで，**テイラー**は警察官を見つけた。そして警察官が止まるな，彼は銃を持っていると叫んでいるのが聞こえた。**テイラー**は銃を見て加速し，走行し続けた。彼は男をよく見ていなかった。銃の男は土手を下って高速道路の方へ行くのが目撃された。

3.14　ブリストルのスタジオ経営者であるダグラス・バロックは，Ｍ４をブリストルの方向からモリス1100で運転していた。彼がウェスターレイ道路に近づいたとき，警察官を含めてたくさんの人たちを目撃した。彼は腕を上下に振って車線の真中で直立している男を目撃した。バロックは事故があったと考え，速度を落とした。男がサイド・ウィンドウから彼に銃を向け，ドアを開けろといった。バロックはドアを開けた。男はすばやく車に乗り込み，バロックに高速道路を高速で運転するように命じた。追跡中の<u>スミス巡査</u>は，モリスが発進するときにはそれを妨げようとしたが遅すぎた。彼は西側の車線に渡り，その方向からやってきたバンを停車させた。彼はそれに乗り込み，運転手にＵターンさせ，モリス1100を追跡し始めた。しかし結局，彼らがモリス1100を見つけたときには，銃の男は既にそこにはいなかった。バロックは２，３マイルの間，脅迫されながら運転していた。高速を横切っている別の橋に到着したとき，橋の下に停車し自分を降ろして発進するように，銃の男は彼にいった。

3.15　ジェフリー・**ブッチャー**は，チッピング・サドバリーから居住地であるパックルチャーチへと，オースチンＡ40を走らせていた。道路は銃の男が逃げた橋のそばでＭ４と交差している。道路の中央に立って手を振っている男に，**ブッチャー**は停車させられた。**ブッチャー**はドアを開けた。男は大変な問題を抱えていて，できるだけ早くバースに着かなければならないといった。午前９時頃であった。パックルチャーチまで連れていけると，**ブッチャー**は彼にいった。彼らがパックルチャーチへ着いたとき男は降りようとすることもなく，ポケットから銃を引っ張り出し，警察官を撃ったところだ，車をよこせ，といった。**ブッチャー**が車を引き渡すことを拒むと，男は自分をバースまで連れて行くように命じた。**ブッチャー**はそうすることが最善であると決心した。彼らは，道すがら，かなり会話を交わした。銃の男は，ときには脅し，ときにはお金をちらつかせた。彼は妻と子どものことを話した。一度，彼は２つの小さなシリンダーをポケットから取り出し，何か危害を加えられ

51

第3章　ヴィラーグ事件

れば，人間であれ犬であれやっつけるのにこれがあれば十分だ，といった。道すがら，彼は小さなトム・サムという葉巻きを吸っていた。彼らがバースに着いたとき，男は駅に行きたいというので，**ブッチャー**は彼をそこに連れていった。

3.16　タクシー運転手であるロナルド・<u>タッカー</u>は，バース駅で働いていた。オースチンA40が到着し男が降りて駅へ行くのを，彼は目撃した。2〜3分後，同じ男が駅から出てきて，<u>タッカー</u>にチッペンナムに行ってくれと頼んだ。<u>タッカー</u>の娘婿，ダニー・アトキンスが一部始終を目撃していた。男は後部座席に乗り込んだ。彼は途中で<u>タッカー</u>と何度か会話を交わした。男は農場の門のところで車がはまり，ズボンが泥で汚れてしまったと説明した。<u>タッカー</u>はチッペンナムのベアーホテルの外で彼を降ろした。

3.17　午前9時50分頃，男はベアーホテルの中へ歩いて行った。そして，男はタクシーを頼めるかどうか問い合わせた。受付係のバットは彼のためにタクシーに電話した。男が待機している間，彼はホテルマネージャーである<u>ランダル</u>と少々会話を交わした。彼は何か飲み物がないか頼んだが，<u>ランダル</u>は彼が宿泊者ではないため断らなければならなかった。彼は事故に巻き込まれてしまい，少し身体が震えるのを感じると説明した。

3.18　午前10時10分頃，**ジンゲル**のタクシーが男を呼び出し，彼を乗せてニューバリーへ走らせた。彼らは料金などについて交渉しなければならなかったが，途中でさほど会話を交わさなかった。午前11時30分頃，**フルーム**のタクシーがニューバリーからレディングへ男を乗せて出発した。その途中，1時間くらいの間に，彼らは何度か会話を交わした。**フルーム**は彼の靴とズボンの泥について聞いたところ，男は事故に遭い，車を溝に置いてきたといった。**フルーム**は駅の近くで男を降ろした。その後，ゆくえは途絶えた。

V　警察の捜査

3.19　以上記録された一連の事件は，すぐに，警察の捜査によってまとめられた。しかし捜査は，ほとんどチッペンナムで中断された。ペイエンの追跡では，犯行日である日曜日午後8時までは分かった。捜査課地区警察官がベアーホテルに連絡をとり，<u>ランダル</u>に誰かその日の朝にやってきたかどうか尋ねた。男がタクシーを呼んだという事件について，<u>ランダル</u>は思い出さなかったので，彼は「いいえ」と答えた。ランダル夫妻はその晩忙しく働いていて，バーが閉まるまで何か食べようと外に出ることはなかった。彼らは夜中12時を15分過ぎた頃に帰宅した。遅めのしっ

V 警察の捜査

かりした食事をとったため，ランダル夫人は寝つけなかった。朝3時45分頃，彼女は夫を起こした。「今朝，誰かタクシーを尋ねた人がいたんじゃない？」。そのときそこで，<u>ランダル</u>は警察に連絡した。

3.20 巡査部長であるマッケイ，テイラー，ペニーの警察官3人は，この捜査ではほとんど外の仕事を担当していた。彼らはブリストルの西南地区捜査隊に所属していた。銃の男はレディングからロンドン空港に進むだろうと思われていた。2月25日から27日までの3日間，テイラー巡査部長はそこで過し，捜査した。

3.21 指名手配された男の描写とともに，簡単な事件のあらすじが回覧された。描写は次の通りであった。

　　　35歳，5フィート10インチ，とても痩せた体型，血色が悪い，小さな口，広いほお骨，小さな鼻。外国人なまりで話す。ハンガリー人，ポーランド人，あるいはイタリア人であるといわれている。狭い縁の中折れ帽子をかぶっている。ボタンが一列のひざ丈の黒いコートを着ている。

3.22 報告を受けて，ビテス車の窃盗について捜査された。ダネンバーグのビテスが放置されているところを発見された。放置された車から発見された物品類から，有益な手がかりがあるか追及された。物品類はダネンバーグのものではなかった。それらのいくつかは，別のビテス車から盗まれた可能性があると思われたので，1968年から1969年に盗まれた車の所有者全てが調査され，取り調べられた。この捜査からは，何の成果もなかった。放置された車はブリストルのステイプル・ヒル警察署の車庫に保管された。犯罪現場分析官ミネット巡査によって，2月23日午後2時にそこで車が検査された。しかし車から指紋は検出されなかった。さらに検査のため，そこから押収された物品類は，以下のものであった。
1. 靴1足
2. 懐中電灯：ここから誰のものか分からない指紋が検出された。おそらく，懐中電灯が盗まれたものであるとすれば，それはおそらく誰だか分からない所有者の指紋だった。
3. ひげくずのついた電気ひげそり
4. 毛2本のついたソックス
5. プラスチック製のてさげバッグ8個：これは最も重要な発見であり，次の2つのパラグラフで詳細に扱われる。

3.23 バッグは写真に撮られ，それらの所有者をつきとめようと捜査が広く行われた。しかしその努力は不成功に終わった。1つはリバプールの薬局からのものであり，手書きによる値段マークがついていた。方法が似ていることのほかに，これは

第3章　ヴィラーグ事件

ブリストルとリバプールの両犯罪に関する唯一の接点であった。

3.24　2つのバッグには，駐車メーターのコイン入れが34個入っていた。コイン入れはメーターに組み込まれる。ブリストル・シティー・コーポレーションに雇われた現金徴収者が，定期的にメーターを周り，鍵でそれを開けて，満杯になったコイン入れを取り除き，空のコイン入れに置き換えることになっている。彼らは満杯になったコイン入れをカウンシル事務所に持っていき，それを空にして，現金を記録する。コイン入れは別のメーターの置換え用として利用される。窃盗犯も同じ過程に従うこととなる。ただし，窃盗犯は空のコイン入れを別の意味で処分しなければならない。

3.25　これらのコイン入れ6つから指紋が発見された。ブリストル市協会徴収課における，現在及び過去の被雇用者全員の指紋が採取されたが，指紋1つしか一致しなかった。その他の指紋5つのうち，4つは同じ左の親指のもの，1つは右手の親指のものであった。メーターからコイン入れを普通に取り除くときに指紋がつくところに，それらはついていた。

3.26　25万の指紋型がある全国指紋一覧が置かれている新警視庁の部局に，指紋5つは送られた。概していえば，一覧を探索するときに費やされる時間は，同一性を確認することを求められる指紋の数に反比例し，一様ではない。例えば，左手の親指の同一性を確認するためには，100万の型を検査する必要があり，1人の人間が5000時間費やす。10指の明確な痕跡が獲得されれば，同一性の確認は比較的に容易であろう。部局には限られた人的資源しかないため，以下の3条件の1つが満たされない限り探索はされない。第1に，少なくとも7指について十分な質のよい痕跡があること。第2に，指紋が珍しい型であること。第3に，当該犯罪が例外的に重大なものであるか国家的に重要であること。これは，少なくとも1969年の立場である。ブリストル事件の場合にはこれらの条件が何1つ満たされていないため，一般的な探索は行われなかった。

3.27　発砲後に犯人が移動に使った5台の車は，指紋と人物を同定するような手がかりについて検証されなかった。徹底性が推奨されるべきである捜査において，これは驚くべき怠慢である。確かに犯人はビテスに指紋を残さなかった。その他の車のどれかに何か指紋を残していれば，それは思いがけない幸運であっただろう。しかし，彼が指紋を残していれば，指紋はコイン入れの指紋を補完し，全国一覧による探索を十分に実行可能とさせていたであろう。

3.28　また，銃が発砲された野原でも，.22（LR）の銃弾の弾薬から数個のカート

V 警察の捜査

リッジ・ケースが発見された。これはフランス製であり，そのような弾薬が使用された事件の記録があるかどうか，首都圏警察研究所に照会された。しかし記録は存在しなかった。カートリッジは保管されたが，そのときそれらからは何も割り出されなかった。

3.29 通常の方法によって，カフェ，クラブ，パブ，そして，定期的な情報提供者から，情報が引き出された。何人かが逮捕され，犯行をした可能性のあると思われる者が取り調べられ，同一性識別パレードが何度か行われた。しかし描写にあてはまる者は見つからなかった。自分の行動を説明できない者は誰もいなかった。我々は行われた捜査を全部詳述することはしないし，追及された方向性を全て詳述しない。我々は数多くの報告書や供述を検討した。これらの捜査が尽くされたことに，我々は満足している。

3.30 それ故警察がすべきことは，1つしか残されていなかった。それは，犯人が外国人であったこと，彼の英語はうまかったがアクセントが目立つということであった。目撃し，耳で聞いた者は，誰もが中欧人であるという以上に，彼の国籍をより詳しく確認することができなかった。警察はほぼ最初から，彼がハンガリー人のようであると考えていた。なぜなら，有罪判決を受けた何人かのハンガリー人が駐車メーター窃盗に関与していたことが，知られていたからである。テイラー巡査部長は，日曜日の朝にニュース速報を聞いた後，当番の報告をするために赴く途中で，ブリストルのオールド・マーケットにおいてハンガリー人の犯人を目撃した。犯人は容疑者の描写に合致して，最近では銃器を携帯していると疑われ，追いつめられたときには暴力的であると知られていた。巡査部長はその者を逮捕した。彼のアリバイがチェックされるまで，その者は拘束され，自宅が捜索された。また，ハンガリー人が増加した1956年後，コーシャム，ウィルツの近くに収容されたハンガリー人避難民のファイルを，この警察官は3月1日に探索した。3月4日にとられたダネンバーグの供述によって，犯人はおそらくハンガリー人であるとマッケイ巡査部長は結論づけた。3月初旬のあるときに，新警視庁刑事記録局におけるハンガリー人ファイルを検査すること，犯人の身長と年齢の描写に近い人たちの写真帳作成が決定された。この探索の結果，429のファイルが検査され，76の写真が選別された。76人の指紋全てがコイン入れから発見された指紋と対照されたが，どれも一致しなかった。ヴィラーグの指紋が3月5日に比較されているため，彼はリストの中でも最初期の1人であったに違いない。

3.31 ハンガリー人と犯人との結びつきは明らかに薄弱であった。しかしこのように仮定し，その仮定を審査しなおすことが，その時点で捜査をあきらめる以外の唯一の選択肢であるように思われた。その仮説により同一性識別と捜索が行われ，そ

して強力な補強証拠が生み出されたかもしれなかった。犯人がウクライナ人であると仮定され，ペイエンの写真が取り上げられていたとすれば，後日起こったように，彼のアパートが捜索され，犯行を裏付ける豊富な資料が押収され，彼に対する事件は指紋の対照によって片付いたであろう。ヴィラーグの写真による同一性識別は，実質的な補強証拠の発見へとは導かれなかった。しかし，この同一性識別それ自体は，パレードにおける確認の後には，明らかに強力であり支持されるものであった。したがって，同一性識別は十分なものであったため，仮定として始まったものを確信に近いものに変えてしまった。

3.32 写真帳は3月21日に完成し，翌日から3日間に目撃者の何人かに提示された。タッカー，ランダル，フルームはヴィラーグを選択した。一方ジンゲルは，別の男Kを似ているとして選択した。グロスターシャー警察本部長が主宰する会議が，3月25日にチェルトナムで行われた。証拠によりヴィラーグの逮捕が保証されるので，彼を同一性識別パレードに連行できると判断された。逮捕の過程でマッケイ巡査部長は捜査について聞いてよく情報を持っているロンドンの巡査を面接した。拘禁されメーター窃盗によって告発されたハンガリー人との会話を記録した手帳にある1968年すなわち前年の2月における記載を，この警察官は彼に示した。その会話は，ヴィラーグという名前の男がそのような窃盗に関与しており，メーターの鍵を1時間100ポンドで貸し出していると，ハンガリー人が彼に話したというものであった。これを実証する証拠は発見されなかった。しかしこのとき疑うこともなく，マッケイ巡査部長は逮捕が適切であるというわずかな確認としてそれを受けとったのである。

3.33 3月25日午後11時25時，ロンドンの自宅アパートの外で，ヴィラーグは逮捕された。アパートが捜索されたが，罪を基礎づけるものは何も発見されなかった。彼はブリストルのステイプル・ヒル警察署に車で連行された。彼は途中でテイラー巡査部長及びペニー巡査部長に質問された。駐車メーターの鍵を見たことがあり，自分はそれを所有しているハンガリー人であると，彼は供述した。彼はかなり以前に車を運転しようとしたが運転がうまくはなかった，自分は運転免許をもったことがないと供述した。彼は自分はリバプールにいたことがあるが，ブリストルやレディングには行ったことはないと供述した。彼は公共職業安定所からのお金で生活している，カード・ゲームで大変についている，常に勝っている，時々一晩に30ポンド勝っていると供述した。

3.34 ステイプル・ヒル警察署で，同一性識別パレードが翌日に行われた。パレードの関する詳細な証拠はヴィラーグの公判で提示された。パレードの行われた模様は全く批判されなかった。12人の目撃者が出席し，6人（彼らの名前は，大文字で印

V　警察の捜査

刷された：訳注，翻訳では下線で示した）がヴィラーグを識別した(1)。ヴィラーグを識別できなかった最重要人物が**カンリフ**であった（パラグラフ3.9参照）。なぜなら，彼はメーター窃盗に関する唯一の目撃者であったからである。その晩，マッケイ巡査部長はヴィラーグに結果を話した。高速道路の銃撃のときには，彼はロンドンにいたからという理由で，ヴィラーグは彼らが間違っているにちがいないといった。質問に対する受け答えで，銃器を所持したことはないこと，車を運転したことはないこと，ロスマン・キング・サイズのタバコを吸っていることを，彼は供述した。最後の質問は，まぎれもなく，銃の男がトム・サム・シガーを吸っているという証拠と関連していた。5月27日，ヴィラーグはマジストレイトの前に引致され，<u>スミス巡査への謀殺未遂</u>により告発され，再び拘禁された。

(1)　様々な証人が写真あるいは同一性識別パレードでヴィラーグを選び出したか，選び出さなかったかについては，付録Dに並べられている。

3.35　さらに2回，同一性識別パレードが4月14日に行われた。第1回目ではブリストルの犯行に関連する目撃者3人が出席した。3人の誰もヴィラーグを識別できなかった。3人の中で最も注目される識別の失敗は，ダネンバーグによるものであった。したがって車の窃盗に関する証人は存在しなかった。そして，事件の時系列においては，ヴィラーグの同一性識別は，追跡されたビテスの運転手としてのヴィラーグから始まった。第2回目のパレードで，リバプールから来た<u>キャロン巡査</u>及び<u>ロバーツ巡査</u>はヴィラーグを自分たちが目撃した男であると識別した。その結果，彼はリバプールの犯行について告発された。

3.36　被疑者の素性を立証するために，通常の捜査が行われた。彼が住んでいた道路に面している家々全ての捜査からは，何も成果がなかった。4月1日にグレイター・ロンドン・カウンシルで行われた捜査から，ヴィラーグが運転免許証及び車の所有免許の所持者ではないことが明らかになった。その後，1966年に仮の運転免許証を所持していたことが確認され，公判に証拠として提出された。

3.37　ヴィラーグが逮捕されたとき，自分を伴わないで彼は外出しない，トロジャン・クラブに行くとき以外は一緒に外出しない，と妻はいった。このクラブは警察には知られていなかった。3月27日，警察はクラブを捜索したが，何も見つからなかった。テイラー巡査部長はそこで多くの人に質問したが，2月22日から23日の夜にヴィラーグがクラブにいたかどうか，1人を除いて誰も述べることができなかった。例外の1人は，ヴィラーグが2月24日の朝に確かにそこにいたと供述した元締めであった。元締めが供述書を作成しようとしたときに，正確でなければならない，故意に虚偽供述をしてそれが証拠として提出されると偽証罪に問われることがある，と警察官から注意された。そこで，元締めはそのような供述を行うのを断った。供

57

第3章　ヴィラーグ事件

述がなされていれば，その供述は弁護側にさほど役に立っていたであろうとは思われない。24日の朝は，アリバイの役には立たなかったであろう。そのうえ証人は，盗品収受の前科2犯であり，同種の告発により公判を控えていた。

3.38　テイラー巡査部長はジョセフ・バーナも取り調べた。彼はバーナがクラブの経営者であり，帳簿を作成していると記述した。警察官はその帳簿を持って行った。帳簿は，それが何なのか明確な説明もないまま，公判ではいくらか役に立った。それは明らかに，ゲームの記録のようなものであった。各ページに日付，例えば2月22日が付されていた。しかし，ゲームが午前0時かそれ以降に始まったとすると，2月22日の日付は，21日から22日の夜か22日から23日の夜のどちらかを言及しているはずであった。各ページにおける記載の大部分が数字の付いた名前であって，それらは賭博のためにプレーヤーが借りた金額の記録であることが認められた。ヴィラーグ夫人が公判で十分に説明した。しかしそれが信頼できるかは，疑わざるをえなかった。彼女によれば，ドアボーイ及び経営者であると彼女がいうバーナが記載し，前の晩，すなわち2月22日に関連する日付は，22日から23日の夜を意味していた。帳簿を持っている人によって，それが提示され説明されたならば，（プレーヤーは借りる必要はないので）そこにいかなったという証拠にはならないであろうが，特定の夜にクラブに誰がいたのかという証拠となっていたであろう。

VI　アリバイ

3.39　逮捕直後にヴィラーグ夫人はエイブラハム・ストーラーに接触した。ストーラーは当時75歳であり，ロンドンのソリシターであるバーナード・ソーリイに雇われている法律事務所員であった。どのような役割をソーリイは担っていたかという質問に対し，ストーラーは次のように答えた。「彼のサービスが必要だったら，私が彼に要求します」。彼のサービスはこの事件では要求されなかった。事務所には，秘書1人を除き，スタッフがいない。ストーラーは44年の経験をもち，最近の12年間は刑事についての経験をもっていた。このとき，彼は全時間をかけて，1，2件の殺人事件とその他の重要な事件について「かなり大変な仕事を請け負っていた」。通常，彼は一度に12件以上の弁護を引き受けている。ストーラーは調査においてできるだけの協力を我々にしてくれた。しかし我々は5年前に起こったことを調査しており，ストーラーは現在80歳になろうとしている。彼がいうように，彼の記憶はかつてのものではない。そのうえ彼は，記憶を喚起するための記録を全く所有していなかった。なぜなら，ヴィラーグの指示に基づいて，補償請求を準備する別のソリシター事務所に彼がそれらを送ったからである。

VI　アリバイ

3.40　3月27日、ヴィラーグがマジストレイトの前に出廷したとき、彼は法律扶助を許可された。その日遅く、ストーラーはマジストレイト補佐官に電話し、弁護証明書に彼の事務所の名が付されているか尋ねた。それは付されていた。ヴィラーグ夫人はストーラーに、問題となっている夜に2人はトロジャン・クラブにいたというアリバイの性質を話さなければならず、彼らがそこにいたということを話すことができる証人の名前を知らせなければならなかった。4月1日、電話で約束をとるため、証人の見込みのある多くの者たちにストーラーは手紙を書いた。

3.41　4月9日、依頼者との打ち合わせのために、ストーラーはブリストルに赴いた。4月10日、ヴィラーグはさらなる勾留のためにマジストレイトの前に引致された。ストーラーはステイプル・ヒル警察署に電話し、彼がその日に法廷には出廷できない理由と、次の木曜日に出廷できるだろうということを説明した。彼が話した警察官はヒルズ警部補であった。ヴィラーグがその夜カード・ゲームをしていた証人全ての名前と住所を教えてもらえるように司法の利益において準備したと、彼は警部補に話した。これがアリバイとして主張されるならば検討されなければならないであろう、彼らは木曜日にそれをとりあげることができるであろうと、ヒルズは語った。その後同じ日に、ストーラーはステイプル・ヒルのワイス警部と電話で話した。彼はヒルズがアリバイについてワイスに話したかどうか尋ね、証人9人を獲得したと述べた。彼は電話で名前を教えた。しかし、電話ではハンガリー人の名前についていくつか誤るかもしれない、書面リストの方が望ましいと、ワイスは述べた。ストーラーはロンドンに戻り、証人たちに助言に関する催促状を書いた。

3.42　4月17日にヴィラーグは再びマジストレイトの前に出廷した。このとき、彼には若い弁護士がつき、ストーラーが出席した。5月5日、彼は再び出廷し、証拠が示された（ストーラーには、彼の代理人として指示した地方のソリシターによって報告された）。彼は6月30日に開始されるグロスター・アサイズ裁判所の公判に付託された。彼はブリストル刑務所からグロスター刑務所に移監された。5月7日、彼はストーラーに手紙を書き、接見に来てくれるように頼んだ。ストーラーはまだ彼の手紙に対して何ら返事を受けていなかった。ストーラーの手紙の受取人たちは、ソリシターからの手紙に答えたり、事務所でソリシターに会いに行くのに慣れている人々ではなかった。そのうえ、ストーラーは最初の手紙で、ヴィラーグが「問題の夜に夜通し賭けトランプをしていること」を、受取人が「合理的な疑いを超えて証明することができる」、ということを基礎に勧誘した。実際に、受取人の誰もこれをいえなかった。ストーラーは、5月12日までにアリバイの通知を主張することになっていたので、証人を面接するために、調査代理人、FWバーカーを指示した。

3.43　バーカーは5月23日に報告書を作成した。彼がいうには、事件は難しかった。

第3章　ヴィラーグ事件

なぜなら，指名されている証人は全てハンガリー人かキプロス人であり，英語をうまく話すことができなかったからである。また，彼らは下層階級によるゲーム・カジノで生計を立てていたからである。彼は書面による供述を得ようとあらゆる努力を払ったが，誰も喜んでしゃべろうとせず，数人が裁判所に進んで出頭する気があるとするだけであった。これらの中で最重要の証人はハテイであった。彼は事件についてよく覚えていた。なぜなら，プレイヤーの1人が一晩で2000ポンド負けたからである。別の証人アルタルは，任意としてではなく召喚されれば裁判所に出廷するであろうと語った。ヴィラーグが車を運転することはできず，車を運転するとは誰も知らないと，彼は述べた。

3.44 バーカーは，セント・マリー・アボッツ，マーローズ・ロード，W8の病院でも調査を行った。ヴィラーグはある出来事を思い出した。それをヴィラーグがストーラーに連絡し，ストーラーがバーカーに連絡した。その理由は，その夜喧嘩があり，その場にいた1人が頭を打ち，病院に担ぎ込まれたということである。病院によれば，ストーラーが彼らに手紙を書けば希望する情報を提供するだろうと，バーカーは報告した。

3.45 5月27日，ストーラーはバーカーの報告について相談するために，グロスター刑務所を訪問した。6月5日，証人たちの召喚状が出され，これらは6月11日にバーカーによって直送された。6月21日にストーラーはアリバイの通知を届けた。それは以下の通りであった。

> あなた方が知っているように，我々はアリバイ証人に関するあなた方の要求に従うことはできなかった。なぜなら，被告人によって我々に知らされた名前と住所の証人に，我々が接触できなかったからである。
>
> これらの証人を探し出すには，調査代理人を雇い入れることが必要であった。結局，調査代理人は下記の証人と接触したが，証人は我々の代理人にしゃべることを拒否した。しかし，被告人がブリストルにいたと申し立てられている次の日朝早くまで，夜通し，彼らの集まりに被告人がいたと公判で証言するために，彼らは召喚されることに同意した。
>
> 調査代理人によれば，警察がこれらの証人を全て捜査し，出廷して証言することがあれば，警察は偽証罪で彼らを告発すると彼らを脅したと，我々は理解している。これは，まさに彼らが恐れることである。なぜなら，彼らの多くが過去に有罪判決を受けた者だからである。したがって，我々は通知の時期に，あなた方に応えることができなかった。そして，これを我々がこの段階で提供できる唯一の説明であるとあなた方が受け入れることを，我々は希望する。次に示す証人全てに召喚状が発せられている。
>
> レヘト・ハテイ　　　　　　　　　　バーナ・レヒシ

VI　アリバイ

　　51　コールヴィル・ガーデンズ　　　　50　レインスター・ガーデン
　　　ロンドン　W11　　　　　　　　　　　W2

　　B・バインダ　　　　　　　　　　　　ターテム
　　c／o　トロジャン・クラブ　　　　　99　キャムデン・ヒル・タワーズ
　　クロムウェル・ロード，SW5　　　　　W11

　　サンダー・アルタル　　　　　　　　　ジョセフ・フランチェク
　　71　クイーンズボロ・テラス　　　　26　クレーベン・テラス，W2
　　　ロンドン　W2
　　　　　　　　　　　　　　　　　　　ヴェーターガンビ（男）
　　　　　　　　　　　　　　　　　　　27　アビー・ロード
　　　　　　　　　　　　　　　　　　　セント・ジョーンズ・ウッド

3.46　テイラー巡査部長はアリバイを検討し始めた。6月24日，彼はストーラーに電話して，証人を取り調べるつもりであり，出席したいかどうか彼に尋ねた。しかし，ストーラーは断わった。ストーラーはその会話を覚えていない。しかし，どのみち関心がなかったであろうとの趣旨のことを，彼は我々に述べた。テイラー巡査部長はアリバイの通知に関する全証人を取り調べた。証人によれば，彼らは，全員，ヴィラーグがトロジャン・クラブの常連と知っていたが，その特定の日の夜にそこに彼がいたかどうかは誰も話すことができなかった，ということであった。

3.47　この期間，ヴィラーグはグロスター刑務所で自ら行動を起こそうとしていた。彼とその妻は，罪を犯したと思われるハンガリー人の犯人について考えようと試みていた。5月8日，彼の妻はグロスター刑務所で彼と面会し，警察記録にあるBと呼ばれるハンガリー人について彼に話した。その人物が幾人かのスタッフを使って警察犬をノックアウトさせ，逮捕を逃れたことを，彼女は聞いた。ヴィラーグはこれを公判付託手続で聞いたバロックの証言と結びつけた。すなわち，犯人が犬とか人間を打ちのめすために使うといってシリンダーを彼に見せたことである。ヴィラーグが書き留めたところによると，バロックは同一性識別パレードでヴィラーグを選択できなかった。ヴィラーグもグロスター刑務所で別のハンガリー人と話した。J.J.と呼ばれるその男は，バーミンガムのスクラップ置き場で，Bが癖の悪い犬に対してシリンダーを使っていたことを自分は知っていると，彼に語った。

3.48　5月10日，私は告発されている犯罪については無実である，さらに捜査を助け，Bの名前を明らかにする確実な情報をもっている，と述べる手紙をヴィラーグは警視総監に書いた。彼はブリストル警察を信頼していなかったので，その警察に

は手紙を出さなかった。この手紙はグロスターシャー警察本部長に送られた。彼はトルール警視とその他の警察官に調査するよう指示した。5月30日、これらの警察官はヴィラーグと会い、今までは調査を持たなかったことと、彼の手紙を取り扱うよう指示された理由を彼に語った。ヴィラーグは供述することに同意し、これは上述の情報を含んでいた。

3.49 6月5日、トルールはヴィラーグ夫人を取り調べた。夫人は夫にいったことを確証した。6月6日、彼は被収容者Jを取り調べた。彼はバーミンガムの犬に関する話を確証しなかったが、Bが狂暴な男で、喧嘩のときに使用するエーロゾルを所持しているのを知っていると話した。Bを知っているその他のハンガリー人数名の名前を、彼は警察官に教えた。トルールは彼らを全て取り調べたが、それ以上何も出てこなかった。Bはヴィラーグよりかなり背の低い男で、描写とも合致しなかった。そこで、6月13日、トルールは否定的な報告をした。Jとその他に取り調べられたハンガリー人犯罪者が、ヴィラーグが車を運転できないこと、発砲に訴えるようなタイプではないことを述べた事実に、報告において彼は注意を払った。

Ⅶ 訴追及び公判

(1) 訴追のための事件内容説明書

3.50 ブリストル警察による捜査は、大体、4月の初めに終了した。4月10日、供述書類一式とヒルズ警部補による状況を要約した補充供述書類が、公訴局長に送られた。この要約は、トライアンフ・ビテスの窃盗に及んでいた。そして、ダネンバーグの供述は一式に含まれていた。これは、写真帳からヴィラーグを引き出すことができなかったダネンバーグが、パレードで同一性を識別できなかった4月14日以前のことであった。このことによって、ヴィラーグを自動車窃盗で告発するための証拠が訴追側には残されなかった。盗品を扱ったことによって、ヴィラーグは告発されるはずであった。しかし、そうしないことが決定された。そこで、公判付託手続と公判で窃盗が言及されることはなかった。ダネンバーグは証人として召喚されることはなかった。

3.51 その他、未解決の問題は指紋に関するものであった。指紋に関する証拠は（パラグラフ**3.24 – 25**参照）、供述書類一式には含まれていなかった。ヒルズ警部補の要約では、パラグラフ**44**で指紋がふれられている。

> 車の中のコイン入れと懐中電灯から発見された指紋は、ヴィラーグの指紋とは一致していない。そして、探索にもかかわらず、指紋は除外されなかった。

VII　訴追及び公判

指紋が除外されなかったということは，それらの作成者の同一性が確認されていなかったことを意味する。

3.52 我々は，この点について警察が考えていたことを確認しようと努めてきたが，うまくいかなかった。常に心に留めておく必要があるように，この事件は5年前のことである。様々なレベルで判断がなされた。事件特別室は設置されず，警察官が特別に告発するために担当したわけでもなかった。警部であり，上級部門刑事警察官であるワイスが，告発した警察官であった。我々は，書類の中で，彼の名前に一度だけ出くわした。それはストーラーとのアリバイに関する会話に関連するものである。この点は，上述のパラグラフ**3.41**を参照されたい。彼はヴィラーグが逮捕されたとき非番であり，その後，彼は死亡した。ヒルズの現在の記憶によれば，以下の理由から指紋にはあまり重要性が置かれなかった。

1. ハンガリー人集団が，この種の罪を犯していると知られていた。したがって，指紋の主である仲間がいた可能性があった。この仮定は，**カンリフ**がヴィラーグを識別しなかったという事実によって支えられた。
2. コイン入れにアクセスしたと思われるスタッフ全てが指紋を採取され，比較されたわけではない可能性があった。
3. 6人がヴィラーグを識別したという事実があった。そして，これが，疑う余地もなく，彼の関与を押し進めたようであった。

3.53 供述書類一式は，4月10日，公訴局長に送られた。それは，4月15日，上級法律補佐であり，現在，局長補佐であるピーター・バーンズに割り当てられた。4月18日，彼はヒルズ警部補とマッケイ巡査部長と会議を開いた。そこでは指紋については何ら議論されず，仲間の仮説についても議論されなかった。バーンズは，重きは置かれなかったが，警部補の要約におけるパラグラフ**44**を見たはずであった。なぜなら，彼は，徴収課における現在及び過去の従業員の指紋が採取され，1つの例外があったものの，それらはコイン入れの指紋と合致しなかった，と知らされていたからである。コイン入れが多数のメーター係員やそれらを空にして保管する責任のあるその他の従業員によって取り扱われると思ったのだろうと，彼は考えている。

3.54 5月5日，公判付託手続が行われた。そして，バーンズの訴追でそれは行われた。彼はヴィラーグのみが全体を通して責任があることを基礎にして，主張を明らかにした。警察が仲間のいた可能性を考えていたことを，彼が知っていたとすれば，それを明らかにしていたことであろう。また彼は，彼の事件内容説明書において弁護士に対してそれを言及していたであろう。事件内容説明書は，5月22日，弁護士に届けられ，そして，およそ6月の終わりに戻された。なぜなら，弁護士がそ

第3章　ヴィラーグ事件

れを引き受けられなかったからであろう。ヒルズ警部補の要約がそれに添付されていた。しかし，パラグラフ44は注目されなかった。7月4日，公判が開始されるわずか3日前に，事件内容説明書がケネス・ミネット勅選弁護士とフランシス・バーンズに送られた。公判が始まる前日に，訴追側弁護士は関係した警察官と協議した。しかし指紋については議論されなかった。バーンズと同じように，訴追側弁護士はパラグラフ44を重要であるとはしなかった。おそらくそのとき，テイラー巡査部長がトロジャン・クラブの帳簿を提示し，ミネットがそれは弁護側に明らかにされるように指示しただろう。

(2) 公　判

3.55　1969年7月7日，公判がライエル裁判官のもと開始された。被告人はデスモンド・ヴォーデン勅選弁護士とマーチンによって代理された。彼は10訴因の正式起訴状で告発された。最初の4訴因がリバプールの犯行に関連するもの，2訴因がメーターからの窃盗に関連するもの，2訴因が銃器の所持と，逮捕に抵抗するための銃器の使用に関連するものであった。彼を告発した第5及び第6の訴因は，ブリストルでメーターから窃盗したことであった。彼を告発した第7の訴因は，ブリストルで逮捕に抵抗するために銃器を使用したこと，第8の訴因は謀殺未遂について，第9及び第10の訴因はスミス巡査に傷害を負わせたことであった。訴追側の証拠により，公判は3日目に入った。

3.56　同一性識別証拠は，書面よりも，裁判所ではより強力な証拠として出現した。特にスミス巡査が大変に印象深い証人であった。彼が勇敢で，職務に専心していたことから，自然と陪審は彼の話に大変に注意深く耳を傾けたのだろう。被告人が自分に振り向いたたくさんの追跡中の出来事を，彼は述べた。彼は初期の2回のパレードに出席し（パラグラフ3.29を参照せよ），誰も識別しなかった。しかしこのパレードで，彼は被告人が部屋に入ってくると直ぐに被告人を認識した。彼は，1点の曇りもなく，被告人が彼に発砲した男であると，彼自身，明確に確信した。1973年9月に彼がアレン警視と面接したとき（パラグラフ3.90を見よ），彼は「彼の顔は脳裏に焼きついている」と述べた。

3.57　訴追側証人への反対尋問は，問題が同一性識別だけだったので短かった。証人の多くが，同一性識別パレードの前に警察から写真を呈示されたことが判明した。ドーティー事件のフェンヴィックがこのようなことを避けようと大変に骨を折ったことが，思い出されるかもしれない。強く同一性識別証拠を攻撃する必要がある事件ではなかったとすれば，危険をおかしただろうとは思われないと，ヴォーデンは我々に述べた。この点や，以下に述べる点から，ヴォーデンは我々にできる限りの支援をした。しかし，事件についてはほとんど記憶がないと彼は強調した。そして

Ⅶ　訴追及び公判

一般に，なぜこうしたのか，なぜあのようにしなかったのかと，彼は述べることができるだけであった。

3.58　訴追側は同一性識別に関する直接証拠だけに依拠し，状況証拠による補強を提示しなかった。ビテスで発見された物品類は（パラグラフ3.22参照），研究所で検査された。しかし価値あるものは何も出てこなかった。靴がヴィラーグのものと比較された。2足の靴はほぼ同じサイズだった。足型も類似していた。しかし両方は同じ足の可能性があるという以上のことを専門家はいうことができなかった。ひげそりはヴィラーグから押収したひげそりとかなり類似しているというわけではなかった。ソックスの髪がヴィラーグの頭からのものであったかもしれないという以外には，専門家は何もいわなかっただろう。

3.59　ヴィラーグはコイン入れの窃盗で告発されたが，車の中にそのコイン入れがあったことを証明するために，ミネット巡査が召喚された。犯行現場には彼の依頼者を示す手がかりが発見されなかったことを証明するつもりで，ヴォーデンは彼を反対尋問した。車から指紋が発見されなかったことを確認したのち，ヴォーデンは実際に次のように続けた。

　　問い：その他に，あったか。
　　答え：はい。
　　問い：どこか。
　　答え：5つのコイン入れにあった。
　　問い：その指紋は写真に撮られ，比較されたか。
　　答え：はい。
　　問い：事実を明らかにするための外，あまり細かく聞くつもりはない。それらは，メーターの内外にあるコイン入れを適切に取り付けたり取り外したりする人の除外指紋と比較されたと思うか。
　　答え：できる限り。
　　問い：ライエル裁判官：職務上合法的にコイン入れを取り扱う人の指紋と，できる限り，指紋は全て比較されたか。
　　答え：私は指紋を比較しなかった。しかし，指紋は比較された。
　　問い：ヴォーデン：要はこうではないのか。ある人の家が不幸にも強盗に入られ，家の中に指紋があり，その指紋は比較するには十分に良質のものであるとする。そのとき，あなたはそれらを保有しなければならないが，あなたは家人の指紋を除外することができるということではないのか？
　　答え：おっしゃる通り。

　時間が経過して，ヴォーデンの記憶は薄れたため，彼は反対尋問で質問し始めた理由，またそれを途中でやめた理由を説明できない。彼が指紋に関する知識を持っ

第3章 ヴィラーグ事件

ていなかったことは確かである。そして，彼はおそらく「ひっかけていた」と考えている。指紋が依頼者のものではないことを明らかにすることが，彼には期待されていたであろう。彼が公開の法廷で回答を危険にさらさせたくなかったとすれば，彼はまず，内密に訴追側弁護士に尋ねていたであろう。おそらく指紋が「適切な取扱者」1人のものであることを証人が答えたのであろうと，ヴォーデンは考えている。とにかく，指紋が再び言及されることはなかった。

3.60 ダネンバーグは公判に召喚されなかった。しかし，彼が盗まれた車の所有者であること，ヴィラーグを購入する見込みがあり窃盗の疑いがかけられている者として彼は識別しなかったことを，弁護側は知っていた。第1の情報は，この点やその他のことを扱うストーラーの要求によって，公訴局長から手紙で伝えられた。第2の情報は，地元のソリシターが4月14日の同一性識別パレードに代わりに立ち会ったときに，弁護側に伝えられた。上述パラグラフ**3.35**を参照されたい。ダネンバーグの名前が触れられるこのパレードの証拠は，公判で訴追側より提出された。指紋の証拠が欠如している中で，ダネンバーグが同一性を識別できなかったことについて，弁護側が重要とする理由はなかった。

(3) 弁　護

3.61 ヴォーデンの事件内容説明書は，被告人からの手短な証明とバーカー報告書の複写から成っていた。そこには，ヴィラーグ夫人による証明はなかった。説明書の中で，クラブの証人が裁判所へ召喚され，彼らから供述をとることを提案したと，ストーラーは述べた。彼らは時間通り来た。ヴォーデンが会った彼らから手短な証明をストーラーは行った。積極的なことを述べたのはハテイだけだった。いずれにせよ，彼は，問題の夜については何も述べなかった。しかし，3月にヴィラーグが車の運転について教えてくれるかどうか尋ねてきたという有益な情報を，彼は提供した。

3.62 被告人がまず呼び出され，尋問された。ときどき，通訳の助けをかりた。彼によれば，1966年に仮運転免許証を取得し，3レッスン受け，進歩がないのであきらめたという。彼は平日に何をしているのか述べ，週末には夜中から午前6時かそれ以降まで賭けをして過ごしていると述べた。彼は，リバプールの犯行の夜に何をしていたのか，よく覚えていなかった。しかし彼は，2月22日土曜日から2月23日日曜日の夜については覚えていた。日曜日の朝，午前4時頃，喧嘩が始まった。ゲームは約30分間中断し，ゾーネカーという負傷した男が病院に運ばれた。そして，ゲームが再開した。彼は，クラブの帳簿の該当ページと思われるものをヴォーデンから示された（上記パラグラフ**3.38**参照）。そして彼の覚えていたプレーヤーの名前がそのページに記述されている名前と一致した。主尋問は公判第3日目の最後に終了

した。陪審は帳簿に関心を寄せた。そして第4日目，7月11日の手続の冒頭で，陪審はそれを閲覧するよう求めた。

3.63 ヴィラーグが土曜から日曜の夜に賭けで過ごし，コイン入れ34個を盗むためにブリストルに行き，午前8時に目撃された可能性があるとは，ミネットは反対尋問で指摘しなかった。「全く誤ったアリバイ」であるとして，彼は賭けのストーリーを攻撃した。彼は被告人に，言及されているページの記載事項を，再度，見るように要求した。

　　問い：間違いないだろうが，この夜，その帳簿に示されている人が全員い
　　たとあなたはいうのか。
　　答え：はい。
　　問い：あなたも，同じようにそこにいたのか。
　　答え：はい。
　　問い：そして，あなたがいうような喧嘩が，その夜，起こったのか。
　　答え：はい。
　　問い：そして，そのページによって，2月23日の早い時間帯に，そのクラ
　　ブにあなたがいたという証拠になると，あなたはいうのか。
　　答え：はい。

このページには，その先頭に，23の数字があるだけであった。しかし，すぐ反対側の次のページには，「月曜日24／3／69」と完全な日時が記載されていた。ここから，また帳簿のページの位置から，訴追側弁護士は，被告人が言及しているページは2月23日日曜日ではなく，3月23日日曜日に関するものであると疑う余地なく主張できた。2月23日に関するページを見たとき，ヴィラーグの名前はそこにはなかった。そして，3月23日のページを見たとき，ヴィラーグが2月22日から23日の夜の出来事に関する記憶を確証すると主張した名前が1つだけ，そこに記されていた。ヴィラーグは間違いに違いないというしかなかった。

3.64 彼は2月22日の日付が付けられているページの冒頭に注意を向けていた。ヴィラーグ夫人が後で述べたことであるが，おそらく理論的には，このページが土曜日から日曜日の夜に関連するだろうというものであった。このページの名前のリストには，3月23日と同様のリストにある5人のうち2人が含まれていた。ヴィラーグの名前はその中にはない。しかしページの下に名前が書かれている。向かい側には40と150の数字がある。ヴィラーグは当初，数字が何を意味しているのかは分からないと述べた。そしてヴィラーグは，それらが金曜日から土曜日にかけての夜の業務について言及していると述べた。ヴィラーグが金曜日から土曜日にかけての夜（2月21日から22日の）の1日の遊びについて主尋問されたとき，彼は，160ポンドか165ポンド勝ち，以前借りた金額を払い戻し，35ポンドか40ポンドの現金が

第3章　ヴィラーグ事件

手元に残ったたことを述べた。そして彼は，勝った金額が150ポンドに間違いなく，現金として受け取った金額が40ポンドであると述べた。

3.65　ヴィラーグ夫人は，土曜日から日曜日にかけての夜に，夫と一緒にクラブにいたと証言した。彼女がそのことを覚えていたのは，彼女がそこで遊んだのが初めてだったからであった。彼女は喧嘩のためにそれを覚えていたわけではなかった。彼女は明らかに喧嘩について覚えていなかった。彼女は帳簿について知っていた。そして実際に，それを管理している男がそれを警察に見せて，ヴィラーグが問題の夜にクラブにいたとしていることを，夫に話していた。彼女は2月という記載について言及された。彼女は，日曜日のページにヴィラーグの名前がなかったという事実は，2月23日に彼がそこにいなかったことを示しておらず，彼が金を借りなかっただけなのだと，指摘した。とにかく彼女は，それが触れているのは日曜日ないし月曜日であるので，それは重要でなく，土曜日ないし日曜日と記されているページが2月22日のものであると述べた。これは，ヴィラーグの名前がそのページに記入されていることの正しさを裏付けていた。しかし，それは40と150の数字に関するヴィラーグの説明と矛盾した。なぜなら，彼は，金曜日から土曜日にかけての夜の遊びについて言及していると，それらを説明したからであった。

3.66　ヴォーデンは，その他の証人をクラブから召喚するかどうか，決定しなければならなかった。彼はそうしないことを決めた。ヴィラーグが定期的にクラブに通っていたこと以上のことを誰も証言できなかったからである。ただし，1つの例外が可能性としてあった。その例外はハテイだった。バーカー報告書によれば，プレーヤーの1人が2000ポンド負けたために，その日を覚えていると彼は明言した。これにより，ヴィラーグ夫妻が述べなかったが，記憶にのこる3つ目の事件が加わったはずであった。しかし，ハテイが法廷でストーラーに説明したことによれば，ヴィラーグがクラブにいたかもしれないと述べただけであった。我々の知るところによれば，事実，ヴィラーグがクラブにその夜いたかどうかはいえないと，彼はテイラー巡査部長に話していた。まぎれもなく，善性格の証人によるこの種の一般的な証言は，ヴィラーグのストーリーの許容性を高めていたであろう。ハテイとアルタイは善性格の証人であった。そのうえ，車を運転できないというヴィラーグの主張を，幾分彼らは補強しえたであろう。

3.67　ヴォーデンは，自分の判断がどのように影響したか，現在思い出すことはできない。彼がいうように，そのような判断は，しばしばあるように，そのときの雰囲気しだいである。陪審の審査によって必然的にそれまでに浮かび上がってきたヴィラーグの人物像は，ハンガリー人避難民で，この国が提供する社会福祉で生計を立てており，クラブで賭博づけになっていて，そこでの喧嘩と傷ついた頭が，30

分も遊びを中断させるといった注目すべきものであったことである。それは魅力的人物像ではなかった。一片のきっかけ証拠さえあれば，それにより，訴追側弁護士にトロジャン・クラブの生活を調査する機会をさらに提供することになったと思われる。

3.68 しかし，アリバイの通知によって7人の証人が特定された。「被告人が夜通し彼らの仲間たちと一緒にいた」と彼らは証言するだろうということが全く不必要にも加えられた。ストーラーには，このことを述べるための正当性がなかった。バーカー報告書は，「我々の依頼者の主張を実証するために役立つ供述」とだけ言及した。ミネットは，同通知の主張には根拠がないことを知っていた。アリバイに関するテイラー巡査部長の報告書と，彼の供述から，訴追側弁護士は，ヴォーデンよりも十分に準備していた。テイラーが証人席に立ったとき，ミネットは彼から次のことを確認した。すなわち，通知に名前が挙げられている多くの人たちが裁判所の構内にいること，テイラー証言を確証するためにヴィラーグ夫妻を証人として確保したことを。しかし，陪審が審理できた証人は，通知には名前のないヴィラーグ夫人だけであった。

3.69 ヴォーデンは沈黙する証人を無効にするため，また，公判が始まるまで，彼らから証言をとる機会がなかったといわせるために，ストーラーを証言台に立たせた。ライエル裁判官は，この点がストーラーの証言骨子になると認識した。そして，ミネットが「さて，名前を確認させてくれますね」と，反対尋問を始めたとき，裁判官は，問題の関連性について調べようと介入した。ヴォーデンは次のように述べた。すなわち，弁護側のために裁判所に召喚されたクラブの証人が，弁護側によって呼ばれたことはなかったという事実を訴追側が述べるのだろうと思うと。ヴォーデンとしては，彼らの証言を検討する最初の機会が前日であったと応答したかったと。裁判官は証拠は許容されないと判断した。反対尋問は——ストーラーが自分の努力を詳しく述べる機会を与えられていれば，おそらく弁護側にとってありがたいことだっただろう——放棄された。

(4) 裁判官の説示・評決・上訴

3.70 弁護士の最終弁論が第4日目の残りに当てられた。そして，第5日目に，裁判官が説示した。彼は，まず簡単に，リバプールの犯行について扱った。ブリストルの犯行については，彼は陪審に，6人の証人がパレードで被告人を識別し，5人がその他の人を識別し，4人が全く識別しなかったことを想起させた。この5人と4人は顔を覚えるのが不得意であったのかもしれないし，彼らが目撃した男はヴィラーグではなかったのかもしれない。これは憶測であった。陪審がしなければならなかったことは，積極的に識別した6人の証拠を評価すること，そして，それに依

第3章　ヴィラーグ事件

拠することが確かであると思うかどうかを述べることであった。ヴォーデンは，できる限りだがパレードが公平に行われたことを認めた。彼は，陪審に同一性識別証拠の危険性を思い起こさせた。そして，そのような証拠の価値は様々でありうるが，陪審はそれに依拠する権限があった。6人の各証人，特に，スミス巡査の証拠を裁判官は取り扱い，陪審がその警察官はどんな印象であったか判断すべきだ，と述べた。

3.71　ついで裁判官は弁護側へ向った。彼は初めに運転免許を扱った。陪審は気の弱いヴィラーグが3回目のレッスンの後に諦めたのだと考えたかもしれない。しかしそれは陪審が判断すべき問題であった。彼は陪審に，クラブでの出来事に関するヴィラーグの供述全部を読み上げた。ヴィラーグの証拠によれば，喧嘩は夜での重要なことであった。しかし，彼の妻はそれに言及せず，その夜に起こった普通ではない何かを思い出すことができなかった。彼はまた，ヴィラーグ夫人が金曜日から土曜日にかけての夜にいたかどうかについて，2人の間で食い違いがあることも述べた。ヴィラーグは，帳簿の記載についてかなり尋ねられた。そして，それは彼の帳簿ではなく，そこに何が書かれているか本当に知らなかったことを彼は指摘した。

　　クラブに保管されている帳簿であることを除き，その帳簿が何なのかあなた方に話すための証人が召喚されていない。その帳簿は被告人とその妻の証拠である。彼が知っていた人たちは召喚されるはずであり，あなた方に詳細にその帳簿について話してくれたはずであると，あなた方は考えるかもしれない。なぜ，彼らがここに来て説明することを望まない，又はできないのか，我々には分からない。アリバイの通知に名前が挙げられ，裁判所の構内に…いた多くの人たちについて，あなた方は聞いた。だが，彼らは来なかった。あなた方は，被告人の証言の信用性にそれが光を投じるかどうか，いわなければならない。

3.72　陪審は，70分間，評決を検討した。裁判官より，選択的訴因について，一定の裁量が彼らに与えられた。彼らの評決の要旨は，ヴィラーグがスミス巡査の謀殺未遂を除き，告発全てに対して有罪である，というものであった。スミス巡査の事件については，陪審は逮捕を免れる意図でスミス巡査に傷害を負わせたことで有罪とした。裁判官は，ヴィラーグに総計で10年の拘禁刑を宣告した。ヴィラーグは次のように述べた。「わかっちゃいない」。裁判官はスミス巡査の勇敢さをほめたたえた。スミス巡査とオーガン巡査は，その後，大英帝国勲章を授与された。

3.73　ヴィラーグは上訴の許可を申し立てた。申立ては，単独裁判官によって却下されたが，1970年3月17日に，全員法廷で検討された。単独裁判官がヴィラーグに法律扶助を許可しなかったことから考えると，ヴィラーグが全員法廷に提出された

争点をもっていることを，単独裁判官は検討できなかったのだろう。申立ては却下された。その判断において，裁判所は主要事実を挙げ，次のように述べた。

学識ある裁判官は，争うことができない正確さをもって法と事実について陪審に指示した。彼は，同一性識別証拠に関する問題点と，訴追側に召喚された数人の証人が同一性識別パレードで申立人以外の者を選別した事実とを適切に強調した。驚くにはあたらないが，陪審は彼に有罪評決を下した。

裁判所は，申立人によって提起された理由，つまり裁判官の様々な決定例を批判する理由を取り扱った。だが，それらのどれも理由がないと，裁判所は述べた。

Ⅷ　ノッティング・ヒルの謀殺未遂

3.74　ヴィラーグの申立てが却下される前，一連の出来事が発生した。それらが評価されていたとすれば，ヴィラーグの申立てに影響を与えていたであろう。

3.75　1969年9月，78グレイト・ノース・ロード，N2に居住しているニコルス，現在のグランヴィル夫人は，緑のオースチン1100に関する売り出しの宣伝を出した。背の高い外国人なまりの男が，広告に応え，それに乗って少し走らせに行った。そして彼は，車が気に入った，また来ると述べた。車はニコルスの自宅の外に駐車され，その夜，盗まれた。

3.76　1969年11月25日，午後，首都圏警察のキーン巡査とクラビー巡査がペンブリッジ・クレセントW11の外に駐車されている緑のオースチン1100を，私服で見張っていた。車には，誤っているとわかっている登録プレートと改ざんされたライセンス・ナンバーがあった。彼らは男が車に乗り込み車を走らせようとしているのを目撃したので，それを調べに行った。キーン巡査は前方のドアを開け，男に警察手帳を呈示した。男は下車し，それは自分の車である，それを証明する書面があると述べた。彼はポケットに手を突っ込んだところ，警察官にはシューという音が聞こえた。そして，気体（後にエーロゾルと確認されている）が彼らの目に吹きつけられ，彼らは目が直ぐに見えなくなった。男は逃走し，クラビー巡査が追跡し，キーン巡査が後を追った。キーン巡査はもはや，はっきりと見ることができなかった。追跡している間に，4度，男は振り向き，銃身の長い銃をクラビー巡査に向け，近距離から発砲した。しかし，巡査を打ち抜くことはなかった。発砲してから，彼は先へ逃げ，彼が来た方向に頭が向けられている駐車中の車に飛び乗った。クラビー巡査が現れたとき，彼は巡査に向かってまっすぐに車を走らせた。クラビーは横に飛んだ。車はハイ・スピードで逃げ去った。その後，男を追跡しようとしたが，不成功に終

第3章　ヴィラーグ事件

わった。

3.77　緑のオースチン1100は，ニコルスの所有する車と確認された。カートリッジ・ケースが4つ，逃走現場から発見された。1つが催涙ガス銃からのもの，3つがフランス製.22（LR）弾薬によるものであった。フランス製弾薬に関する捜査が，グロスターシャーの警察によって9ヵ月前に行われており（パラグラフ**3.28**参照），それが首都圏警察研究所に記録されていた。それをその研究所のマッキャーファーティーが思い出した。彼はグロスターシャーの2つのカートリッジを送るよう要求した。専門家の検査によると，.22のカートリッジ5つ全ては，同じ銃器から発砲されたものであった。もちろん，これによってヴィラーグがブリストルの犯行から免責されるというわけではなかった。彼は，逮捕前に仲間に銃を渡した可能性もあったからである。車の窃盗方法に関する類似性が注目されなければならなかった。しかし，ヴィラーグ事件では，車の窃盗仲間の存在が斟酌された。ノッティング・ヒルで逃走した男はヴィラーグと一緒に行動した仲間であると，疑う余地もなく，結論づけられた。

3.78　ペイエンは，駐車メーターからの現金で，当然相応の生活を営んでいたのだろう。しかし，彼は，できたらそれを改善したいと思っていたに違いない。1970年か1971年のあるときから，彼は大変上手に5ポンド紙幣を偽造し始めた。彼は，ホーン・レーン，アクトン，ロンドン，W3の自宅で，この作業を営んだ。1971年7月27日，アクトンにある首都圏警察のゴッダード巡査部長は，受け取った情報の結果，この家を捜索することを決断した。彼がペイエンのいる部屋に入ったとき，彼は銃の入っているキャビネットに走った。彼は拘束され，手錠をかけられた。彼は警察官に，1000ポンドやる，金持ちにしてやると叫んだ（上記パラグラフ**3.11**と比較せよ）。家宅捜索により，5ポンド紙幣と偽造のための道具だけでなく，ブリストル及びノッティング・ヒルの犯行と彼を結びつける大量の物品が明らかにされた。これらは以下の通りであった。

1. A2.2の独特な長い銃身の銃。検査の結果，これはブリストル及びノッティング・ヒルの犯行で発砲された銃であることがわかった。ペイエンは，1969年4月か5月にこの銃を購入したと述べた。その後の捜査により，銃は1966年10月13日，パリ，ジエンロワレの狩猟博物館から盗まれたことが明らかになった。その日，ペイエンはパリに在住していた。
2. 催涙ガス銃2つ
3. ダネンバーグ及びニコルスの車のプレートなど，プレート数点
4. ポロックの名前のあるビテスHLG770Eに関する保険の仮契約書
5. 大量のコイン入れ，メーターの鍵，鍵を作る道具

IX ヴィラーグ事件の影響

3.79 これらの発見により，警察は直ぐに，ペイエンが20ヵ月前のノッティング・ヒル事件に関与した男であると断定した。ペイエンが翌日午前中に取り調べられたとき，彼はその犯行を否定し，同一性識別パレードを拒否した。1時間後，キーン巡査が居室の中の彼を識別した。その後，1971年8月20日，彼はパレードに立つことをさらに拒否した後，クラビー巡査によって識別された。

3.80 1972年5月20日，ペイエンは中央刑事裁判所で謀殺未遂とノッティング・ヒルの事件から発生したその他の罪で告発され，罪状認否が行われた。5月29日，彼は謀殺未遂に関して，1人の反対があったものの，多数決評決によって有罪とされ，その他の軽い告発については全員一致の評決により有罪とされた。彼は謀殺未遂について18年の拘禁刑を宣告され，その他の告発についてそれより軽い宣告が併科された。裁判官はクラビー巡査とキーン巡査について，彼らのすばらしい勇気を賞賛した。後に，クラビー巡査は大英帝国勲章を授与された。彼は，警察本部長からも大変に賞賛された。

IX ヴィラーグ事件の影響

3.81 ペイエン宅で発見された物品とヴィラーグ事件との関連が，もちろんのこと理解され，ブリストル警察に伝えられた。1971年8月13日，ブリストル地区捜査隊のスティーブンス警部補とマッケイ巡査部長によってペイエンは取り調べられた。マッケイ巡査部長は，2年半前から捜査に参加していた。ペイエンは，1969年4月か5月に名前と住所の分からない男から，銃を購入したと説明した。知人がナンバー・プレートを管理してくれるよう，自分のところに置いていったと，彼は説明した。彼はヴィラーグの名前を知らないと述べ，写真も識別しなかった。ブリストルの事件について，メーター窃盗と発砲に関与していることを彼は否定した。しかし，その日どこにいたのかはいうことができないと，彼は供述した。8月17日，ブリストルのコイン入れから発見された指紋がペイエンのものと比較され，一致することが確認された。

3.82 以上に要約された証拠は，ブリストルの犯行でペイエンが共犯であることを証明するために使われた。彼は，ビテスを盗み，メーター窃盗を働いた男であることが証明された。ヴィラーグが仲間であり，ヴィラーグが車を運転し，スミス巡査に傷害を負わせたというストーリーがそれによって覆るものではなかった（ただし，我々が後に扱うその他の事実と合わせると，以上のことがかなり弱まるものではあったが）。さらに警察は，パラグラフ**3.78**で示されているように，ペイエンが運転手であるという結論を強化する情報を含む情報源を入手した。

第3章　ヴィラーグ事件

3.83　1971年8月18日，スティーブンス警部補は，グロスターシャー警察本部長に報告書を送付した。前記事実全てを彼は同報告書に記した。結論では，彼はペイエンとヴィラーグの立場を置き換える仮説を匂わせた。だが彼は，ブリストルの6人とリバプールの2人の証人によってヴィラーグが識別されたことを指摘した。彼は両者の写真を並べ，彼らが「外見上決して似ていないが，これらの証人たちが誤っていたはずだと信じることは困難である」とコメントした。

3.84　スティーブンス警部補の報告書は，公訴局長に送付された[1]。公訴局長は，9月13日，内務省刑事局の担当の内務大臣事務次官に，「考慮することが望まれる懸案の問題」として，その報告書を送付した。6人の証人に関する限りではアリバイの通知が与えられたこと，ヴィラーグ夫人だけが召喚されたことに言及する以外には，彼は資料を加えなかった。彼は，運転手の交代という仮説を紹介し，ペイエンがスミス巡査に発砲した男であると述べられている事実からそうとは必ずしもならないとコメントした。

　(1)　我々は，個人的なノーマン・スケルホーン卿ではなく，機関を表すものとしてこの言葉を使用する。

X　内務省の手続

3.85　内務大臣は，国王の赦免権による無条件恩赦の許可を提案すること，あるいは1968年刑事上訴法17条により事件を再審理のため控訴院に付託することによって，誤った，又は疑わしい有罪判決を救済することができる。1971年，その他の多くの事項と同様にこれら刑事を扱う内務省の部局は，刑事局であった。この部局は，4人の大臣補佐直近が下にいる内務大臣事務次官に統括されていた。そのうちの1人は，請願と有罪判決に関連する代理を扱う部を担当した。大臣補佐以下の階級には，高級幹部と幹部，その下に高級，上級とくる3つの階級のある事務官がいる。通常，内務省で事件や問題を検討するためには，簡単な事件が処理されうる場合には階級の低いところから始められ，難しい事件になると引き上げられることとなる。しかし，有罪判決を覆すような事件は，通常よりも1つ階級の高いところから始められる。つまり，それらは上級事務官によって初めに検討される。そのような事件は，1年間に数千件にも達する。多くが望みのないものである。1971年，8人の上級事務官が，この仕事のために常勤で雇用されていた。

3.86　この事件の再検討のために，ヴィラーグから働きかけがあったわけでもなく，彼に代わって誰かから働きかけがあったわけでもなかった。彼は，不服を述べることもなく，自分の宣告に服していた。刑事施設当局と彼との意思疎通がとれたとき，

適切な場面では，彼は自分の無実を訴えた。しかし，彼は何らそれについて無用な騒ぎを起こすこともなかった。公判で宣告された後，彼は簡単にコメントしただけであったことが，想起されるだろう。

3.87 1971年9月11日の公訴局長の手紙は，通常の事務に従って，上級事務官によって最初に検討された。手紙は，警告的な性質のものではなかった。公訴局長や関係した警察官が有罪判決についての疑いを抱いたことは，示されていなかった。上級事務官は同一性識別証拠の強さとアリバイの弱さを考慮し，ヴィラーグ自身による主張の欠如を考慮した。彼は，新証拠によっては重大な疑いはヴィラーグの有罪について投げかけられていない，さらに調査する事件ではないと結論づけた。

3.88 事件に対する彼の評価と合わせて，事件を高級事務官に付託することが，上級事務官の義務であった。これがなされるまでに，1年半経過した。この期間，部局はスタッフ不足に悩まされ，そこの事務官は異常なほどの厳しいプレッシャーのもとに置かれていた。内務省当局は，この遅滞が懈怠ではなく，その他の仕事と比較したうえでこの仕事の重要性に対する重大な判断の誤りのせいであるとした。それ故，1973年3月になって，ようやく，事件は，適当な高級事務官に審査のために送られた。1ヵ月後，この事務官はそれを審査することなく，職務から退いた。事件は別の高級事務官に送られた。彼はヴィラーグとペイエンの描写についていくらか調査したが，結論は彼の部下のものと異ならなかった。

3.89 事件は上へと移り，1973年7月には，それは高級幹部のところに到達した。高級幹部は新証拠がヴィラーグの無実を証明したとは考えなかった。しかし，高級幹部はさらに調査される必要があると考えた。8月29日に，大臣補佐がグロスターシャーとリバプールの警察本部長に長い手紙を書いた。その中には，事件が注意深く調査されてきたことが書かれていた。彼は，さらに調査されるべきことを要求し，この目的のため，事件に関与しなかった上級警察官を指名するよう指示した。

3.90 2人の警察本部長がすぐに共同で，テムズ・ヴァリー警察の警察本部長を独立調査官として指名した。彼はすぐに，彼の警察にいるアレン警視に調査・報告を指示した。テムズ・ヴァリー警察のシェリダン巡査部長にも補助され，アレンは1973年9月3日に調査を開始し，1974年1月21日に報告書を提出した。

XI アレン警視の報告書

3.91 アレンの調査は困難なものであった。なぜなら，彼は調査に関しては5年の

第3章　ヴィラーグ事件

経験しかなかったからであった。それにもかかわらず，調査はきわめて念入りなものであった。公判とは関係がなかったであろう，例えば，ヴィラーグ逮捕前における警察捜査の性質・程度に関する新しいたくさんの資料を獲得したのに加え，彼は事件に関する多くの証人を取り調べ，30人から新しい供述を引き出した。特別の点は，次の通りである。

1. 彼は，同一性識別パレードがウィッツ警部によって「厳格かつ正確な方法で」行われたことに納得した。その他の人はヴィラーグの年齢，背丈，描写にかなり近かったけれども，ヴィラーグはパレードの中で唯一外国人のように目立っていたと思われたと，ウィッツは述べた。
2. ヴィラーグが被疑者として可能性があるとは誰もマッケイ巡査部長及びテイラー巡査部長に対し提案していないことに，彼は納得した。「困難な捜査においてこれらの警察官たちの仕事に感銘した，またできる限りの援助を調査の過程で私に与えてくれた親切に感銘した」，と彼は報告書に記録した。
3. 彼は，さらにアリバイについて調査した。しかし彼は，以前より明確なことは何も引き出せなかった。すなわち，ヴィラーグはトロジャン・クラブの常客として記憶されているが，問題の夜に特に記憶がよみがえることはなかった，という以上のことは引き出されなかった。
4. 広範囲の調査から，ペイエンとヴィラーグのつながりを示す証拠は現れなかった。
5. アレンは，パラグラフ**3.78**で付託された資料について，以前よりもさらに徹底的に質問した。アレンは信頼できると思われる供述を得た。

3.92　1973年10月25日，アレンはパークハースト刑務所で，ヴィラーグを取り調べた。彼はヴィラーグと，アリバイなど事件について徹底的に話した。しかし，間接的なものは別としても，さらに情報を獲得することはできなかった。ヴィラーグはトム・サム・シガーを受け取ったが，その3分の1をすわないまま残した。彼はそれが好きではないといってもう1本を拒否した。彼は静かな落ちついた態度で，自分の無実を表現した。アレンは彼が真実を述べていると思った。

3.93　11月6日，アレンはアルバニー刑務所で，ペイエンを取り調べた。彼はブリストルの発砲事件について詳しくペイエンに質問した。彼はそれへの責任があると明確にペイエンに突きつけた。彼は初めて指紋をペイエンに提示した。しかし彼は直接には同意しなかった。質問が詳しくなったときには，ペイエンは興奮し逃げ腰になった。銃とナンバー・プレートのような証拠について，以前のように満足にペイエンは説明できなかった。ペイエンは，1954年に帽子をかつて所有したことがあり，小さな葉巻き・たばこ・巻きたばこをすうと述べた。

XI　アレン警視の報告書

3.94　ヴィラーグ夫人は，刑務所でペイエンと一緒だったある男と彼女が接触したこと以外，新しいことは何も述べなかった。ペイエンはヴィラーグがブリストルの発砲について責任がなかったということを彼に述べた，とその男は彼女に語った。アレンの取調べで，ペイエンはヴィラーグの友達と刑務所で一緒だったことに同意した。しかし，彼と何を話したかはいわなかったのだろう。その男は追跡されないままだったが，11月26日になってはじめて，アレンが彼を取り調べた。1971年に，彼はヴィラーグとともに刑事施設に収容されていた。そして，ヴィラーグが無実を主張している事件について，ヴィラーグと相談した。その後，1972年に，彼はペイエンと同じ刑事施設に収容されていた。彼はペイエンがヴィラーグは無実であると自分に語ったことを肯定した。しかし彼は，ペイエンが自分で発砲したとは認めなかったと述べた。

3.95　アレンはブリストルの犯行を行ったのは，ヴィラーグではなくペイエンであると結論づけた。リバプールの犯行については，リバプールの犯行とノッティング・ヒルとブリストルの犯行の類似性，そして買い物バッグというわずかな手がかりから（上記パラグラフ**3.23**を参照せよ）そのように推定ができるとしても，ペイエンに罪を負わせる証拠をアレンは発見することはできなかった。彼は，バックに手書きした販売員を追跡したが，その者が写真からペイエンあるいはヴィラーグを識別することはできなかった。

3.96　アレン報告書は，1974年1月29日，内務省に届けられた。そこで，しばらく同報告書は検討された。慣例に従って，首席裁判官の見解が求められた。1974年4月5日，内務大臣は無条件恩赦の許可を提案することを決定した。そして同じ日，ヴィラーグは刑務所から釈放された。1974年2月28日，誤った有罪判決とその社会的重要性のために，恩恵的に17,500ポンドの補償金が彼に支払われた。

3.97　アレン報告書は公訴局長によって検討された。公訴局長は，1974年3月，公共的利益からペイエンに対する手続がとられるべきではないと判断した。ヴィラーグ事件の陪審評決によれば，スミス巡査に発砲した者がスミス巡査を謀殺する意図であることに，陪審は満足しなかった。したがって，重大な身体的危害を引き起こす意図で傷害を加えたという以上にペイエンを告発することは，適当ではなかったのであろう。彼がこのことについて有罪判決を受けていたとしても，裁判所はペイエンが既に服している18年の期間に加え，実質的な刑を科す可能性はなかったであろうと思われた。彼に対する主張を提示するには，明らかにやっかいな問題もあったのであろう。

77

XII　コメント

(1)　ヴィラーグの無実

3.98　我々が事実を調査したところによれば，アレン警視の結論と，内務大臣のヴィラーグに対する無条件恩赦の決定に対して，全面的に，我々は同意する。同一性識別において申し立てられた過誤が審査された多くの事件では，過誤の存在自体がしばしば疑わしいままとされ，被疑者・被告人はその利益を享受している。そして，被疑者・被告人の無実が明白に立証されることは，相対的に，ごくわずかの場合である。ヴィラーグ事件はごくわずかの場合に属するというのが，我々の見解である。そして，事件史において正しい地位をこの問題に付与するために，我々は，なぜそのように考えたのか述べなければならない。

3.99　ペイエンはリバプールあるいはブリストルの犯行に関連して有罪を認めなかった。彼は公判に付されることもなく，また，有罪とされたわけでもなかった。それにもかかわらず，彼の自宅の中で発見された物品は，彼がブリストルの犯行に関与していたに間違いないということを示していて，疑う余地もない。ポロックの名前による保険の仮契約書，ナンバー・プレートにより，それらを自分が所持していることについて信頼できる説明に彼が失敗したことから，彼はトライアンフ・ビテスを盗んだに違いないことが立証される。コイン入れを所持していたこと，指紋の証拠も，同様に，彼がブリストルのメーター窃盗を行っていたに違いないことを示している。スミス巡査に傷害を負わせるために使用される銃を所持していることは，何の説明もないので，彼が発砲した最も可能性の大きい男であることを示している。犯罪に関与した者が複数であるとすれば，ペイエンがその1人であることは，さらに確実である。しかし，複数いたことがなぜ仮定されるべきなのであろうか。ペイエンは1969年2月に逮捕され，彼のアパートが捜索されていたとすれば，運転手の交代というやっかいな問題のために，仲間の仮説を持ち出す者はいなかったであろう。そして，ペイエンは単独犯として告発されていたであろう。ハンガリー人が考慮されることはなく，ヴィラーグの人生が混乱させられることもなかったであろう。

3.100　それにもかかわらず，ヴィラーグは同一性を識別されたのであり，同一性識別証拠が存在する限り，彼の無実は証明されていない，ということも可能かもしれない。ヴィラーグは現在「識別されない」とすることが不可能であるとする，いくつかの理由の1つは，時間が経過したことである。識別することが彼の無実を立証するために必要でもない。抗弁を構築することが無実を立証する唯一の道ではないし，第1の道でもない。訴追側の主張をつぶすことにより，それは同じように無

罪の立証が可能である。同一性識別証拠を除いて，ヴィラーグに不利な証拠は何ら存在しなかった。そのため，同一性識別証拠の証明にひびが入ることとなれば，彼への不利な主張は損なわれる。証明の核心は，その後の発見により価値のないものとされた同一性識別パレードにある。

3.101 次の方法で同一性識別パレードを審査してみよう。すなわち，パレードが行われる前に，ペイエンに罪を負わせる証拠が発見されたと仮定してみよう。我々は，その場合に，ヴィラーグが想定されなかったであろうと指摘した。しかし，ヴィラーグと犯行を結びつけるいくつかの証拠も発見され，この想像上の証拠からヴィラーグが車の運転手であるという疑いが導かれ，実際に行われたような同一性識別パレードによって物事を警察が審査しようとした場合を仮定してみよう。明らかに，そのようなパレードをヴィラーグだけに用意することはばかげているし，不公正であったであろう。ヴィラーグは運転手であるという想像上の証拠がいかに強力であっても，次の事実とそれが競われなければならなかったはずである。すなわち，ペイエンが車と車中で発見されたメーターの窃盗犯であること，彼が銃の所有者であること，彼がトム・サム・シガーの喫煙者であること，ヴィラーグではなかったとすれば彼が確かに車の運転手であること，彼が窃盗犯として既に20分前に車に乗り込んだところを目撃され車で走り去った人であり，すなわち，彼は運転手の描写に等しく符合したという事実である。ペイエンとヴィラーグを選択する機会を証人に提供しなかったパレードは，同一性識別証拠としては全く価値がなかったことになろう。今や状況からも分かるように，これが，現在，明らかとなったことである。これはブリストルの犯行に関するパレードと同様に，リバプールの犯行に関するパレードにも当てはまる。

3.102 今や全ての事実から分かるように，適切に審査された同一性識別証拠が存在しなかったことは明らかである。そして，その他のその種の証拠がなかったことは明らかである。以上の単純な理由から，過去を振り返り，ヴィラーグは無罪とされるべきである。さらに2つの理由がある。第1は，パラグラフ**3.82**で我々が言及した非公開の情報である。それはペイエンが運転手であり，<u>スミス巡査に発砲した</u>男であるという結論を強化するものである。第2は，運転手がペイエンかヴィラーグかという核心の質問が持ち出されうるときに形成されうるであろう一連の印象からなる。逃走中の男の行動は，ヴィラーグよりもペイエンの性格に符合している。ヴィラーグを取り調べた経験ある2人の警察官であるアレン警視とトルール警視正が，ヴィラーグの態度から彼は真実を述べているという印象を持った。ペイエンは説明することを拒否した。また，リバプール，ブリストル，ノッティング・ヒルの3事件における態様にも類似性がある。ヴィラーグはノッティング・ヒルの場合に関与することができなかったはずである。

(2) 誤判の原因

3.103 ヴィラーグに関する誤った有罪判決とその後の刑罰執行の主要な原因は，まぎれもなく，彼が誤って識別されたという事実である。しかし，3つの後見的な要因があった。第1は，指紋の証拠が弁護側に利用されえたとすれば，それは，同一性識別に十分な疑いを投じさせ，無罪獲得に役立っていたであろう。第2は，アリバイがあまり説得力なく提起されていなかったとすれば，基本的に指紋に依拠していた現実の疑いに対して，いくらかそれは貢献していたであろう。とにかくそれが，訴追側の主張を強めることにはならなかったであろう。第3は，2年間ヴィラーグの釈放を遅らせた内務省における誤った判断であった。同一性識別における誤りから何を学ぶべきか，確認しようとする前に，我々はこれら3つの要因を検証し，それらの影響を検討する。

(3) 指　　紋

3.104 ヒルズ警部補は指紋の証拠を無視した理由を3つ挙げていた。上記パラグラフ**3.52**を参照されたい。それらの最大の弱点は第2番目である。当時，5つのコイン入れに関する「合法的取扱者」の除外が不完全であると警察が考えた証拠はない。そして，なぜ不完全であったのかも分からない。徴収人部局における現在及び過去の雇用者の指紋を，警察は確保した。コイン入れを部外者が扱う可能性を指摘するものは何もない。また，指紋は思いもかけない取扱いから生じるようなものではない。すなわち，4つの箱では，メーターからコイン入れをはずすときに通常添えられるであろう場所に，同じ左手親指の指紋があった。我々は，当時，訴追側がこの前提を進めていたとすれば，さらに事態が進むことはなかったであろうと考えている。

3.105 したがって，公判では，訴追側が仲間がいるとの仮説を進めなければならなかったと，我々は考える。事実，トライアンフ・ビテスの窃盗を含む，事件に関する十分な事実が公判で明らかにされていれば，「合法的取扱者」が除去されたかどうかにかかわらず，とにかく仮説が必要とされたであろう。ブリストルの犯行は，車が盗まれた20日後に起きた。そして，2つの事件が結びつけられない可能性はほとんどない。したがって，ヴィラーグが車を盗んだことを立証できなかったとすれば，訴追側は仲間を仮定しなければならなかったであろう。ダネンバーグがヴィラーグを識別できなかったことから，訴追側が彼を窃盗犯と断定することは難しかった。彼が窃盗犯であるとする唯一の証拠は，彼は盗まれた車の運転手であったという申し立てられた事実からの推定だったであろう。その申立てが真実であれば，もちろん，推定の必要はなかったであろう。そのうえ，ヴィラーグだけが車を盗んだことに関与していたという申立てによれば，少なくともその他の2つの場面での彼の行動が含まれていただろう。すなわち，2月2日，ダネンバーグと会ったこと，そし

て翌日夜に車を盗んだことである。その場合，彼は，たぶんアリバイを持っていたであろう。犯人はトム・サム・シガーをすっていたという情報も申立てにより提示されたであろう。パラグラフ3.7を参照されたい。ヴィラーグは車を運転する，又はトム・サム・シガーをすうとは，仲間には知られていないという証拠が，弁護側に若干有益なものとして加えられたであろう。

3.106 それ故，指紋の証拠がなくても，仲間の仮説はありえたはずであろう。それにもかかわらず，仮説を形成するときに，指紋の証拠は大変に重要であった。指紋の証拠が，仲間がいるという推定の主要な根拠となっただけではなく，仲間がブリストルの現場にいてメーターを現実に扱うことを要求することによって，その推定も絞った。かくして，必然的に，運転手の交代という仮説が導かれた。この後者の仮説は，重大な批判にさらされる。弁護側は，以下のことを指摘することができたはずであった。

(1) 共犯に関する証拠は全くなかった。ハンガリー人のメーター泥棒が2人あるいはチームで行動しているという警察の考え方が，被疑者の割り出しにとってよき指針であった。しかし，証言台ということになると，それによって，証拠規則の限界内で実証することは難しかったであろう。そのうえ，警察は，誰が犯人であろうと犯人が仲間と一緒に働いたこと，あるいはヴィラーグには仲間がいたかもしれないことを示す証拠を見いださなかった。仲間は指紋を説明するために作り出されなければならないだけの人であると，弁護側は論じたであろう。

(2) 運転手の交代に必要な最小時間がせいぜい存在しただけである。時間調整については，完全な正確性をもって始めることはできない。**カンリフ**は，最初に，アサイズ裁判所の近く，スモール・ストリートで窃盗犯を目撃した。彼はグランド・ホテル近くのコーン・ストリートに駐車してある自分の車の方に向って歩いていた。彼は午前8時に窃盗犯を最初に目撃した。ビテスを最初に目撃し追跡したのは，午前8時20分であったと警察官が述べている。この証拠から，窃盗犯が車を走らせ，車がその次に目撃された時間は，20分弱であろう。2つの地点の距離は10.2マイルであって，同じ条件，すなわち日曜日の早朝のもと観察がなされた。距離からして，最高速度での移動でも，17分はかかっただろう。審査したアレン警視の見解によれば，窃盗犯がほとんど向こう見ずに走らせたとすれば，2分が割り引かれうるはずであった。これに対し，運転手は躊躇なく進路が分かるほどブリストルに関する十分な知識を持っていた，と仮定することはできない。

(3) 運転手の交代の目的は何だろうか。内容のある理由を考えることは困難である。車が識別されなかったとすれば，2人の男はすばやく逃走することができた。**カンリフ**によって識別されたとすれば，コイン入れが荷物入れにあり，前には銃があるというときに，異なった運転手がいたという事実はあまり役に立たないだろう。窃盗犯は混乱をきたした可能性があると思われる。**カンリフを銃で脅**

第3章　ヴィラーグ事件

す彼の行為がその証拠である。混乱をきたし攻撃した男の行動は，車をまっすぐに走らせ，自分自身を守るために彼の仲間を置き去りにするであろう。

(4)　34のコイン入れが車の中から発見された。そして34のメーターだけがいじりまわされた。したがって，仲間とヴィラーグは別々の持ち場を持っていなかった。ヴィラーグのために見いだされうる唯一の役割は，近くで時間を見ている役割であった。**カンリフ**が走り出したとき，彼はロード・ストリートに走り，ワイン・ストリートを左に折れた。彼は背後に車が来るのが聞こえ，ベンチの背後にかがみ込んだ。彼には，車がワイン・ストリートからユニオン・ストリートへ，そしてニューゲートへと走り降りていくのが見えた。そして，見えなくなった。したがって，運転手が近くで男を引き上げようとしていたわけではない。時間がある限り，まぎれもなく，仲間は近くに戻ってきたはずである。しかし，彼がまだ待っているヴィラーグを見つけようと考えた可能性は，ほとんどないだろう。

裁判所に十分なストーリーが出されていたとすれば，弁護側から陪審に，ヴィラーグの有罪について合理的な疑いがあると述べたことが，確かに，軽いものとして片づけられはしなかったであろうと，我々は結論づけた。そして，同一性識別証拠の強さにもかかわらず，無罪に関する合理的な確実性があったであろうと我々は考えている。

3.107　我々は次の事実を見逃さなかった。すなわち，全国指紋一覧で探索されていたとすれば，我々が現在知っているようにペイエンに罪を負わせ，1971年8月の2年半後まで生み出されなかった状況を直ぐに生み出す結果が起こっていたであろう。しかし，限られた財源は節約して使用されなければならず，資金と人材をより提供できる人によってのみ，重大な犯罪への制限を批判できることは明らかである。問題が無実の可能性のある者に対する10年の科刑であるとすれば，それは大変に深刻であるということが可能であろう。しかし，深刻であると呼ばれるか否かにかかわらず，厳しく処罰される犯罪全てを含む規則を拡張するには，現行の財源をかなり増大させることは事実である。それを考慮することは，我々の範囲外のことである。我々は，コンピューターで指紋を照合することについて，最近行われている調査が，直ぐに全体的に状況を改善することを，望むものである。

3.108　弁護側は，パラグラフ**3.59**で記録されているような，通常彼らが獲得するものを除いて，指紋について知識を持っていなかった。そこに記録されていることによれば，何等の攻撃もなかった。しかし，訴追側に指紋の証拠を開示する義務があるとすれば，それは満たされていなかったというのが，我々の意見である。ヴォーデンがミネット巡査を誤解していたかどうかにかかわらず，弁護側が指紋証拠の可能性を看過していたという責任はなかった。その種の証拠は，それが効果的に利用されうる前に，検討を要する。何らかが裁判所によって検討されるはずで

あったとすれば——我々はあったと考えている——訴追側がそれを明らかにし，彼らの主張にそれを適合させるか，それとも適当な時期にそれを検討するように弁護側に提供するべきであった。たまたま論点が生じた場合に，反対尋問で正直にこたえたからといって，開示義務が解放されることはない。これらの問題については，5章で，我々は訴追側の義務たるものが何かを検討する。この段階では，正当か否かにかかわらず，非開示の説明を求めることにのみ我々は関心がある。

3.109 説明を求めるとき，現在知られている事実の影響から是非とも逃れなければならない。すなわち，ヴィラーグに関する同一性識別全てが，誤っていたに違いないと結論することを，我々は緊急に強いられているという事実である。当時，同一性識別が間違っている可能性があると考えることは，全くばかげているように思われた。誤った同一性識別に関する古典的事例では，ヴィラーグ事件と同じくらい証拠が強いという事例はほとんどない。これは，一瞥したという事例や，1つの場面における1人の証人の事例ではなかった。6つの別々の場面において8人の証人がヴィラーグをその男として識別した。場面と同じく，証人もタイプ的には様々であった。証人5人は，識別について訓練された警察官であった。そして，あとで男を識別することを当然求められるであろうという知識をもって，全員が彼を目撃した。彼らの4人（パラグラフ**3.5**及び**3.12**）は手短に彼を目撃した。しかし**スミス巡査**は彼を30分間追跡し，至近距離から彼に発砲された。その他の3人は通常の状態で彼と会い，会話した民間人であった。

3.110 パレードでヴィラーグを識別した8人の証人と比較して，9人が識別しなかったことも真実であった。もちろんヴォーデンはこの点を指摘した。しかし，彼は疑いを発展させるために，識別しなかった人たちを賢明にも召喚しなかった。1973年9月，アレン警視は彼らを取り調べたとき，彼らのほとんどが，実際に，彼がその男であることを確信した。**カンリフ**（パラグラフ**3.9**）は，被告人席にいる彼を躊躇なく識別していたであろうと述べた。彼はそのとき98％の確信を持っていた。一方で，パレードで彼は大変に神経質であり，顔面に十分注意を払わなかったと感じた。**バロック**（パラグラフ**3.14**）はマジストレイト裁判所とアサイズ裁判所でも，難なくヴィラーグを識別した。彼がいうには，実際にパレードでは大変に神経質であり，しかも赤い顔色の記憶を忘れてしまっていたので，彼は容姿を検討するというよりもむしろ紅潮した男を捜していて，大変急いでいた。**オーガン巡査**（パラグラフ**3.10**）もまた，パレードでは大変に神経質であった。彼が被告人席に座っているヴィラーグを見たとき，彼が自分を撃った男であると確信した。**フルーム**（パラグラフ**3.18**）はパレードで彼がその男であると思ったが，100％の確信がなかったので，識別しなかった。彼が被告人席にいるヴィラーグを見たとき，彼がその男だと「心の中では確信した」。これらの意見は全て，中立的な調査に応じて出されたもの

83

である。**オーガン巡査は，別の男，ペイエンが嫌疑をかけられていることをおそらく知っていたかもしれない。しかし，その他の証人は知らなかった。**

3.111 これはヴィラーグが車の運転手であったという事実を立証しているようにみえるほど強い証明であって，ちょうど，彼がメーターの唯1人の窃盗犯ではないと立証する指紋の証明と同じくらい明らかな証明であった。これら2つの事実は合わされなければならなかった。そして，合わせるための唯一の方法が，仲間の存在を推定することであると思われた。そこで，仲間の存在がその他と同じくらい強い事実となった。この事実の地位を前提とすれば，仮定は当然そうであるべきものとして，検討されなかった。

3.112 我々が結果に起因するものとしてパラグラフ**3.103**で述べた補足的要因の第1は，主要な原因から本当は独立していなかった。指紋の証拠を無視したことは，それ自身，誤った同一性識別の所産であった。第3の要因についても同じことがいえる。仲間の仮説，運転手の交代の仮説は，同一性識別証拠に誤りがありえないということに強く根拠づけられていたので，それらはペイエンの資料の発見によっても生き残り，生息し，内務省の調査を混乱させた。しかし，我々は粗略な調査よりそれらがいかにして生き残ることができたのか分からないといわなければならない。グロスターシャー警察と公訴局長による調査はそれだけのものであり，こうあるべきだったという理由もなかった。局長の仕事は，内務省が検討すべき問題を事件が提起しているかどうかを判断するだけであり，彼がそうだと正確に判断した（パラグラフ**3.84**参照）。パラグラフ**3.87**に記されている内務省内における最初の判断は，別の問題である。

(4) 内務省の誤った判断

3.113 我々は，パラグラフ**3.98－102**でヴィラーグが無実であるという結論に関する理由を述べた。この結論に到達するにあたって，我々は事件について最初に扱った上級事務官に明らかにされなかったものについて，何も考慮することはなかった。理論的には，彼は同じ結論に到達するはずであったと，我々には思われる。しかし，たくさんの中の1事件を検討する事務官と，無条件恩赦が許可された後にそれを検討する委員会との間には，実際上の大きな相違がある。そのことを全て斟酌したとしても，さらに調査する必要はない，調査する必要がないことは明らかであるという結論にどのようにして事務官が到達しえたのか，我々には理解できない。犯人を探すことは，我々の本分ではない。それ故，我々は不適格や懈怠はなかったという彼の上官の考え方を受け入れることに満足する。一方，我々は，個人による判断の誤りによって簡単に説明する考え方を受け入れることはできない。高級事務官が，実質上，判断を確認した。そのような諸事件の審査にあたって，内務省において一

般に適用される諸原則の実現に際しては誤りがありうると示唆するほど，判断と判断に関する確認自体は驚かされる内容のものである。我々はこの可能性を6章で検討する。

(5) アリバイ

3.114 アリバイが不十分に準備されたことが，誤判への直接の原因であったり，誤判への一因でありえたことにおいては，2つの道筋がある。第1は，もちろん，ドーティー事件のように，それが適当に提出されていれば，そのために無罪が証明されていたであろうというときである。第2は，真実ではあるが不十分な主張が，準備不足のためにうそのように見えたときである。その種の説明をすることは，たとえ記憶の失敗だけがある場合でも，事実上，実体に関する同一性識別証拠について強制的に答えさせられることになる。その後，有罪判決が結果として下されたとき，同一性識別証拠の強さあるいはアリバイ証拠の弱さが決定的な要因かどうかについて述べることは不可能である。経験のある弁護人たちは，陪審がアリバイを信用しないことによって同一性に関する疑いを解決するという事例がたくさんあるに違いない，と考えている。彼が犯人でなかったとすれば，どこにいたかについて彼はなぜうそをつくのだろうか？

3.115 ヴィラーグのアリバイが本質的に正当であった──そしてその他の選択肢を仮定する理由はない──とすれば，その決定的な証明が得られたであろうということは，ありえないように思われる。日付けを解決する何か方法があったとは思われない。我々はゾーネカーについてセント・マリー・アボット病院で調査した（パラグラフ3.62参照）。病院では，彼は1969年6月26日に収容された患者として知られていた。初期の治療に関する記録はない。したがって，ヴィラーグのストーリーの資料から確認されることはなかったであろう。クラブの帳簿が適切に説明されていたとすれば，それはいくらかの確証を生み出していただろうと考えられる。しかし帳簿を作り，それを保管したといわれていたバーナは，ヴィラーグが問題の夜にクラブにいたかどうか述べることはできないとテイラー巡査部長に話した者たちの1人であることが，注目されるべきである（パラグラフ3.38参照）。

3.116 アリバイが単純に不十分に見えただけであるとすれば，その影響ははっきりしなかっただろう。不十分な準備によって，アリバイは間違っているように見えた。それが，書面記録にアリバイが示す外観であり，公判裁判官が受けた印象である。彼の見解によれば，アリバイはヴィラーグの主張を助けたどころか，傷つけたのである。準備不足によって，証人から適切な供述を獲得することに失敗し，クラブの帳簿を検証することもできなかったことになった。我々は，これらの各々を，パラグラフにわけて説明する。

第3章 ヴィラーグ事件

3.117 証拠が通常の方法によって事務所で整理されたとすれば，ヴィラーグがいつものとおり週末にクラブにいた，彼は車を運転するとは知られていない，そして実際に最近では運転のレッスンをしてくれと証人の1人に頼んでいた，と証言することができた善性格の証人2人を弁護側が利用できた。これは，おそらく，弁護側がすべきはずであった最善のことであった。何をいうつもりなのか分からない，あるいは召喚されるか分からないで，裁判所に半ダースほどの証人を連れてくることは，たいていそうであるように，有害であった（それはまた，公的資金のかなりの浪費でもあった）。そのような状況で，弁護側が証言台に連れてこない証人は，必然的に，弁護側に反するものと考えられる。ときには，頑固に反抗する証人を連れてこなければならない場合もある。しかし，それは避けなければならないことも明らかである。なぜ弁護側が供述を確保できなかったのか，理解することは難しい。証人として申請予定の者たちは友達であって，敵ではなかった。ヴィラーグ夫人は全員と知り合いだった。警察は困難なことを何ら経験しなかった。しかしストーラーはヴィラーグ夫人が非協力的であると思ったと，我々に述べた。トルール警視（パラグラフ3.49参照）が彼女はとらえどころのない人と感じたと述べたが，それは不公正ではあるまい。

3.118 アリバイの通知（パラグラフ3.45）では，警察が申請予定の証人を脅迫したと申し立てられている。ストーラーはこの情報をバーカーから入手したと述べた。バーカーはきっぱりとこのことを否定した。我々が所有している脅迫に接近する唯一の証拠は，警察からきたものである。それは，テイラー巡査部長が見込みのある証人たちに偽証について警告したときの，パラグラフ3.37で記録されている出来事である。証人がそれ故おじけづいてしまったとしても，我々が既に注意したように，それは弁護側に何ら害となるものではなかったであろう。しかし，テイラー巡査がある人に述べたことが別の人に伝えられ，その途中で歪曲されたかもしれないであろう。そのことによって，クラブのメンバーが，弁護側への書面の中で，供述したくないということになったのかもしれない。我々はアリバイ証拠に関する警察の役割を検討するときに，このことをさらに考慮する。

3.119 我々は同時に，アリバイを指示するクラブの帳簿のような書類の占有を弁護側に通知しないことが，警察にとって望ましいのかどうか考慮する。この特別の事件では，帳簿の存在を弁護側は簡単に知ることができたはずであったし──ヴィラーグ夫人がそれについて知っていたし，警察はそれを入手した──公判前にその閲覧を求めることもできたはずである。しかし，この事件のように，公判で弁護側に帳簿が示されるとはいえ，実務の実際ではアリバイの提示を損なうことがある。そのような記録を検討する必要もよくある。そして，被疑者・被告人あるいは証人が，証言台に上る前にそれらを検討する機会を持てなかったことは，不公平である。

根本的に誠実な証人ですら，彼が自分の自由のために闘っているときには，本来そうあるべきである以上に自由に想像を働かせてしまいがちである。ヴィラーグは不幸なことに間違ったページを提示されたとき，以上のことを行ったのであろう。公判裁判官，そしてまぎれもなく陪審にも，彼による「わらをも掴む」印象だけが残ったのである。帳簿が適切に検討されていたとすれば，このことは起こらなかったであろう。

(6) 結 論
3.120 それ故，ヴィラーグ事件が，同一性識別を除き，何も間違いがなかったという陳腐な事件では全くないと，我々は結論づけなければならない。しかし，事件はそれに関係するものであるし，我々が示したように，誤った同一性識別それ自身が過誤の原因となるものであった。そのうえ，描写を与えること，写真を使用すること，被告人席同一性識別などの特別な問題については，我々が適当な箇所で扱うさらに有益な資料が獲得された。これらの点について証人間の類似点と相違点を包括的に描くために，我々は付録D及びFに掲げた表を用意した。

ヴィラーグ　　　　　　　　　ペイエン

第3章 ヴィラーグ事件

　注記　2つの写真を比較するとき，リバプール及びブリストルの事件の犯人は，常に帽子をかぶっていたことが思い出されなければならない。ヴィラーグとその他の参加者は，全員，同一性識別パレードで帽子をかぶっていた。各写真に想像上の帽子が付けられたとすれば，我々にとっては，明らかに類似性があると思われる。対象を見て，注意深く両者の容姿に気を配る証人を惑わすには十分でないだろうが（このパラグラフ3.83参照），パレードに1人だけが出席した場合には，彼が容易に選出されるという事実を説明するには十分であると，我々は考える。この点で，ヴィラーグは非典型的ではない。

　我々が検討した他の事件の中では，我々が事実に関してそれに最も近いものはBの事件である[1]。優良な性格であるBは，1959年1月，別々の場合で，同じ方法により3つのタクシーから詐欺を行ったとして告発された。各運転手はパレードで彼を躊躇なく識別した。彼はアリバイに関する独立した証拠を提示することができなかった。彼は有罪判決を受け，5ポンドの罰金に処せられた。約2週間後，彼は同じ犯罪で告発され，再び，パレードで躊躇なく識別された。裁判所では，彼は確証のあるアリバイを提示した。彼は釈放された。1960年9月，別の類似した事件が起こった。タクシー運転手は警察の多数の写真からBを識別した。警察による取調べのときに，Bは確証あるアリバイを提示した。1961年2月，同じ事件が起こった。そのとき，Bの写真が再び識別され，警察の捜査により，彼には何ら責任がなかったことが立証された。1961年9月，警察はMを逮捕した。Mは犯行全てを自白した。MはBより10歳年上であったが，警察は，彼らの間には驚くべき類似性があったと考えた。Bを識別した各タクシー運転手は，裁判所でMを見たとき，誤っていたことに同意した。

(1)　この事件の詳細と報告書のその他のところ，付録Gで言及されている事件のいくつかは，内務省記録から引用されている。内務省規則によれば，そのような事件は匿名とされている。

第4章　公判での証拠と手続

I　同一性識別：意義と本質

(1)　同一性識別の類型

4.1　法が許容する同一性識別の証明方法については，どの証拠法の教科書にも説明がある。我々は，ここでの目的にしたがって，それらを3つの類型に区分する。

　第1類型は，再認によるものである。その信憑性は人の顔の記憶能力に依存している。かりに正確に描写されえないような場合であってもその点はかわらない。ただ，記憶が鮮明な場合には，積極的な識別がなされうるが，そうでない場合には，証人は類似性を示す証拠を提示する以上のことはできない。この後者が第2類型にあたる。第3類型は，例えば，入れ墨，傷跡，足が不自由だ，あるいは，非常に背が高い，といった何らかの特徴的性質による識別である。ここでは，特徴的である点を強調する。というのは，目の色，鼻の形，はげ，あご髪といった一般的性質に関する証拠は，しばしば通常の識別証拠の一部となっているからである。他人に特徴的性質を見いだした証人は，その人間の顔を見ていない場合や，その人間を識別しうるとは主張していないときでも，当該人物の同一性識別に役立つ証拠を提供しうる。あるいは，顔は見たものの見分けることはできないと述べる証人も，顔の識別に加え，腕に付いていた特別な傷跡を見たと語る可能性もある。我々が特徴証拠によって意味するものは，顔の識別に関する証拠とは別に提示される証拠である。

　もちろん，このほかにも，必要な場合には，例えば，指紋，筆跡，声，癖，あるいは習癖などによる識別方法もありうる。我々の調査してきた事件の中にも，現にそれらのうちの2つが登場してくる。そのため，我々は，次のパラグラフでそのそれぞれについて一言触れる。

4.2　声は確かに同一性識別の1つの手段である。本報告に登場してはいないが，この委員会で検討されたいくつかの事件において，声は重要な要素となっていた。1つの事例では，暴行が訴因であった。その事件では，男たちの集団によって重要証人に対し，強迫目的の肉体的屈辱が与えられた。その事件の被疑者・被告人（彼はいつも黒いサングラスをかけていた）が犯行集団のうちの1人であったかどうかと

第4章　公判での証拠と手続

いう問題は，被害者が正確にその被疑者・被告人の声を識別したか否かという問題として現われてきた[(1)]。2つ目の事例は，ガソリンスタンドのレジスター襲撃事件である。事件の日から11日後に，襲撃時にはマスクをかぶっていた攻撃者のうちの1人が，ガソリンスタンドの店員によって，声によって同一性を識別されている[(2)]。1969年のスコットランドの事件は，同一性識別証拠の問題だけが唯一の問題ではなかったものの，犯行現場にいた唯一の目撃者は，目視では相手を確認していなかったが，犯罪者が話す声を聞いていた。他の事例は，目視による同一性識別が可能であり，犯罪者のうちの1人と目される被疑者を含め，パレードのためにその人間に似た人たちが集められた事件のなかで生じた。その事件では目視による同一性識別目的の一般的準備の他に，パレードに参加した人物は，犯行現場で証人が犯行時に聞いたとされる言葉を話すようにも設定された。その事件の被疑者は，一番最初に話すように求められ，そうしたところ，彼の声は証人によって犯人の声と識別された[(3)]。ジェームズ・ハンラティーの事件においては，特徴のある話し方もまた重要な要素となっていた[(4)]。

(1) *R. v. Lewis*（CA, 14 March 1972, unreported）
(2) *R. v. Knight*（CA, 14 March 1969, unreported）
(3) *R. v. Meehan. A Presumption of Innocence by Ludovic Kennedy*（1976）参照。
(4) 勅選弁護士ルイス・ハウザーのレポート（Cmnd 6021），1975，パラグラフ134(b)。

4.3　ヴィラーグ事件においては，識別を行う証人の全てといわないまでも，ほとんどが，彼の顔を見る機会と同時に彼の声を聞く機会も有していた。にもかかわらず，パレードでは，ヴィラーグは言葉を発することを許されなかった（付録Cのパラグラフ12参照）。しかし，それは不合理なことではなかった。というのは，今日の実務では，もし1人が話すことを許されたならば，通常，全ての参加者が話すように要求されなくはならない。そして，ヴィラーグはパレードの中で唯一の外国人であったからである。そのため，我々は，彼の声が，ペイエンの声に間違われたか否かについては何等知るところではない。

4.4　実際，その声を非常によく知った人や，専門家であるからこそ，積極的な同一性識別が可能なように思われる。前述の2番目の事例において，証人は（犯行時にはほんの片言が話されたにすぎないのであるが）犯行後11日目に行われた同一性識別用のパレードにおいては強盗を声で識別したものの，数ヵ月後の事実審理では，何回かにわたり被告人が証拠を示しているのを聞いた後に，「私が声を聞いたのは何ヵ月も前のことなので，今ではこの声が同じものであることを確認できるとはいえません」と述べている。おそらくこの点は見逃すべきではなかろう。また，ストレス状況下では，声は大きく変化することも忘れてはならない。それ故（その声が，特徴証拠の部類にはいるほど特徴的なものでない以上），見知らぬ人間による声の同一

耳撃証言研究の動向

　犯人の顔や犯罪行為を見た者がなす証言を目撃証言というが，本書のパラグラフ4.2から4.5にあるように犯人の声を聞いたり，車が衝突した音を聞いた人から得る証言は耳撃証言という（畑野＆佐藤，1998）。耳撃証言研究が行われるきっかけとなった事件は，米国の有名な飛行家リンドバーグの子息誘拐事件だった。この裁判においてマギーが行った心理学的実験研究こそが，耳撃証言における研究の起源である（McGhee, 1937）。
　1970年代になりデブリンレポートの提言に従い，クリフォードらは，英国内務省に音声の同定に関する報告書を提出した。この報告書は，電話を通した音声や，正確さと確信度の問題などについて述べられており，内容の一部は論文として公表されている。その中で，例えばラスボーンら（Rathborn, Bull & Clifford, 1981）は，「自然に録音した音声」と「電話を通して録音した音声」を組み合わせ，4通りの方法でそれぞれ提示と同定を行った。この結果，最も成績が良かったのは提示と同定の際に自然に録音した音声を用いた群で，それ以外の3群についてはほとんど違いがみられなかった。ラスボーンらはこの結果から，電話犯罪においては同定時に犯罪時の音声を必ずしも再現する必要がないことを示唆した。
　初期の耳撃証言研究は，音声同定中心の研究であったため，1980年頃までは，voice identificationという用語が用いられてきた。しかしその後は，音声以外の聴覚情報を取り扱った研究も少しずつ見られ，用語もearwitnessが用いられる傾向にある。特に，最近では音記憶や音声内容記憶，認知的インタビューや，音情報を取り入れた交通事故の記憶実験などが行われている。例えばクックとワイルディング（Cook & Wilding, 1997）は，音声の長さや変化，既知性や未知性，内容の記憶について実験を行い，未知音声の同定は，母音の種類の多さよりも発話の長さが重要であるという知見を見い出した。なお，近時の耳撃証言研究の簡単な概略についてはブルとクリフォード（Bull & Clifford, 1999）などを参照されたい。
　耳撃証言研究は目撃証言研究の論点をそのまま転用して論じられることが多いため，目撃証言研究と同様の結果ばかりが強調されることもある。しかし耳と目が異なる情報を受け取るように，耳撃証言が全てにおいて目撃証言と同様とはいえない。このため，近年は耳撃証言においても専門家証拠の必要性が唱えられている。

性識別は，そもそも類似性を示す証拠以上のものといえるかどうかは疑わしい。それを似ているということ以上に信用しうるものにするためには，類似の音声を集めた形での声自体の識別用パレードがなくてはならないであろう。我々は，スウェーデンでは，そのような手続がテープレコーダーの助けを借りて採用されていることを知っている（付録Lのパラグラフ36参照）。

4.5　現時点では，声の同一性識別能力を検証するための適切な手続は全く存在しないし，我々が確認しうる範囲では，この問題に関する科学的研究は存在しない。声による同一性識別の問題は稀にしか生じない。しかし，生じた時には為すすべのない状態にある。それ故，我々は，テープレコーダーあるいは他の適切な方法を用いることによって，可能な限り早急に，声の同一性識別パレードの識別能力研究に着手することを勧める。そして，とりわけその研究は，声を偽装することの危険性や，ストレスによって引き起こされる声の変化を考慮に入れなくてはならないであろう。

4.6　限定的な形ではあるが，ヴィラーグ事件において用いられた他の同一性識別方法は，アイデンティキットあるいはフォトフィット・システムである。現時点では，これらの手段は人相書きを記録する簡便な方法以上のものではなかろう。しかし，最近，社会科学研究協議会による後援及び内務省の承認のもと，アバディーン大学の心理学部において，1つの研究計画が開始された。この研究は，主にはフォトフィット・システムの有効性に焦点をあてるものではあるが，目撃された顔の再構成能力に影響を及ぼす諸要因について何らかの有益な情報を提供することであろう[1]。

(1) H. Ellis, J. Shepherd & G. Davies による初期の研究については，*An Investigation into the Use of Photo-fit Techniques for Recalling Faces* (British Journal of Psychology, 1975, 66, 29-37) 参照。

4.7　パラグラフ**4.1**にもどる。第1類型の証拠と他の2つとの間では明確な区別がなされるべきである。同一性識別証拠は，受け入れられた場合，同一性の確認をもたらすものである。すなわち，それは，過ちや勘違いとして攻撃されうるものの，その攻撃が失敗した場合，その証拠自体で十分な証明があったとするに足りるものである。残り2つの証拠類型は，仮に受け入れられたとしても，同一性を証明する可能性を示す以上のものではない。それが事実であり，信頼に足るものであることを認めたとしても，それ自体で十分であることは，全くないわけではないが稀である。類似性についての証拠は明らかに不十分なものである。特徴証拠は，第一次的には問題となった場所と時間に類似した特徴をもった他の人間がいた可能性評価を導くものである。そして，その特徴が一般的なものの場合は，その証拠価値はほと

I 同一性識別：意義と本質

んどないが，珍しいものの場合には，より価値があろうし，唯一のものであれば決定的となろう。

4.8 特徴証拠の方は，我々に検討すべき問題を提起するものではなかったが，類似性証拠に関しては，特に一言言及を要する点がある。すなわち，類似性証拠は，殆ど価値がなかったり，あるいは，全く価値のないこともありうる。また，それは，識別に全く自信のない証人の心理状態を示しうるものでもある。類似性証拠は，それ自体は被告人を犯罪に結びつける他の証拠に対し価値を付加するものにすぎない。しかし，実務においては，積極的に同一性を識別できない訴追側の証人に対し主尋問がなされることはないであろうと，我々は確信をもっていえる。我々は，その点に関してイギリス法における先例的な言明を見いだしてはいないが，多くの裁判官は，その質問が提示されても，それを許容しない可能性もある。だが，もしこの質問を認めないとしたら，それは，一般的裁量権の被告人に有利な形での行使であろう。証人が見た男は被告人に似ていないこと，あるいは，現実には被告人以外の誰かに似ていることを示唆する余地は確実に弁護側に残されることになろう。それ故，類似性証拠は，本質的に関連性がない，あるいは，証拠価値がないとみなされている訳ではない。もし主尋問において積極的に同一性識別をおこなった証人が，反対尋問において非常に似たところがあるという以上に証言しえないことを認めた場合，その修正された回答は，その証拠価値故に，おそらく許容されることになろう。

4.9 類似性について語る証人には尋問しないという実務の起源は，同一性識別証拠はそれ自体で決定的なものであることから，陪審が類似性証拠を積極的な同一性識別と勘違いする危険から被疑者・被告人を守りたいという欲求の中から生じたものであろうと考えられる。我々の参考人のうちの何人かは，その点に関し現実の危険が存在すると考えていた。もし陪審が積極的な同一性識別ですら決定的なものとして扱わないように警告されるのならば，保護の必要性は減少するということもありえよう。だが，我々は，類似性証拠が明らかに関連性を有し，かつ，非常に公正であると判断される事件もありうると考える。例えば，主に情況証拠に依存する事件ではあるが，犯罪場面で自分の見た男を積極的に識別できないものの目撃者も同時に存在するといった事件の場合，陪審は当然，証人の口から，その男が被疑者・被告人に何らかの形で似ていたかどうかが語られることを欲するであろう[1]。しかし，この証拠法のわずかな隙間は十分には定義されていない。我々は，この段階で制定法によってその点を規制すべく試みがなされるよりは，法廷の実務おいてそれがさらに発展させられることの方がより好ましいと考えている。それ故，我々は，とりたてて法の変更を提案しない。

(1) 我々は，裁判所が不許可にしないことによって類似性証拠が陪審の前に示された事件を見いだすことが難しいとは思っていない。トッド事件(CA, 20 May 1974,

unreported）では，訴追側は主に情況証拠に頼ってはいるが，判決において控訴院は，「1人の証人，すなわち，ハワード婦人の必ずしも積極的とはいえない同一性識別があるのみである」と述べている。判決の前の部分において，控訴院は，「別な男でないとは言い切れないという言葉によって修正されてはいるが，彼はその男たちの1人によく似ていたというハワード婦人の暫定的な証言」を引用している。レイク事件（CA, 15 November 1974, unreported）において，控訴院は1人の証人について言及しているが，彼は同一性識別パレードに参加し，同じような体格の男として上訴人を選び出している。しかし，積極的に犯人であるとは述べていなかった。

4.10 したがって，本報告の真の対象となるのは第1類型のみである。この類型は，通常，「視覚的同一性識別」と呼ばれることによって，他の同一性識別方法から区別される。この呼び名は，必ずしも正確な表現ではないかもしれないが，ここで示された証拠の性質，すなわち，観察による証拠という性質を表わしてはいる。我々が本報告で答えなくてはならない問題は，被疑者・被告人の保護のためには，この類型の証拠が法律上あるいは実務上特別な扱いを受けるべきか否かという点にある。その意味で，我々の関心は，証拠のなかでも訴追側の証人の方に限定される。その証人とは，被疑者・被告人を，以前に犯罪現場で，あるいは，その人間を犯罪に結びつける状況において見た人物と同一であることを確認したもの，あるいは，例えば同一性識別パレードのような何らかの前段階において，そう確認したと主張するものである。我々は，「視覚的同一性識別」という表現は，上述の観点から定義づけられることが可能であると考える。そのため，以後，我々はこの言葉を上記の制限された意味で用いる。また，簡潔さのために，「犯罪状況で」という言葉は，犯行現場や関連する全ての状況を含むものとして用いる。

4.11 視覚的同一性識別証拠の信憑性は，再認力，すなわち，観察力とそれに引き続く記憶力に依存する。再認力は，証人が見た人物を既に見知っている場合により大きくなるであろうことは明らかである。しかし，既知性は全ての問題を払拭するものではない。相手を知っているということは，証人がその相手の顔を記憶する能力の点において万全であることを意味するかもしれない。しかし，彼の観察力の方はそうではあるまい。人は相手をはっきりと見た場合には，よく見知った顔を見間違える可能性は低いであろうが，一瞬ちらっと見ただけでは間違ってしまうかもしれないのである。我々は，この種の事例を上述の定義から排除すべきか否かを検討したが，排除すべきではないとの結論に達した。というのは，その場合も信憑性の問題が完全には除去されていないからであり，さらには，以前にその人間を単に見たことがあるにすぎないにもかかわらず，知っていると主張するものの場合から既知性を区別することが困難だからである。我々は，被告人・被疑者を以前に目撃していた証人がその被告人・被疑者を見間違えるといった事例を多く見いだしている。

知人同定に関わる問題点

　知り合いと思い声をかけようと思った瞬間に，全くの人違いであると気づきはっとしたという経験はないだろうか。熟知している人でも，常にその識別が正確とは言い切れない。これは犯罪の目撃でも同じである。例えば，通常目撃者と被目撃者が親しい関係であれば，多くの場合，その証人の識別は正確であり，信用できると言われる。だが，現実には見知らぬ人を知人と見間違う可能性は十分に考えられるし，実際に親族や同級生を犯人と誤認した裁判事例も存在している（浅井，1998；仙波ら，1999）。

　では，知人の識別証言にはどのような問題があるのか。大きく3つの点を挙げることができる。第1の問題は，上記のような状況にもかかわらず「知っている人物の識別は正確であり見間違わない」という経験則が裁判上過度に信用されているという点である。この点に関してはこれまで様々な批判が存在してはいるものの（例えば，渡部，1992），未だ裁判実務で十分に考慮されているとはいえない。第2に，「目撃者の確信度」の問題がある。知人を目撃したとする場合，目撃者は既にその人物を熟知しているため，たとえ実際に目撃していなかったとしても目撃者自身の「見た」という思い込みだけで，正確さに関係なく強い確信が形成されてしまう。従来，確信度は正確な認識を根拠として生じるものと考えられてきた（コラム105頁参照）。そのため確信度は判断者が証言の正確性を判断する際の重要な指標であり，最も重視する要素である（Lipton, 1996）。しかし，この場合確信度のみに依存することは重大な誤認を引き起こす危険性がある。第3の問題は「面通しの効果がない」点である。面通しは，現実に見たものを再確認する手続きとして使用され，諸外国では制度として保証されてきた（コラム174頁参照）。しかし，知人の目撃は勘違いであれ，見た相手が誰であるかを既に認識しているため，この検証手段が功を奏さない。実際，実務において，知人の目撃証言に関しては，犯人を特定する手続きなしに証言の信用性を肯定しているという指摘もある（仙波ら，1999）。この点でも，有効な検証手段のない知人の目撃は，誤認を引き起こす危険性が高い。

　これらの点を考えるならば，あらかじめ知っているという事実が真実を覆い隠してしまうという現実があることを十分理解した上で知人の目撃証言を取り扱う必要性があろう。

第4章　公判での証拠と手続

その中には，警察官が被疑者に見覚えがあると主張していたが，彼が以前本当に被疑者を見ていたかすら疑わしいものさえ存在した。

　　ある証人は，侵入者たちが陳列窓を破り陳列品を奪うのを目撃したが，彼はその賊の中の1人が5年前からニックネームを知っている男であることに気づき，その後の追跡過程でその男の横顔をみて，それをさらに確認したと主張した。その被告人は，再公判で無罪となったが，その再公判では，別途アリバイ証人が呼ばれている（W事件，1964年）[1]。

　　暴行事件の被害者であった車庫番は，攻撃される少し前に，彼がよく見知っているXがバスの車庫の近くに立っているのを見たように思った。彼は，その後，Xを暴行犯であると積極的に確認し，「その男が私に近づいてきたとき，私にはそれがXであることがわかった…攻撃されている間に私は，私を攻撃している人間の顔を見ました。私はその顔を思い出すことができます。それはX氏です」といっていた。Xは，他の人間がその犯罪を犯したことを確かな形で自白したことがわかり，無条件恩赦を得ている（X事件，1969年）。

　　白昼の強盗を目撃した警察官が，事件の2日後に，一味のうちの1人は数年前から顔も名前も知っている男と同じ人物であると主張した。その後，その証人は被告人を見かけたことがあるにすぎないことが明らかになった。被告人は，他の人間がその犯罪を犯したことを確かな形で自白したことがわかり，無条件恩赦を得ている（Y事件，1962年）。

　　盗品のバターを積んだタンクローリーを止めた警察官の1人は，タンクローリーが近づいてきたときに，運転手が被告人であることに気づいた，と話していた。しかし，その後の質問は，その警察官が，その違反の前には，彼が見たといっていた男を見ていなかったことを明らかにした。別の証拠が被告人のアリバイを支持し，有罪は崩された（Z事件，1949年）。

[1]　本書88頁（原文では66頁）の（注記）参照。このパラグラフのアルファベットは，付録Gの表Ⅱの順番に続いている。

(2)　最近の研究

4.12　最初の課題の1つは，我々が証拠法上特別の措置を講ずべきか否かを判断するにあたって，裁判心理学や法社会学あるいは心理学一般や社会学一般の最近の研究が手助けとなるような光明を同一性識別力の問題上に投じているか否かを調査することであった。記憶や想起の過程に関する心理学研究は，同一性識別証人に十分

本当の記憶とは

　ある日，突然，警察署に連れていかれ，昨年の10月25日に何をしていたか，尋ねられたとしよう。朝起きた時間から，何時にどこへ行き，何をしたかを全部，夜まで通して，即座に答えられる人はいないだろう。それどころか，何をしたのか，まったく思い出せない人がほとんどではないか。もし答えられるとしたら，警察が疑っているように真犯人であって，逮捕されるのに備えていたのかも知れない。

　それはともかく，思い出すよう強く言われ，本人がその気になれば，その日にどんなことがあったか，それなりに分かってくる。その日は何曜？平日なら仕事だ。家はいつも何時に出る。その頃はこんなことをやっていた。時間をかければ，1年前でも，先週のことのように「思い出せる」が，これは本当の記憶なのだろうか。

　次のコラムで述べるように，ロフタスたちの研究は，私たちの記憶が容易に変容し，あまり信頼できないことを示している。そのような結論を出しているのは彼女たちだけではなく，記憶の心理学的研究が始まった，1世紀以上も前から，よく知られている事実である。これは単に記憶が変容してしまうということだけを意味しているのではない。記憶はもともと，写真や録音・録画のように，現実にあった経験がそっくりそのままコピーの形で保存されているわけではない。主要な，必要な部分だけが貯蔵され，思い出されるとき，内容が付け加えられ再構成されるのである。

　主要な部分だけ，必要に応じて記憶されるのだから，覚える時点（例えば目撃時）の注意のあり方によっても，記憶内容が大きく影響を受ける。記憶する人によっても，覚えていることに大きな違いがあるはずである。

　だから1年前のことを，さまざまな手がかりをもとに，論理的に考え時間をかけて「思い出す」のも，つい先ほどのことを思い出すのも，どちらも本当の記憶である。それ以外の「本当の記憶」は存在しないからである。確かに1年前の記憶なら再構成されることが実感できるが，そうでない記憶，例えば学校で勉強するような知識，誰かの顔，物の色や形などは，あたかも厳密なコピーが存在し，どこからか，それがわき上がってくるかのように感じる。しかし，現物と対照してチェックすれば分かることであるが，それはそう思えるだけで，実際は違う。問題にすべきは，本物であるかどうかでなく，どれだけ正確に現実と合っているかなのである。

第4章 公判での証拠と手続

な注意をもって接することが必要であることを強調している。出来事に関する人間の観察は，それ自体，当該出来事からもたらされる感覚データと，観察者自身の諸知識，態度，そしてその瞬間に心の最上位にある先入観などの外界への期待といったものとの相互作用を内包する解釈過程である。その後の想起過程も同じように，観察者の出来事についての知識とそれ以後の環境からの要求との間の相互作用を含んでいる。過去75年間における多くの実験は，これらの諸要素が直面した出来事の細部や核心部分を想起するにあたって証人の能力をどれほど歪めうるかを示してきたし，人間の平均的記憶力の低さを一般的な形で示してきた。そのような一連の研究のうちの2つが，最近，一般大衆にも知られるようになった。1つは1974年5月19日付けのサンデー・タイムズの紙面であり，他方は，「目という証拠」というテレビ番組である。後者は，ヨーク大学のローリー・テイラー教授の指導のもと準備され，1974年2月19日にはじめて放映されている[1]。これら全ての実験からのメッセージは，平均的証人の正確な想起をなす能力は非常に限られている，というものである。

(1) ドイツ及びアメリカにおけるより初期の実験の概観は，D. S. Greer の論文に含まれている。*Anything but the Truth? The Reliability of Testimony in Criminal Trials* (British Journal of Criminology, 1971, 11, 131)．サンデー・タイムズの記事は，アメリカで行われた実験を要約している。その全報告は，J. Marshall, *Law & Psychology in Conflict* (1966) で報告されている。スウェーデンにおける同様の実験は，A. Trankell, *Reliability of Evidence : Methods for Analysing and Assessing Witness Statements* (1972) で報告されている。

4.13 こういった研究のほとんどは，証人の出来事や事件についての観察力の問題に焦点を合わせたものであった。顔の想起能力に関する研究のいくつかは，顔の想起能力も，少なくとも事件の想起と同程度に限界のあるものであることを示唆している[1]。さらに特別な要素，例えば，目撃された犯罪者が証人の知っている誰かに似ている，あるいは，一定の特徴の組み合わせが観察者に対して持つ情緒的重要性といった要素が，顔の想起にあたってさらなる困難さを生み出す可能性もある。それ故，ブロードベント博士とハンター教授のいずれもが，知覚過程は非常に秩序づけられており，見知らぬ人物を知っている誰かとして識別する方向での明確なバイアスが存在する，という見解を示している。前述のテレビ番組では，35人の証人によって目撃された1つの事件が扱われており，彼らが事件の詳細を思い出すことができるかを検証することにおもな関心が向けられていた。番組の後半においては，視聴者が証人役を演じ，事件にかかわった4人のうちの1人が入った同一性識別用のラインアップが実施されている。このラインアップでは35人の目撃者中15人がその人間を見つけることができなかった。委員会の注目を引いたもう1つのテレビ番組では，ハンプシャー警察がワイト島行きのフェリー上で1つの実験舞台を演出している。そのフェリー上で，乗客は，乗船しているはずの1人の男の写真を示され，

I 同一性識別:意義と本質

彼は警察に追われている旨を告げられ,その男を捜すように求められた。驚くことに尋ねられた人たちのうち,船を下りる際に,その男を見分けることができたものは1人もいなかった。しかし,問題の男は乗船しており,撮影画面は質問を受けた人たちの直ぐ近くを横切る際の男の姿を映し出していたのであった[2]。

逆の危険性,すなわち,証人が「間違って積極的に」同一性を確認したと主張する危険性は,1975年11月24日に放映されたグラナダテレビの番組「ワールド・イン・アクション」の再現実験によって示された。その番組では,31%のボランティアが,間違った同一性識別をなし,模擬同一性識別パレードの中の1人の男を3日前待合室で偶然見たある人物であると答えていた[3]。この危険の現実性は争いえないものであろうが,我々は,実験状況と現実の犯罪状況との間の相違についての十分な分析なくしては,これらのデータから正しい結論を導き出しうるのかは疑問であると考えている。

(1) 例えば,K. R. Laughery, J. F. Alexander and B. Lane, *Recognition of Human Faces : Effect of Target Exposure Time, Target Position, Pose Position and Type of Photograph* (Journal of Applied Psychology, 1971, 55, 477-483)。
(2) 番組「Take it From Us」は,ハンプシャー警察隊の協力による南部独立テレビの番組で,1967年8月8日に最初に放映されている。我々は,このフィルムの複写の作成にあたってはザンダー氏のお世話になった。
(3) この実験は,タビスドック人間関係研究所によってなされたが,その完全な分析は,委員会の検討の時期には間に合わなかった。実際のパレードから得られた付録B,DそしてG(表II)のデータは,パラグラフ4.30で述べられる事件とともに,同様の危険性を示している。

4.14 研究者の何人かは,異なる属性の証人の信憑性を検証しようと試みてきた。例えば,マーシャルは,法学生,警察訓練生,さらには,そのほとんどがわずかばかりの生活保護にたよって生活している隣保館の低収入の人々といったいくつかの集団を被験者に用いている[1]。しかし,この研究の大半は特に同一性識別に向けられているわけではない。さらに,事件の詳細を想起する証人の能力や顔を記憶し想起する個人の一般的能力に関する研究も,これまで,法廷での証人の信憑性評価に利用可能な結論をもたらしてはいない[2]。他方,ある特定のものに関する諸研究は,一般に共有された直感をもとに広く受けられている事柄に対し貴重な裏付けをもたらしてきたようにみえる。例えば,諸実験は,ある人種集団の人間は,自分自身の集団以上に,他の集団のメンバーを識別するのが難しい点を明らかにしている[3]。この点は,裁判上もある程度指摘されてきたことである。例えば,ルイーズ事件[4]やジョン事件[5]がその例である。それは,全ての中国人はみんな同じに見えるといった形で簡単に陪審に伝えることができる事柄である。

証人は催眠状態の方が被疑者の特徴をより正確に想起することもまた示唆されてきた。ハワード博士は,催眠にかけられることを同意した重要証人から,催眠を用

いなければうることのできなかった1000語の記述を引き出すことができた例を我々に話してくれた。しかし，我々は，他国の裁判では，証人が事件の詳細を思い出すのを助けるために催眠術をしばしば用いることは知っているが，犯行現場で見た誰かを記述する人間の能力を改善するためにそれを利用することに関する体系だった調査については聞き及んでいない。

(1) Op. cit., p. 42.
(2) T. H. Howells, *A Study of Ability to Recognise Faces* (Journal of Abnormal and Social Psychology, 1938, 33, 124-127) が参照されよう。
(3) R. S. Malpass and J. Kravitz, *Recognition for Faces of Own and Other Race* (Journal of Personality and Social Psychology, 1969, 13, 330-334).
(4) 90頁注(1)。
(5) The Times, 17 May 1975.

4.15 我々の課題のもつ心理学的側面に関しては，今後の探求に向けて多くの課題が示されたといえる。特に，人間の心理的能力に対する学術的研究と法による裁判の実践的要請の間には，ギャップが存在することが示されてきた。心理学的研究の結論が広く十分に受け入れられ，手続の変革の基礎として裁判過程の要求にみあう段階にはいまだ達していないことが示されてきたように思う。そのような視点から，我々は，心理学に基づく洞察が同一性識別パレードの実施や同一性識別証拠にかかわる全ての法廷実務に有益な方法を確立するための研究可能性が模索されるべきことを期待する。我々は，そのような研究は，適格性の高い心理学者のみならず，内務省，法曹及び警察からの参画を必要とするであろうと考えている。

(3) 視覚的同一性識別の方法

4.16 証人が犯罪者の名をあげることができない場合には，被疑者を発見し，特定するために次のような方法が一般に採用されている。

(i) 証人が，路上あるいはその他の場所で，偶然に犯罪者を見かける。このようなことは，犯罪から1日あるいは2日後に起こることもあるが，場合によっては，数ヵ月後に起こることもある。

(ii) 証人が，1人であるいは警察官をともなって，犯罪者を発見すべく犯罪直後にその地区を探し回る。証人が2人いた場合，彼らは別のパトカーに乗せられるであろう。これは，大勢の人がいる場で暴行や強盗が行われた場合にしばしば用いられる方法である。

(iii) 犯罪者が警察官の手によって捕まえられたが，逃走した場合，警察官はその犯罪者を追跡し，直ぐに逮捕する。我々は，後述のパラグラフ**4.69**において，そのような「激しい追跡」の事件と適切な同一性識別との関係について議論する。

(iv) 警察官に同伴された証人が，犯罪者が現れそうな大勢の人がいる場所，

ロフタスたちの目撃証言研究とその後

　1970年代になると，米国ではロフタス（E. F. Loftus）たちによる目撃証言の研究が始まった。記憶もずっと心理学の主要な研究分野であったが，それまでは実験室の十分に統制された条件のもとで，どちらかと言えば無味乾燥な材料を使う研究が多かったのである。そのような研究では，人間の記憶の特徴の一部しか扱えないという批判が出始めており，実験室でなく日常の自然な状況の中で，意味ある材料を用いた記憶を研究しようという気運が高まっていた。目撃研究の再発見である。

　ロフタスたちは，例えば自動車事故の映像を見せ，その後で事故時の走行速度を推測させた。いくつかの回答者群に対し，それぞれ違った単語を使って質問したのである。つまり，衝突した，ぶつかった，あたった，など。このような微妙な違いにより回答が異なった。さらに，衝突がはげしかったと推測されると，後でそれに合わせて，実際は映像になかったことを見たと回答する傾向が生じたのである。

　このことは，目撃者への質問によって，出てくる答が異なるだけでなく，記憶そのものを「変容」させてしまうことを意味する。実際にあったのとは違った事実を「思い出し」，なかったことをあったとして「証言する」可能性を示唆する。しかも，当然のことながら，本人はこの変化に気づかない。変わったと自分で分かるくらいなら，変化は起こらないのである。

　ロフタスたちは，実験に参加した学生の多くに，実際にはなかった，子ども時代の出来事について，「偽りの記憶」を植えつけることにも成功している。「誤導情報」の影響を次々に実証し，すでに多くの人が「疑っていた」ことを証明したのである。つまり，目撃証言はあまり信頼できない。本人も知らないうちに，内容そのものが変化してしまうのだから，本人が「思い出せた」「正しい」と感じる確信度も，多くの場合，証言が正しいことの保証にならないのである。

　ロフタスは数多くの裁判で専門家として証言しているが，その基本はここで述べたような実験である。その結果をもとに，どのような場合に，出来事についての証言が間違いやすいのか，人物の誤認が起こりやすいのかを，陪審に解説する。最近の目撃研究では，ロフタスたちのような研究だけでなく，パレード（ラインナップ）の実施手続に関するものが，特に盛んになっている。（コラム174頁参照）

例えば，工場の門を出てきた群衆や職業安定所の外などを探し続ける。
　　この方法は，警察が被疑者への手がかりをもたない場合に通常用いられ
　　るが，場合によっては，特定の人間に対する警察の嫌疑を確認するため
　　にも用いられる（例えば，被疑者がパレードへの参加を拒んだ場合など）。
　(v)　証人が犯罪を犯したと思われている人間を含んだ写真の選択肢を示さ
　　れ，犯罪者の写真を選び出す。
　(vi)　警察署や他の場所で，証人と被疑者との単独面通しを仕組む。
　(vii)　証人が正式な同一性識別パレードの中から被疑者を選び出す。
　(viii)　警察に取り押さえられた被疑者が同一性識別パレードに加わることを
　　拒絶した場合，証人は他の多くの人が被疑者と一緒にいる場所に警察に
　　よって連れて行かれるであろう。

4.17　上述の2番目と3番目の状況を除けば，全ての状況において，犯罪が起きて
すぐに証人が同一性識別をなすであろう保障は存在しないことが明らかである。そ
こで，たとえ識別がなされたとしても，多くの事件においては，犯罪の目撃とその
後の同一性識別との間の時間の経過により，証人の記憶が損なわれてはいないかを
我々は検討した。一定の事例に関してはその危惧が当てはまった一方で[1]，データ
に用いた証拠は，大多数の事件においてはそれが重要な要因ではないことを示唆し
た。内務省から提供された36件の事件には（付録G），犯罪の日と最初の同一性識別
の日との間のインターバルを知るために十分な情報が含まれていた。36事件の平均
経過時間は30日であることが見いだされたが，時間経過が100日を越える事件3件
を除いた場合には，残りの33事件の平均インターバルは9.5日であったし，22事件
においては，犯罪が生じてから1週間以内に証人が犯罪者を識別していた。
　(1)　1つの事件では，強制猥褻にあたる行為を受けた2人の少年が，8ヵ月後にそ
　　の地域で会社のゴミ運搬車を運転していた男を見て，その男が犯人であると識別
　　した旨を主張している。その少年たちが間違いを犯していたことは，別な男が自
　　白したことによって明らかにされた。

(4)　安全対策の必要性

4.18　前節では警察の手続に触れた。そこには，視覚的同一性識別証拠を他種の証
拠から区別して扱う特別な法的手続は存在しない。しかし，視覚的同一性識別証拠
は，特殊な性質の証拠であり，安全対策のもとにない限り，誤った有罪判決という
重大な危険性を生み出す原因になるとの主張がなされている。そのような見解に
とって，この視覚的同一性識別証拠はどのようなものなのであろうか。

4.19　その点に関し，明確な統計上の証拠をえることも不可能なことではない。
1973年から74年にかけて上訴された事件についての調査は（付録H，表Ⅳ），1973年

I 同一性識別：意義と本質

では361件中29件，1974年では224件中38件で同一性識別が主要な争点であったことを示している。しかし，これらはわずか2年間にしか及んでおらず，しかも，その間のパーセンテイジは大きく異なっており，両者の平均（11.4％）はかなり信頼性に欠ける指標であるという点も注意されなくてはならない。さらに，11.4％という数値が高いと評価されるべきか，低いと評価されるべきかに関して参照されるべき適切な議論も存在しない。

4.20 しかし，視覚的同一性識別証拠は特別な弱点をもつという見解が現在では識者のなかで有力なものになりつつある。前述のパラグラフ**4.12-14**で，我々は心理学者の研究について指摘した。それらの研究は，英国学士院会員であるブロードベント博士の結論，すなわち，知覚や想起といった行為は，受け手の首尾一貫しない合理化に対応しなくてはならないが故に，同一性識別の領域における確実性は到達困難なものである，という指摘に要約される。この結論は，ベック事件[1]以降，この問題を研究し続けてきた練達の法律家の意見によっても支持されている。ベック事件の報告書は，個人的印象に基づく同一性識別に関する証拠は，いかに誠実なものであろうとも，おそらくは全ての種類の証拠のなかで最も信頼することのできないものであり，それ故，他の事実によって支持されない限りは，陪審の評決のためには危険で不十分な根拠である，と述べていた[2]。

(1) アドルフ・ベックは，多くの女性に対し詐欺を働いたとして，2度にわたり（1896年及び1904年）有罪判決を受けている。彼は，最初の事件では11人，2番目の事件では4人の女性によって，それぞれの事件におけるずうずうしい詐欺師として，誤まって識別されている。2度目の公判の直後に真犯人が発見され，ベックは無条件恩赦を受けている。
(2) Cd2315, page vii.

4.21 ＣＬＲＣは，第11報告書のパラグラフ**196**において，「我々は，誤った同一性識別が，これまでのところ，現実のあるいは潜在的な誤判のもっとも大きな原因であると見なしている」と述べている。同旨の法格言は数多く存在する。アイルランド共和国の最高裁は，評決が同一性識別の正確性に実質的に依拠している事件においては，いかなる場合も陪審は特別に忠告されなくてはならないという判断を下している。イギリスの裁判官も，アイルランド共和国ほどではないものの，同一性識別事件は困難なものであり，苦悩を伴う事件であると指摘してきた。1974年，控訴院のズカーマン裁判官は，同一性識別証拠を裁判所はどのように扱うべきかという議論の沸きたつ問題について語り，人間の知覚領域のなかで，人を識別する以上に誤りやすい領域は存在しないことは衆知の事実である，と付け加えている[1]。1974年のマジストレイト協会への教書のなかで，主席裁判官は，同一性識別証拠が，おそらく，小さいがもっとも致命的な弱点であろうとしている[2]。公訴局長のノーマ

第4章　公判での証拠と手続

ン・スケルホーン卿は，我々に提出した報告の中で，同一性識別証拠を「イギリス司法のアキレス腱」と呼んだ。ガーディナー卿の言葉は，前述のパラグラフ**1.24**において引用した通りである。

　(1)　In *R*. v. *Dunner*（CA, 4 October 1974, unreported）.
　(2)　*The Times*, 11 October 1974.

4.22　特別な対応についてのもう1つの議論として，社会の中の特別な集団，すなわち，前科者の集団は，誤った同一性識別の危険にとりわけ無防備であるといった指摘がある。犯人未確認の苦情が警察に持ち込まれたとき，ドーティー事件やヴィラーグ事件でもそうであったように，警察は当該犯罪類型と結びつく人間の記録を探ることから調査を開始する。この調査が，写真による同一性識別に至る可能性があり，その写真による同一性識別が，ドーティー事件において指摘した諸理由（パラグラフ**2.25-26**）から，被疑者・被告人をさらに不利な立場に追いやる。ところが，善良な人間の場合には，その人間の写真が警察の記録の中に見いだされることがないだけではなく，やろうと思えば，彼は，自らの性格を証拠のなかで述べることができる。そして，彼がその当時に別な行動をしていたことに関して，補強証拠なしでも説得力のある説明をなすことができた場合には，いかなる重罪に関してであれ，補強証拠のない同一性識別証拠が彼をうち負かすことはほとんどありえないのである。

4.23　さらに注意されるべきことは，一般の人が，通常は大々的な報道を受ける誤識別によって，著しく混乱に陥れられる点である。その理由は，そのような事件においては裁判の誤りが際立つからであろう。他の類型の誤判においては，被疑者・被告人は，最終的には無罪であることが解るとしても，あわてたり，不注意な形で行動したり，火で遊ぶなど彼の苦境のもととなるような形で行動しているといったことがしばしばある。誤った同一性識別の場合は，いかなる意味でも落ち度のない人が不正義に悩まされるのである。

4.24　同一性識別証拠は何ら特別な扱いを必要としていないと考えるものもいるかもしれないし，いかなる類型の事件であれ，わずかながらは誤判の可能性はあり，同一性識別事件の場合が他の場合よりそれが高いわけではないと考えるものがいるかもしれない。しかし，そのような見解は，我々に提出された報告の中には見いだせない。諸報告は，支持であれ不支持であれ，それは特定の改革に対して示されている。改革を支持するものは，当然，特別な安全対策が必要であると考え，改革に反対するものは他の特定の理由から反対している。その意味で，我々は，同一性識別証拠は何ら特別な扱いの必要はないという意味を持つ一般的な意見表明は何ら受け取っていない。

確信度と正確度の関係

仮にあなたが陪審員になったとして，殺人事件について以下の2つの証言を聞いたとする。

甲さん「犯人はXだ。Xが被害者を殴ってるのをこの目で見ました！」

乙さん「犯人ですか？　わかりません。遠くで見ただけですから。でも，Yさんのような気もします」

この時あなたは，XとYのどちらが犯人だと思うだろうか？

おそらくXさんが犯人だとする証言をより確かなものと考えるだろう。

乙さんの証言はおぼつかない。乙さんの証言で犯人を決めるのはマズイ気がする。それに比べると甲さんの証言は確信に満ちている。

しかし，自分の体験を思い起こしてみよう。絶対に正しいと思ったことが常に正しかっただろうか？　そんなことはない。人違いとかスケジュールの記憶違いとか，自分では「絶対だ！」と思っても，それが違っていたことはある。つまり，記憶に関する確信度とその記憶の正確度には関係があるとは言い切れないのである。

さて，「ニューヨークタイムズ（2000年6月18日付）」は，「私は確信していた，でも間違っていた」と題するZさんの手記を掲載している。最近，アメリカのテキサス州で目撃者1人の証言のみで殺人事件の犯人された人が死刑に処せられた。Zさんはこの事件にあたって「目撃証言のみに基づく判決」の危険性を訴えたのである。

というのも，彼女には苦い経験があったからである。彼女はレイプされた。その時，その犯人の顔を「すみずみまで見尽くした」。警察に訴え，犯人を同定した。自分の記憶に何の揺らぎもない。そして，犯人は有罪となり服役した。一度，この事件の真犯人であるらしい人が現れたが，Zさんは，それは違う人だと主張した。しかし，近年になってDNA鑑定を行ったところ，Zさんをレイプしたのは，後の方の人だった。この人は11年間にわたって無実の罪で獄につながれていたという。Zさんはこの自分の誤りをあえて告白してその危険性を訴えた。

「経験者の記憶があてにならない」というのは困った事態である。しかし，この件についての対処方法ははっきりしている。

目撃証言のみに基づいた有罪判決は回避する。たとえ証言者が確信を持っていたとしても。本書でも強調されていることである。

4.25 我々自身の見解では，同一性識別は法律上特別な対応が必要であると考えている。それは，まさに，同一性識別は真実性を評価することが特段に難しいという点において特異な性質をもつ証拠だからである。同一性識別は通常のテストを受け付えないものである。証人をテストする2つの方法には，一貫しているかという証言内容に関するものと，証人が正直で信頼できるように見えるかという，証人の態度に関するものがある。裁判心理学者のみならず，法律実務家の間でも，目撃証言は詳細に関してはかなり異なりうることがよく知られている。しかし，通常，裁判所が事件や出来事についての結論に達する際には，細部にわたり全てを明らかにしていなくはならないわけではない。全体としては，証拠の中から，争点となった部分を確定するために必要な範囲での話が引き出されれば十分である。しかし，同一性識別証拠の中には何の物語もない。争点は，1つの観察に依拠するのみである。明るさの程度，目撃の位置，対象からの距離などは，それらが，証人が想像に基づいて語っているに違いないことを示しえたときには有益なものである。しかし，それ以外の場合で，信頼性の高い，確信のある回答が存在する場合には，上記の点は証言評価にとってほとんど価値を持たない。態度は一般的にいって，全く当てにならない。顔を記憶する能力は個々人ごとに大いに異なる。しかし，証言台では，その証人がどの程度の能力を持っているかを確知する方法はない。その点の検査のために成功や失敗の記録をとっているものはいないのである。もし，ある人が自分は記憶力がよいと思っているが，現実にはそうでない場合，その事実はそれ自体としては態度に現れないであろう。自分の行った同一性識別が真実であることを確信し，かつ，陪審に対して真実への確信を伝えることのできる証人は，間違いを犯したことを見つけだされることはそう多くない。たった1つの間違いでも決定的なものでありうる。というのは，補強証拠のない同一性識別事件の場合，評決は，1つの事柄に基づいてなされなくはならないからである。すなわち，目撃や把握時における間違いの危険性は，結論が多くの観察に基づいてなされている場合ほどには分散されていないのである。

4.26 このような状況の下，我々は証拠法の改正にむけての3つの提案を受け取った。それぞれは，視覚的同一性識別証拠を性急に受け入れることを防ぐための安全対策として考えられたものである。それらは，以下のようなものであった。

　　陪審は，法律問題として，補強証拠なしには有罪評決を下さないように指示されるべきである，というもの。

　　陪審は，補強証拠のない有罪判断の危険性を特に注意されるべきである，とするもの。

　　被告人が被告人席にいる場合の同一性識別は,例えば,同一性識別パレードのような統制された条件下で，証人が事前にその人間の同一性を識別したとき以外は許容されない，とするもの。

これらの提案を個別的に取り上げる前に，我々は，補強証拠について一般的に検証を加えてみたいと思う。

II　補強証拠：歴史と議論

4.27　補強証拠に関する刑法上の，もっとも最近かつ権威のある検討は，ＣＬＲＣの第11報告書のパラグラフ174から208に見いだされる。特に，パラグラフの196から203は，同一性識別証拠の補強証拠について論じている。その報告は，被疑者・被告人を犯罪に結びつける，あるいは，結びつける可能性を示すことによって，被疑者・被告人に影響を及ぼす独立の証言という，補強証拠の古典的定義を承認している。そしてそれは，刑法上，補強証拠の必要性が２つの異なる視点から生じることを指摘する。１つは，一定の事件類型に関し，成文法によって課されたものであり，それ故，それは絶対的なものである。しかし，他方，それはまた裁判官によって間接的な形でも課されてきた。すなわち，後者のそれは陪審への警告という形をとっていた。その警告とは，当該事件について危険性なく有罪判断を下すことができるという条件を満たす場合は可能であるいう説示はつけ加えるものの，補強証拠なしの有罪判断は一般的にいって危険であるという警告である。

4.28　この種の説示の有効性は批判の対象となってきた。第11報告書は次のように述べる。すなわち，「弁護側の視点からみると，有罪判断を下すことは危険であると陪審に対して警告した裁判官が，さらに進んで，それにもかかわらず，彼らが有罪判決を下す可能性があると述べることができる点において，この説示は不合理であるといわれる。確かに，説示は注意深く見ると，問題となっている類の証拠に基づいて有罪判断を下すのは一般的に危険であるが，特定の事例については何の危険性もないことを意味している。しかし，この区別は微妙なものである。」この種の説示はまた，法の変更によっても影響を受けてきた。上述の説示は，陪審が，個々の事件において上述の一般的な危険が当てはまるか否かを判断する最終判断者であるという前提に立脚している。しかし，1966年以後，陪審はもはや最終判断者ではなくなった。1968年の刑事上訴法の第２条は[1]，現在，事件の全ての状況を勘案して，評決が「危険又は不満足」と控訴院が考えたときには，控訴院が上訴を許すことを要求している。

(1)　Cmnd 4991, Paragraph 181.

4.29　証言の独立性の要求は，二次的な独立証人の召喚を必要とする。しかし，その証拠は，直接的な補強証拠を提供する場合もあれば，間接的な補強証拠を提供する場合もある。証人は，直接的な補強証拠の場合，はじめの証人が観察したものと同

第4章 公判での証拠と手続

じ事実に関する観察を語り，間接的補強証拠の場合には，例えば情況証拠のような，被告人の有罪を推測させる何らかの証拠たる事実について証言をなさんとする。スコットランドでは，刑事事件における補強証拠の要求は，常に当然のこととして承認されてきた。その基本的要求は・被告人は少なくとも2つの情報源からの証拠によって罪に服せられなくてはならないというものである。決定的な事実は，常に補強証拠によって証明されなくてはならないが，それはすなわち，2人の証人よる直接証拠，あるいは，別々の証人によって語られた決定的事実を推測させるであろう2つ以上の証拠事実，またあるいは，1人の証人による直接証拠と別の証人によって語られたその証拠を支持する1つ以上の証拠事実の組み合わせといったものである。

4.30 誤った同一性識別に関する多くの代表的判例のなかに，第2証人からの直接証言の形態での補強証拠が存在する。ベック事件においては，彼にだまされたと称する15人の女性が，それぞれ独立して彼の同一性を確認している。スレイター事件においては，(適切なパレードは行われなかったが) 12人以上，ワーナー事件においては17人が被告人の同一性を確認していた[1]。

　(1) オスカー・スレイターは，1909年に冤罪に服したが，それは，主には，殺人のあった家から出てきた人物と彼が同一人物であるとしたメイドと伝言役の少女からの証拠に基づいていた。他の12人は，以前屋敷内で物色している人物を目撃したが，彼がその男と同一人物であると確認している。スレイターの有罪判決は，服役19年後になって初めて無効となった。
　　チャールズ・ワーナーは，1912年に殺人罪で起訴されたが，彼は17人以上の証人によって，殺害された女性の会社で目撃され，かつ，彼女の家の近くでぶらついているところを目撃された不審人物と同一人物であると確認された。公判前に，彼は覆しようのないアリバイを証明することができ，そのおかげで起訴は取り下げられた。
　　(ベック事件に関しては，103頁（原文では75頁）の注(1)を参照のこと)

4.31 これらの事例は，第2の目撃証言はさほど二次的な補強をもたらすものではないことを示唆している。そのような示唆は，ドーティー，ヴィラーグの2つの事件によってさらに確固たるものとなった。警察官が2人以上の組になって勤務しているときでも，彼らはパレードにおいて独立した同一性識別を行う。しかし，間違いが生じる場合には，彼らは同じ間違いを犯す傾向があるように見える。この傾向は警察官に限るものではない。ドーティー事件の場合のように，同一の事件に2人の証人が関与した場合には常にありうることである。第2証人の異なる場面における完全に独立した同一性識別のほうが，明らかにより強い証拠となろう。

4.32 補強証拠に関して先に提示した議論は，2番目の証拠が目撃証人であること

を許容しうるものと考えているようにみえる。我々に対する提案の中で，あるものはこの点に区別をもうけたが，他のものは区別をもうけていない。補強証拠の要求を導入すべく主張した4団体は，「ジャスティス」，ソリシター協会，イギリス法律協会，市民的自由のための全英評議会である。後3者は，証拠の類型に何ら制限を設けていないが，「ジャスティス」は，補強証拠は「異なる種類」であるべきことを推奨している。すなわち，1人の同一性識別証人は，もう1人の同一性識別証人によって補強されるべきではない，としている。

4.33 補強証拠の要求を導入することによって想定される効果について，何らかの知識を得ようと我々は努力してきた。もちろん，実質相当数の同一性識別事件において，事実，補強証拠が存在した。過去において訴追側が勝訴した事件の何件，何パーセントが補強証拠の要求のもとでは敗訴しうるのかに関して確信をえたり合理的な推測をなすことは不可能である。我々は有識者である参考人にその見積りを促したが，当然答えの数は僅かなものであった。見積りをなしたものの評価は，ごく僅かなものから25％に至るまで様々であった。利用可能な統計上の証拠は僅かなものだったが，1973〜74年の間に控訴院で審理された事件に関する分析からは，ある程度の印象をうることができるであろう。その結果は付録Hに示されている。付録の表Ⅳは，同一性識別証人が主要な争点となった67件の事件を示している。そのうちの17件，すなわち，25％において，訴追側は1人の証人のみに依拠している。そのほかの11件では2人目の証人による補強証拠は存在するが，他の証拠による補強証拠はなかった。その意味で，28件（全体の42％）においては，「ジャスティス」がいう意味，すなわち，「別の種類の」補強証拠は存在しなかったことになる。28件の事件中，17件において上訴は認められ，11件が棄却された。したがって，もし，「別の種類の」補強証拠の要求が効力を有していたならば，17人の上訴人は，控訴院に上訴する必要性から解放されていたであろう。というのは，第一審において彼らは有罪判決を免れていたであろうからである。他方，現行法下では控訴院によって有罪とみなされた11人の上訴人は，公判で抗弁すべき主張を有していなかったということになろう。後者のグループは，現状では控訴院で有罪判決が支持されている同一性識別事件の31％を形成している。2年間の数値が価値をもつ限りにおいて，これらの点は，改革の成果を測る尺度についての一定のアイディアをもたらす。付録Bに添付された表は，特に，1973年において同性識別パレードに基づく訴追の数を扱ったものである。「ジャスティス」がいう意味での補強証拠のない起訴が347件あったことなろう。それらは，表Ⅰ（951件）に報告された全ての訴追の36％を形成するし，この数値は，控訴院事件（表Ⅳ）で別の種類の証拠が見いだされなかった事件の比率にほぼ匹敵するものである。表Ⅰの事件はもちろん略式事件を含んでいるし，さらには，有罪答弁事件を含んでいる。それに対し，表Ⅳの数値は，同一性識別が争点として激しく争われたのが明らかであり，かつ，上訴された起訴相当事

件のみに基づいたものである。表Iに報告されている有罪判決で，訴追が視覚的同一性識別証拠のみに依拠しているもの（258件）は，その表に報告されている全ての有罪判決の33％を構成する。

4.34 補強証拠の要求を課そうという主張には，簡潔ではあるが力強いものがある。そのような要求は，絶対的なものであれ，条件付きのものであれ，訴追が生来的な過ちを含んでいる可能性のある一団の証拠に基づいている場合には，明らかに救済手段となるものである。それは，議会や裁判所が過去においても通常適用してきた常套手段ともいえる救済方法である。そのため，いったん何らかの安全対策が必要であり，好ましいといった点が認められると，補強証拠は当然採用されるべきものであり，その批判者にとっては，反対の主張をなすのは非常に難しいことになる。

4.35 ここで，この要求が過去において採用されてきた目的を簡略に述べるのが有益であろう。その説明にあたっては，我々はR.N.グッダーソンが準備してくれた貴重なノートを拠り所としている。補強証拠が必要とされるもっとも一般的な3つの証言類型は，共犯者からの証言，性犯罪における告訴者の証言，そして子供の証言であった。これらのいずれもが，第2の犯罪目撃者を補強証拠とすることを排除するものではないが，この種の犯罪類型においては他の証人の存在が非常に稀であり，提出される補強証拠は何らかの情況証拠になる蓋然性が高いものである。共犯についての準則は，裁判官によって創出され，1788年までに定着した。その準則は警告以上のものでは決してなく，1788年に報告された1つの事例[1]では，共犯が補強証拠がないにもかかわらず陪審によって有罪とされていることは注意を要する。首席裁判官のアビンガー卿によってもたらされたこの準則の根拠は，共犯者の証言は免責特権の約束によって影響を受けるであろう，というものであった。他の2つの準則は，刑事控訴院の初期の時代に作り出された比較的近代的なものである。いずれの類型においても，準則は，制定法によって規定された特別な補強証拠の要求がより一般的な事例へ応用されたものであった。例えば，1834年の成文法[2]は，父子関係の確定事件においては，当該男性が自分の父親であるという母親の主張のような補強証拠を必要としていたし，1885年の制定法[3]は，例えば売春の斡旋のような多くの性犯罪に関して補強証拠の規定を置いていた。この子供に関する準則を性犯罪に関する準則から切り離すことは難しい。というのは，CLRC報告が見いだしたように，「幼い子供は性犯罪事件を除いては証言をなすように求められることがほとんどないからである」[4]。コモンローにおいては，宣誓のない供述は許容されない。したがって，子供は，宣誓の性質を十分に理解できるほどの年齢にならない限りは何らの証拠を提示することはできない。1885年の同法は，一定の性犯罪事件において子供が宣誓のない証言をなすことを許したが，しかし，その証言に対する補強証拠を要求した。その意味で，それ以後，証言が宣誓されたものであっても補

強証拠を探すように陪審が説示されたのは自然の成り行きであった。
　⑴　R. v. *Atwood & Robbins* (1788), Leach 464.
　⑵　4 and 5 W. IV c 76s. 62.
　⑶　Criminal Law Amendment Act 1885 (48 and 49 Vict. C. 96).
　⑷　Cmnd 4991, paragraph 208.

4.36　この要求に対する第1の反論，すなわち，上述の点に当然に従うことに対する第1の反論は，その確信の価値自体が低下してきたというものである。権威ある教科書の著者の何人かは，その厳格さを根拠に常にこの要求を批判してきた。ＣＬＲＣは，第11報告書において，共犯者及び子供による証言の場合に関し，この準則を廃止することを勧めている。彼らは，性犯罪事件においてはこの準則を保持することを勧めているが，それは，主には隠された危険性を根拠としている。すなわち，告訴人は，性的神経症，嫉妬，幻想，悪意，あるいは，今となっては恥ずかしいと思っている行為に自ら同意したことを認めることに対する拒絶などから誤った告訴をなすかもしれないといった危険性があるからである⁽¹⁾。この理由は，同一性識別証拠にも当てはめることができるように思われる。同一性識別証拠の場合にも，誤りを犯している証人が確信をもって語り，その結果有罪が導かれるといった隠れた危険性が存在するのである。しかし，ＣＬＲＣは，その場合において上記の要求を課すことには賛成していない。委員会での意見は，この両者が別々に記載されており，そしてその両方とも多数意見のみを表していた。もちろん，支持され発展させられてきた1つの準則を維持することと，類似の準則を新しい領域に適用することは別の問題である。
　⑴　Cmnd 4991, paragraph186.

4.37　ＣＬＲＣは，何が補強証拠となり，何が補強証拠となりえないかを判断するにあたって困難が生じてきた点及びそのような困難性が技巧的な区別をもたらしてきた点をも指摘する。特定の事件における特定の証拠が補強証拠となりうるほどの十分な価値を持つか否かという点に関する判例が存在したのと同様に，どの様な種類の証拠が補強証拠となりうるかに関する判例も存在してきた。裁判官は陪審に対して1つの証拠が補強証拠足りうるかを説示してきた。この点は法律問題であり，控訴院はその裁判官と異なる見解を示す可能性もあった。「これらの困難性は事実審理における多くの誤った裁決をもたらし，その結果として，有罪判決の破棄をもたらした」ことを委員会は見いだしている。
　⑴　Cmnd 4991, paragraph 180.

4.38　補強証拠の要求の一般的価値への疑問とは別に，それを同一性識別事件に適用することに対しては3つの原理的視点からの反対主張がある。第1の主張は，例

えば，覆面なしに接した誘拐犯など，観察の機会が長期にわたる事件類型，あるいは，例えば，信用詐欺師との何回もの面接など，観察の機会が多数回にわたる事件などの類型に集中した。また，例えば強姦犯が被害者と一定の時間を過ごすであろう事件も稀なわけではない。これらの点は，特に議論となる点である。というのは，例えば，いくつかの状況下では，バーン殺人事件のような有名な誤識別事件が何件か生じていたからである。バーン殺人事件では，約1時間半にわたり殺人者が証人の目の前にいたのであった[1]。そのような事件においても，さらには，危険性を認めたうえでも，補強証拠のない証言を完全に排除するのは間違いであろうといった主張がなされる。有識者の見解によっても支持されているが，盲目的な排除の結果，真に罪あるものを無罪にする場合が無罪者を有罪する場合よりも遥かに数の点で勝るであろうことが統計から合理的に推論することができるように思える。我々の正義の原則は，1つの冤罪でもさけることを目的としているが，その理想に対して支払われうる対価にも一定の限界があることが主張されている。偶然的な過ちの可能性は排除しきれないのである。もっとも忌み嫌うべき犯罪のいくつかは同一性識別証拠のみが提出可能な状況において行われるし，我々の参考人の何人かは，一般の人々は，そのような事件において，明らかに明白で強力な同一性識別証拠さえも陪審が考慮することを許されないようにすることを許容しないであろうと強く感じている。実際上，長期におよぶあるいは度重なる観察をも排除し，瞬間の一瞥と法科学研究所から得られる僅かな情報の方を許容する準則は正当化しがたいであろう。頻繁で時間をかけた観察を認める一方で，他方でとるに足らない情況証拠を排除するといった点に関しては，いかなる言葉でも提言はなされてこなかったし，我々も考えつくことができなかった。

　　(1) 事件は，1972年に起きたレストランの所有者パティエンス氏の夫人殺害に関するものである。殺された夫人の勇敢な娘であるパティエンスは，銃を持った男がパティエンス家のリビングにあった金庫の鍵を渡すように脅していた間，両親とともに2時間半にわたりその男の前にいた。パティエンス嬢は，自分自身発砲によって重傷を負ったが，その後，ジョージ・イシスをその犯人であると確認した。イシスの最初の公判において，陪審は全員一致にいたらず，2回目の公判において彼は無罪を言い渡された。その後，別の人間がその殺人事件で有罪判決を受けている。

4.39 上で検討した論点は膨大な量の事件に関わりを持つ。それは軽罪において補強証拠を要求することの効果の問題にかかわるものであった。膨大な軽罪事件の有罪判決が，補強証拠のない単独の警察官による同一性識別によって成り立っている。それらの事件に関し，現状では同一性識別が攻撃されることはほとんどない。しかし，ここにおいてもまたバランスの問題が指摘されなくてはならない。というのは，もし補強証拠が必要ということであれば，彼らは答弁不要の申立てをすればいいだけであり，補強証拠の要求は，膨大な数の軽罪事件の犯人に免責特権となってしま

うであろうからである。一般に示される例の1つは，交通違反の例である。「ジャスティス」は，我々に示した意見のなかで，違反車両とその所有者は確認することができるであろうし，その所有者によってそのときの運転者は確認されうるであろう，と述べた。しかし，最近導入された定額の罰金犯罪に関する所有者責任は，違反した運転者の追跡方法の実際上の困難さを端的に示すものといえる。そして，他にも所有者責任の規定が適用にならない多くの道路交通法違反が存在する。道路交通法違反以外にも，多くの路上犯罪事件や公共の場での秩序違反行為事件がある。それらにおいては，補強証拠の要求が上述の困難を引き起すのである。

4.40 この種の事件において補強証拠の要求が存在すれば，補強証拠を確保するために，多くの事件において警察官は逮捕をなすように駆り立てられ，犯人を警察署に連行するように駆り立てられるであろう。そこでは，写真や指紋を採ることができるからである。(推薦事項ではないが) 1つの提案がトーマス委員会によってなされている。それは，警察官は，事件のその場において犯人の同一性を確認するためにカメラあるいは指紋採取の器具を携帯すべきであるといった指摘である[1]。我々は，このような対応は警察官に不合理な責任を課すものであり，彼らによる同一性識別を進んで認める一般大衆の多くから深い憤りをかうであろうと考える。

　(1)　Cmnd 6218, paragraph 46.06

4.41 第3の論点は，重罪であれ，軽罪であれ，全ての種類の犯罪に当てはまる。明らかに信頼に足る同一性識別がそれ自体では有罪判決をもたらすのに十分ではないとすれば，被告人が自分が犯人であることを否定する場合には，自らの行為を説明するよう要求されるのみでは不十分とすべきではなかろうか。もしそれで不十分だということになれば，訴追側証拠の最後に答弁不要の申立てをすることに終止符を打つことになろう。そのような申立ての権利は補強証拠の要求の本質である。そのような観点からすれば，この要求は補強証拠が探求されるべきであるという警告とは異なるものとなっている。

4.42 このような議論の結果は，我々に見解を示してくれた人々の大多数が，この点に関しては，補強証拠の要求を課し，かつ公正であり機能的な準則を構成することは不可能であるという結論に至るであろうことを示している。これは，内務省の見解であり，法曹学院連合評議会，刑事バリスター協会さらにはマジストレイトを代表する両団体，警察を代表する4団体の見解でもある。首席裁判官は，補強証拠がない場合には有罪判決が完全に阻止されてしまうような準則は許容しえないであろう，といった見解を公式に示している[1]。問題の難しさ故に，この準則を支持する4団体のうちの2団体は（上記パラグラフ**4.32**参照），条件付きの支持をしている。市民的自由のための全英評議会は，「同一性識別証拠に対する独立した証拠による

補強を必要的とする」一般的な準則を支持してはいたが,「そのような証拠が提示されえない」事件があることを認めている。ただし,具体的な例は示していない。彼らは,そのような事件においては,裁判官は安全ではないと思われる事件を棄却する裁量とともに,陪審に対して強い警告を発する義務が存在すべきであるとしている。「ジャスティス」は,厳格な準則が適切でない場合には,「訴追側は,陪審のいないところで裁判官に対して,同一性識別証拠の十分な信頼性を根拠に,裁量によって補強証拠なしに陪審に対する提示を許可すべき旨の申立てが可能なように修正しうる」といった提案を行っている。

(1) 前記のパラグラフ4.21で言及されたマジストレイト協会に対する講演

Ⅲ　同一性識別事件における警告：歴史と議論

4.43　今世紀の初頭においては,誤った同一性識別により世相をさわがす誤判事件がいくつか存在した。それらに関してもっとも重要な関連文献は,付録のKに引用されている。しかし,それら諸文献は,同一性識別証拠には,上述のような何らかの本質的欠陥が存在するといった結論には達していない。その結果,この種の証拠は,警告を必要とする証拠（上記パラグラフ4.35）のなかには含められてこなかった。同一性識別証拠は他の種類の観察証拠と異なるものとしては考えられてこなかったのである。他の事件同様,陪審は証人の正直さや信頼性に関して疑いを晴らさなくてはならないが,それらの点に関して何ら疑問がなかったときには,現実の犯罪の目撃証人は入手しうる最良の証拠であると考えられてきた。同一性識別証拠には一般的な警告がなされるべきだという示唆が,イングランドの裁判所に対してなされたことを物語る記録は,我々の有するものでは,ウイリアムス事件[1]のなかにはじめて見いだされる。

(1) [1956] Crim LR 833.

4.44　アイルランド共和国の裁判所は異なる対応をなしていた。1962年12月に下されたカーシー事件が,最高裁判所の判決の先例である[1]。被告人は2人の5歳児に対する暴行事件で起訴されたが,犯人であることを否定していた。暴行は畑において暗くなり始めた時分に行われている。同一性識別証拠は,宣誓のない子供の証言のほか,被告人が野原にいるのを少し離れたところから見ていた11歳の少年と,被告人を追跡し,自分の車のヘッドライトに照らされた被告人の顔を瞬間的に見た男性の証言から成り立っていた。被告人は有罪判決を受け,刑事控訴院は上訴の許可を拒否した。裁判官の行った事件についての説示は,それが警告を含んでいなかったという点のみにおいて非難されていた。この点を上訴理由としては拒絶するにあたって,裁判所は次の点を述べた先例に明らかに従っていた。すなわち,それは

III 同一性識別事件における警告：歴史と議論

「提示された立場は，もしそれが正しいとすれば，視覚による被告人の同一性識別事件の全てが危険性に関する警告を伴わなくてはならないことを宣言するに等しいものであるが，そのような先例は存在しない」というものであった。しかし，裁判官たちは，彼らの判断が例外的公的重要性を有する法の観点を含むものであることを確認し，そのために事件は最高裁において審理を受けた。

(1) *The People*（*at the Suit of the Attoney General*）v. *Dominic Casey*（No. 2），［1963］IR 33.

4.45 最高裁判所は，陪審は全体としてみたとき，視覚的同一性識別に含まれる危険性には完全に気づいていないという見解を明らかにし，次のように続けた。
　　　我々は，同一性識別の正確性が問題となった事件の陪審は次のような一連の説示を受けるべきであると考える。すなわち，被告人が有罪か否かにかかわる評決が，全面的にあるいは実質的に同一性識別の正確性に依存している場合には，陪審は，その正直さに疑問がなく，かつ，観察の機会も十分保障された信頼できる証人がパレードその他で積極的な同一性識別を行ったにもかかわらず，その識別が後に誤りであったことが証明された事例がたくさん存在することに留意すべきであり，そしてそれ故，陪審はそのような同一性識別証拠を正しいものとして受け入れる前には十分に注意深くあるべきだとの説示を受けるべきであるとした。しかしまた，もし全ての状況及び適切な視点から，事件の他の全ての証拠が注意深く吟味された後に，彼らが同一性識別の正しさに関する合理的な疑いを越えて満足を感じたならば，彼らはそれに基づいて行動する自由を有するとも説示されるべきであるとした。

4.46 裁判所は次のように述べている。すなわち，説示はステレオタイプ化した形式であることを意図されているわけではない。それは個々の事件において説明され詳述されることが求められ，最低限の警告のみを含んでいるものである，と。そして，一般的な警告が与えられなかったことを理由に，裁判所は再公判を命じた。その再公判において，事実審裁判官は，最高裁によって定立された自由な形での警告を提示した。被告人は再び有罪に処せられ，上訴することはなかった。

4.47 カーシー事件で示された判断は，1970年のアルツール事件[(1)]の際に上院によって検討された。ダンガノン地区は対立党派間の衝突による暴動状態にあったが，そこで被告人は悪意に基づく損害を引き起こした罪で起訴された。被告人は，彼を非常によく知っていると称する警察官によって同一性を確認され，有罪判決を受けた。北アイルランドの刑事控訴院は上訴を棄却したが，次の点を一般的公的重要性を有する法の観点として確認した。すなわち，それは「正式起訴状に基づく公判の

第4章 公判での証拠と手続

過程において，有罪判決が全面的にあるいは実質的に1人あるいは2人以上の視覚的同一性識別に基づいているように見える場合，法的観点から，そのような証拠に基づいて行動することの危険性に関し，陪審に一般的な警告を与えることが裁判長の義務であろうか。」といった点である。この点に関し，事件は上院に至った。それに対する判断は，ボースワイゲストのモーリス卿の言葉のなかに含まれており，他の同席メンバーもそれに同調した。

(1) (1970), 55 Cr. App. R. 161. アイルランド，オーストラリア，カナダにおけるカーシー事件の判断に続く法律上の発展は，付録L，パラグラフ11-15にまとめられている。

4.48 当時いわゆる「新準則」を支持する議論は，モーリス卿が指摘はしたがそれ以上には触れることをしなかったカーシー事件に基礎をおいている。上訴は警察官が被告人をよく知っていた点を根拠として棄却された。モーリス卿はカーシー事件とは「状況が大きく異なる事件」にも言及し，このような事件において裁判所の道案内となる何らかの準則を制定する必要があるか否かの問題は将来の検討にゆだねられるであろうと述べている。しかし，彼は次にように述べ，彼の見解ではその必要はないと考えていることを示唆した。すなわち，彼は「何らかの特別な形式あるいは部分的にはある程度定義された文言での警告が与えられなくてはならないといった法準則を制定することを望むのは好ましくない」と述べ，さらに，「個々の事件の特性から要求される裁量的な道しるべ」が好ましいであろうと述べているのである。

4.49 この状況に対して，1973年の事件において上院のヘルシャム首席裁判官が言及している。問題となったのは，子供の証言に対する補強証拠であった。ヘルシャム卿は自らのスピーチのなかで警告がなされた他の一団の事件について言及し，さらに次のように続けた。「私はこれらの類型が固定されたものとはみなさない。アイルランド共和国の最高裁は少なくとも同一性の争われたある種の事件においては同様の警告が必要であると判断しているのは明らかである。問題は依然として解決されないままである。」[1]

(1) *Director of Public Prosecutions v. Kilbourne*, [1973] AC7 29. At 740.

4.50 実際，この問題はその年の後半に起きたロング事件[1]の上訴審で登場してきた。その事件では，被告人は窃盗団の一員であることを争った。彼についての証拠は同一性識別証拠だけではなかった。我々が後に検討するであろう（後述パラグラフ4.68参照）他のものも存在したが，法的にみて補強証拠となるには不十分なものであった。事実審裁判官は最後の説示において，同一性識別に関しては間違いが起こりやすいという弁護士の主張についての注意は喚起したが，自ら警告をなすことは

しなかった。上訴審は次のように述べている。すなわち、「この種の事件において、法は裁判官に視覚的同一性識別に基づく有罪判断の危険性について特定の警告を与えるべく要求はしていないし、さらには、彼に対し特定の文言を用いることを要求してはいない。」と。上訴は棄却されたが、裁判所は次の点が一般的公的重要性にかかわる法律問題であることを確認した。すなわち、「有罪判決が、単独であれ、複数であれ、被告人についてそれまで知らなかった証人で、かつ、限られた時間でしか犯人とされるものの同一性や犯行時期について確認できなかった証人による視覚的同一性識別に完全にあるいは実質的に依存する場合、そのような証拠に基づく有罪判決のもつ危険性の点について警告することは、裁判官の義務であろうか。」と。上院は上訴を維持することを拒絶した。それは、上院がこの問題について否定的にしか答ええないことを意味している。

(1) (1973), 57 Cr. App. R. 871.

4.51 注意を要するのは、控訴院が、そのような警告が一般的に好ましくないといったことを述べている訳ではない点である。反対に、上訴審は、カーシー事件で示された線に沿った警告がしばしば適切なものであることを述べている。上訴審が述べているのは、審理中の事件のなかでどの様な指示がもっとも好ましいかの判断は裁判官にゆだねられている、という点である。それ故、イギリスにおいては裁判官に対し同一性識別証拠に関して陪審に対し何らかの警告を発することを要求したり、実際にそれらの証拠を特定の対処の仕方で扱うことを要求する何らの準則は存在しないというのが、今や確立した判例法と見なされなくてはならない。上訴審が、警告が適切でないあるいは与えられなかったことのみを理由として有罪判決を破棄した事例は見あたらなかった。唯一、ロングとシェファード事件(1)において、裁判所は有罪判決を破棄するに当たり、警告は存在すべきであったが、しかし、いずれにせよ有罪は安全性に欠けるものであり、満足のゆくものではなかった、と述べている。

(1) CA, 23 July 1973, unreported.

4.52 1972年6月の第11報告書において、CLRCは、既に述べたように、陪審への警告を要求する成文法が存在すべき旨を述べる。提案の文言は以下のようなものである。

> 正式起訴に基づく公判において、適所において陪審に対し指示をなす裁判所の一般的な義務を損なうことなく、被告人に対する主張が、弁護人側が誤りであると主張する1人あるいはそれ以上の被告人の同一性識別の正確性に全面的あるいは実質的に依存しているような事件の場合には、裁判所は、同一性識別が正確であるとして被告人に有罪判断を下す前に、陪審に対して特別な注意の必要性を忠告すべきである。ただし、その際には、

特別な文言を用いることは何ら要求されるべきではない。

委員会は一時，同一性の確認された人間を証人がよく知っている場合についての例外をもうけることを検討したが，最終的にはそれに反対した。というのは，お互いによく見知っている同士であっても，依然として誤識別の危険性が存在するであろうと考えたからである。

この委員会の提言に即した形での行動は何らとられなかった。

Ⅳ　補強証拠と警告：結論

(1)　提案された準則

4.53　補強証拠を成文法上の要求として課すことに反対する上記のパラグラフ4.36-42に示された議論に我々は賛成する。他方で，我々は何らかの形での警告や特別な説示が原則的として必要であることを認める。その導入は，2つの単純な形態のうちのいずれかをとりうるであろう。すなわち，それは，補強証拠が安全性のために望ましいものとして陪審に提示される事件類型（例えば，共犯についての警告）にもう1つの類型を付加すること，あるいはまた，上記パラグラフのCLRCの提言を単純に支持することでもなされうる。我々は，3つの理由から，このいずれの方向にも完全には満足はしない。はじめの2つはコモンロー上の警告に関連する理由であり，3つ目の理由はCLRCの提言に関連するものである。

はじめの理由は，前記パラグラフ4.28に示された理由により，伝統的な方式による警告は，今日では混乱を巻き起こす可能性があるというものである。それは，単純に言葉の問題であろうが，改革されるのであれば，混乱の可能性をさけるための好機とすべきように思われる。

第2の理由は，補強証拠についての法準則は技術上重装備になりすぎたという点である。上院は，今日，補強証拠は法技術上の文言ではないとして簡略化をなしている[1]。しかし，上記パラグラフ4.37で言及した考慮が依然として必要とされるし，その考慮は補強証拠が探求されるのが好ましいにとどまる事件にも，補強証拠が絶対的に必要な事件と同様に強く当てはまる。CLRCが補強証拠に関する言及をさけて提言を構成したのは意義のある点である。

3つ目の理由は，CLRCによって策定された警告以上に洗練された警告を提供したいという願望からくる。我々は，以下のパラグラフで展開するであろう結論，すなわち，単なる警告では不十分である，という結論に到達している。ドーティー事件はその端的な例である。ドーティーを代理し，我々にこの事件に関する見解を示してくれた勅選弁護士の故ブライアン・アン氏は，「私にとっての教訓は同一性識別にかかわる困難さや問題を陪審に理解させるにあたっては，裁判官によって用いられる言葉の形式は，現実には意味をもたない，ということであった。」と書き

示している⁽²⁾。我々も同感である。

(1) *Director of Public Prosecutions v. Hester,* [1973] AC 296.
(2) このことは裁判官に対する批判を意味するのではなく，法に対する批判を意味するものである。

4.54 今回の調査した2つの事件や他の関連事件，さらには，この問題に関して今日利用可能な多くの資料に関する研究から導かれる結論は，視覚的同一性識別における誤りの可能性は実質的に高いものであり，多くの場合，視覚的同一性識別証拠単独では刑法によって要求される合理的確信の基準にまでは有罪の蓋然性レベルをあげることができないということである。陪審はその旨を教示されるべきであると我々は考える。

4.55 同一性識別事件における誤判の危険性を減少させるもっとも効果的な方法は，核心部分において上記のような指示を含む注意深く詳細な最終説示を行うことであると思われる。我々は，同一性識別事件において陪審に示された多くの説示を読んだ。それらは，確かに非常に頻繁に同一性識別について陪審に警告を発しているが，それは通常かなり表面的なものであった。十分に考えられる誤判原因の1つは，警告を受けていたにもかかわらず，陪審が，まさに何に関して警告を受け，警告された危険を避けるために何をすべきかを伝えられていない点にある。訴追が完全にあるいは主に視覚的同一性識別証拠に依存している事件では，視覚的同一性識別の証拠を再確認したのちに，陪審に対する最終の教示において裁判官は，

(a) 陪審に対し，一般的な準則を伝え，その理由について説示すべきである
(b) 特定事件においてその準則の適用が不可能であるような例外的状況について陪審の注意を喚起すべく指示を与え，
(c) 他に事件を合理的な疑いを越えて訴追へと至らしめる証拠が存在したならば，それを指摘する。

もし，裁判官自身が何ら例外的事情を指摘することができず，また，何ら実質的な追加的証拠を指摘することができないと考えたならば，有罪判断を下すのは危険であり，条件を満たさないものであることを陪審に指示しなくてはならない。この文脈における「実質的」という言葉の用法は，法律上よく用いられるものである。この言葉は，とるに足らないものや些細なものを排除することを意図している。本報告のパラグラフ**3.58**がその点に関する1つの例を提供する。ヴィラーグ事件において訴追側が鑑識証拠を申し出ていたならば，それは追加的証拠ではあるが，実質的なものではなかったであろう。この言葉に内包されるのは，裁判官は全ての追加的証拠を陪審に提示する義務はないということである。その点を越えて，何が実質的かは陪審が答える問題である。しかし，陪審は，視覚的同一性識別それ自体が合

理的な疑いを残すものであるという前提に基づいて説示されるであろうことから，彼ら自身，当然に追加的証拠が疑いを払拭するに十分な信用性をもつかについて自問自答することであろう。

次の4つのセクションにおいて，証拠に関する一般的審査及び上に示した3つの点についてより詳しく論じる。

(2) 証拠の審理

4.56 事実審裁判官が証拠を審理すべきことはもちろんいうに及ばないことである。しかし，同一性識別事件における初期の説示のいくつかにおいては，信憑性について支持あるいは不支持といった形での議論をすることなく，信用すべきか否かの判断は陪審にゆだねられることを述べて，同一性識別証人の証言を提示すること以上のことを裁判官がなしていないことが解る。ヴィラーグ事件においては，裁判官は，15人の証人中9人がヴィラーグを犯人と確認できなかった事実をかなり軽視する形で説示をなしている。

4.57 しかし，我々はより丹念に証拠を審理する傾向が徐々に増えつつあることを確認している。1973年のロング事件[1]においてロートン上訴審裁判官は次のように述べている。

　　そのような同一性識別がなされた状況やそこでの問題点についての指摘を欠く説示は公正なものとはいえない可能性がある。状況への言及に当たっては，証人が犯行行為を行っている人物をみた時間，証人のいた位置，被告人との間の距離，明るさの程度といった重要な事柄について裁判官が問題にする必要性がでてこよう。同一性識別パレードやその他の機会に証人が犯人を識別できなかった場合には，陪審がその点につき留意させられるのが公正の要求するところであろう。

(1)　(1973), 57 Cr. App. R. 871, at 877-8.

4.58 王座裁判所主席裁判官は，前記パラグラフ**4.21**で言及したマジストレイト協会での講演のなかで，裁判官は，毛髪のような犯罪者の残留物やペンキのシミなどが犯罪者についているのが発見されたなど，補強証拠となりうる全ての鑑識証拠については当然に陪審の注意を喚起するであろうが，発見することが期待されているような証拠が存在していないことに関しては，さほど当然には陪審の注意を喚起する訳ではない点を指摘している。首席裁判官は，同一性識別事件においてマジストレイトが注意すべき事項としてキース・デブリンがまとめた点に賛同していた。この点は，マジストレイト協会から我々に提出された報告のなかでも繰り返されている。

Ⅳ 補強証拠と警告：結論

4.59 ここで，通常の事件において説示によって指摘されることが期待される点に関し，今回の研究から得られた主要なポイントをとりまとめることが有益であろう。それらは，若干の調整はなされているが，デブリンのリストから抽出されている。
  (i) 証人自身　主尋問及び反対尋問で，注意深く見えたかあるいは意識的に見えたか，頑固あるいは無責任に見えたか。例えば，暴力犯罪の事例などで，その経験が同一性識別に影響を及ぼしていないか。
  (ii) 現場の状況　明るさや視点。何人の犯罪者が目撃されたのか。観察時間。
  (iii) 時間の経過　いつ起こったのか（パラグラフ4.17参照）。目撃とその後の同一性識別との間の時間の経過。
  (iv) 描写　どの様な比較が示されたのか。裁判官も陪審も，正確な同一性識別の能力と正確に記述する能力とは異なるものであることを留意すべきである。パラグラフ5.8参照。
  (v) 同一性識別パレード　全ての状況に対する批判。いずれかの証人が犯人を識別できなかったり，被疑者以外のものを選び出してはいないか。
  (vi) 識別された人物　識別しやすかったり，特徴のないものではないか。
  (vii) 情況証拠の不存在　何が情況証拠として予想されたか。

(3) 準則の根拠
4.60 （後述パラグラフ4.81で詳しく述べる理由から）裁判官は単に準則を述べるだけでなく，その根拠を陪審に伝えることが本質的に重要である。これらの点は，前記パラグラフ4.25において検討されてきた。その主要な理由は，簡単にいえば，目撃証人が間違いを犯す確率は合理的な疑いを導くに値するほど高いことを物語っているという点である。間違いを犯した証人も表面上は間違いのない証人と同じように確信にみちて証言をなす点を思い起こす必要があろう。この言葉は，アイルランドの警告（前記パラグラフ4.25）のなかに典型的に示される。それは，我々が非常に重要だと考えるもうもう1つの要因，すなわち，「外見上確信に満ちた」ような証言の陰に潜む潜在的な危険性にも注意を喚起している。陪審は，通常は要求されていることをすること，すなわち，態度によって証人を判断し，証人に対して抱いた印象が正直，正確，信用性のいずれであろうかを判定することに対して警告を発せられるべきなのである。

(4) 例外的状況
4.61 例外的状況に関わる事例では，当該状況が存在するだけでは，有罪判断が正当化されないことを陪審に明示すべきである。すなわち，それは，その場合にもなお間違いの可能性は存在するが，その危険性は合理的な確信を排除するほどには大きなものではないということである。間違いの危険性は，ある状況においては考慮

第4章　公判での証拠と手続

に入れられるであろうが，他の状況ではほとんど無視されるであろう。例外的状況の完璧な目録を作り出すことは不可能である。裁判官は，どのような状況が規範からの乖離を保障するかを明確に述べ，当然上訴に服することを条件とする限りにおいて，自らが適切と考えるものをリストに付け加える自由を持たなくてはならない。以下において例外と見なされるであろういくつかの状況を，例を示す形で詳しく述べる。

4.62 我々は，前記パラグラフ4.11において証人が自ら見たと称する人間と既に知り合いであるような状況について検討した。もし証人が近隣の住人であり過去数ヵ月にわたり毎日見ていた人間を良好な状況の下に確信をもって確認した場合，見間違えの危険性はほとんど無視しうる程度のものであろう。問題は，パラグラフ4.11で言及したように顔見知りであることがより疑わしい事例においてのみ生じる可能性がある。それ故，信頼しうる既知性を示す全ての証拠は例外的状況を作り出す。

4.63 例外的状況のもう1つの例は，被疑者・被告人が犯行場面にいた集団の中にいたことは否定しないが，例えば，一撃を加えるといった犯罪行為をしたのは自分ではないと否認する場合である。そのような場合，視覚的同一性識別は，状況によってその程度は異なるが，通常の行動観察との間で混同を生ぜしめられる。証人は，一撃を構成する動作を正確に観察していたであろうか，そして，さらに正確に観察していたとして，その動作を証人は本来それを行った人間のものとしてとらえたのであろうか，といった問題が生じるのである。集団が小規模であり，その構成員の外見上の類似性が低く，動作が区別可能である場合，1人の人間の顔を記憶する容量は少なくてすむか，あるいは，ほとんど必要ないものとなろう。集団が大きく，構成員が類似している場合，例えば，同じ体格の12人の少年の場合など，通常の観察とは異なるものとして視覚的同一性識別が非常に重要なものになろう。ともあれ，いかなる状況にあれ，そのような事例は通常の同一性識別の類型とは異なるものとなろう。例えば，その場合，アリバイ証拠が弁護人側を有利なものにしたり，不利なものにしたりすることはない。

4.64 同一性識別のために信憑性の高い証人が訴追側によって呼び出されたとき，被疑者・被告人は自らの説明によってそれを反駁するように強制されるわけではない。しかし，被疑者・被告人がそれを試みないこともまたきわめて稀である。そのような試みのない場合は1つの例外的な状況を作り出すと我々は考えている。

4.65 前記パラグラフ4.38で検討したように，繰り返されたあるいは長時間におよぶ観察は，もう1つの例外的状況を生み出す。しかし，そのような状況下でも過ちが犯されてきたことを陪審に伝えることは確実に必要とされよう。ヴィラーグ事件

の裁判官は，陪審に対して8人の異なる証人によって6つの異なる状況下で同一性識別がなされうることは例外的状況であることを伝えるべきであったといえるし，同時にまた，もし陪審が確信をもつにあたってある意味で例外的なことをしていることになるということを告げられていたならば，彼らは確信にいたらなかった可能性もありうる。準則は，通常の事例においては追加的証拠なくしては有罪判断をなしえないであろうこと以上を意味するべく作られえないし，したがって，それ以外の例外的事例においても，有罪の判断をするのが何らかの意味で通常ではないことをしているという知識によってこの警告が強められるということ以上のものを意味するためには形成されえないのである。

(5) 追加的証拠

4.66 前記パラグラフ**4.29-32**においては，2番目の証人が補強証拠足りうるのかという点について検討が加えられた。しかし，警告されなくてはならない危険性は，個々の個人の真実性や信頼性の低さではなく（そのような場合には，証拠は同じ趣旨で他の個人によって補強されることになろう），目撃証人証拠一般の信頼性の低さである。それ故，追加的に支持をもたらす証拠は異なる種類の証拠，例えば，視覚的同一性識別証拠以外の証拠であるべきだという「ジャスティス」の主張に我々は賛同する。

4.67 追加的証拠と補強証拠とはどの様に違うのかが問われるかもしれない。通常の用語，すなわち，補強証拠の法的定義を無視すれば[1]，それらには差はない。すなわち，補強証拠は追加的証拠であり，その逆もまた真なりである。実務上の差異は，1966年（1968年に再制定）の刑事上訴法以降生じた方針変更によってもたらされている。補強証拠の必要性に関する裁判官の警告がこの法律によってどの様に変更を受けたかについては，我々は前記パラグラフ**4.28**において既に注意を喚起している。1966年以前は，裁判官が陪審に対して誤った説示でもしない限りは，有罪判決は滅多に上訴で破棄されることはなかった。適切に説示された陪審によって下された評決は実質的には最終的なものであった。評決の正しさについて疑義を抱くことは上訴審裁判官のすべきことではなかった。それに対し，1966年法以降現在では，上訴裁判所が問わなくてはならない最初の問題は，陪審の評決は安全で満足できるものと自らが思えるか否かという点である。それを否定に解する場合，上訴審裁判所は上訴を認めなくてはならない。これらの諸文言は，革命的な影響力を持っていた。このことは，上訴審裁判官さらには必然的な結果として事実審裁判官もまた，有罪評決が安全で満足できるものか否か，あるいは，安全で満足なものとなりうるか否かという点を自ら問うてみなくてはならないことを意味している。評決が実質最終的であった旧法下では，陪審に付される資料をコントロールすることが現在よりも遥かに重要であった。補強証拠に関する旧準則がこのことを物語っている。陪

第4章 公判での証拠と手続

審が追加的証拠を探すべきだということ以上のことを伝えられなかった場合，彼らがとるに足らない事柄を十分なもとして扱うかもしれず，その結果，裁判所はその結論を受け入れなくてはならないことになろう。それ故，補強証拠は，その定義が法律問題としてとらえられ，ある程度厳密に定義されなくてはならなかったし，陪審に付される前に，裁判官は，当該証拠がその定義に当てはまるものか，及び，少なくとも補強証拠に値するだけの信頼性があるかといった条件を満たしているかの両方を判断しなくてはならなかった。それ故，諸批判が前記パラグラフ**4.37**に指摘されているのである。1966年以降，陪審が追加的証拠の些細なものに重きを置いても，もはや悲劇的なことではなくなった。控訴院は陪審がそれを行ったと判断したときには，その評決を安全性に欠けるものとして排除することになろう。そのような段階に至る前にも，事実審裁判官が，合理的な確信のレベルにまで証明を引き上げるべきものが何ら存在しないと思ったときには，有罪判断は安全性を欠き，条件を満たさないことを理由に，事件を陪審から引き上げてしまうことになろう。それ故，法の変更が補強証拠に関する古い準則を時代遅れなものとしたとまではいえないまでも，その機能領域の拡大を確実に不必要かつ好ましくないものとしたのであった。それ故，我々は，古い技術的な意味で補強証拠が必要であるといった主張は否定するが，同時に，より広い意味での補強証拠が存在しない以上は，通常の事件では有罪判断がありえないことを可能な限り確認する方法を追求し続けている。

(1) この概念は生き残らないであろう。*Director of Public Prosecutions v. Hester*, (1973) AC 296.

4.68 古い技術的な意味での補強証拠と追加的証拠との違いについての説明は，前記パラグラ**4.50**で言及したロング事件が有益である。その事件における争点は，被告人が強盗で一役を演じた人間であることが正しく確認されたか否かという点であった。そこでは，3項目の追加的証拠が存在していたが，控訴院はそれらが補強証拠にあたらない点を明示的に述べていた[1]。

第1の点は，強盗があった日の翌朝，被告人は家を出ていたことから，彼をあからさまに疑っていた警察官は彼を発見することができなかった，という点である。この点は，もちろん，ほとんど意味を持たないであろう。その重要性は，被告人が家を出た理由にかかわっているが，被告人がいうには，それは，休日にくつろぐためであった。当然この点は反対尋問で質問された。

第2の点は，被告人が休暇中に彼のソリシターとともに警察署を訪れ，強盗のことをふいに耳にしたときにとった行動にかかわる。彼は，警察官との会話の中で，自分は誰が強盗をしたかを知っているといっているし，そいつを見つけるために助けてやろうと申し出ている。パレードの中から誤って選び出された男が，たまたま強盗についてよく知っている人間であったというのも奇妙な話である。

控訴院の判決で述べられている第3点は，被告人は，証言が認められない証人を

Ⅳ 補強証拠と警告：結論

要求することによってアリバイの防御をしようとした点である⑵。このことが，同一性識別事件におけるアリバイと証明責任との関係に関する大きなそして重要な問題を提起している。その点に関しては次の節で触れる。

(1) At page 879.
(2) Ibid.

4.69 ある程度の補強をなす証拠として扱われた上記3つの項目のうちの2番目のものは，被告人の行為である点が着目されてよかろう。さらにいえば被告人によって述べられた供述が追加的証拠となりうるのである。実際に，この後者は，補強証拠となりうる証人の証言とは独立な証言であるとして，常に補強証拠として認められてきた。しかしとはいえ，通常この種の同一性識別事件においては疑われているのは証人の正直さの点ではないことから，追加的証拠が独立の源から導き出されるべきであるとする必要性はない。証人自らが自分の同一性識別に信頼性を付加する状況に関しての宣誓証言をなしうるのである。例外的状況に関する事例が追加的事例と重なり合うのは，このようなポイントにおいてである。証人が犯罪者を追跡し，捕まえ，警察署に連行する事例を考えてみよう。例えば，犯行が暗がりでなされた場合，その事件は視覚的同一性識別の事例にはあたらない。仮に証人がその旨の主張をしたとしても，それは証人が犯人の姿を見失わなかった点を除いては何ら重要性を持たないであろう。しかし，証人が少しの間犯人を見失い，その後にその人間を再び捕まえた場合を想像してみなさい。そしてさらに，証人が犯行時に犯人の顔を瞬間的に見たことからその人間が犯人であると分かった，と主張したと想像してみなさい。その場合，顔の識別と追跡に関する証言のいずれがより説得力の強い同一性識別証拠であるかという問題は，主に犯人が見失われていた時間の長さに左右されることになる。しかし，少なくとも後者の点は，視覚的同一性識別証拠に対して有力な補強を提供する。追跡という事実が例外的状況に関する証拠と見なされるか，あるいは，追加的補強要因に関する証拠と見なされるかは，ここでの問題にとっては重要な事柄ではない。

4.70 付加的証拠が証人自身からもたらされるであろう，もう1つの状況は，視覚的同一性識別証拠に加え，明らかな特徴証拠を証人が提示する場合である，前記パラグラフ**4.7**においてこの証拠について議論した際に，我々は，それらはほとんど価値がないであろうし，それ自体で実質的補強証拠となるには価値が低すぎると述べた。しかし，証人が，例えば，被疑者・被告人の顔を識別したことに加えて，珍しい特徴の入れ墨を見た場合，それは，視覚的同一性の説得力ある確認となるであろう。

4.71 裁判官にとってであれ，陪審にとってであれ，視覚的同一性識別に対する追

加的証拠の問題は全ての証拠が完結するまでに考慮されればよいことから，弁護側自身によって付加的証拠が提供される可能性もある。弁護側の証拠は通常アリバイ証拠である。確証あるアリバイは同一性識別証拠を完膚なく反駁するのと同じように，捏造されたアリバイの提示は，同一性識別証拠を確固なものにしうる。この点から，アリバイの問題全体と，同一性識別問題とアリバイとの関係について我々は検討を進めることにする。

(6) アリバイ

4.72 犯人であるとされた人間が，実は犯行時には別の場所にいたというアリバイを，自分の証言以外では示すことができず，その証言を補強するものとして，妻や近親者，あるいは，ヴィラーグ事件のようにもし証言が要求されていたら，反対尋問では被疑者・被告人が自らいたという場所にいたかもしれないといった程度のことしか証言できないような証人しかいないといった場合が頻繁に生じるに違いない。このようなアリバイは，「決め手のないアリバイ」と呼ぶことができよう。

4.73 他方，しばしば捏造アリバイと呼ばれるものも存在する。もし文字通りにとるならば，それは理想的な用語とは言い難い。というのは，真実に一致しない全てのアリバイは捏造となるからである。我々がこの言葉によって意味するのは，それ自体としては，陪審が信用できないものとして拒絶したもののことである。いわば，陪審は，被告人が犯行時に何をしていようと，訴追側がいった通りのことをしていようといまいと，被疑者・被告人自身がしていたということを実際にはしていなかったということで満足する。1967年に弁護側が特定事項を前もって提示するように要求されて以来数は増してきたが，訴追側が，同一性識別証拠の信憑性に全くかかわらず，アリバイが作り事にすぎないことを暴くことができる場合がしばしば起こっている。また，被疑者・被告人の証拠が，犯行場面にいなかったが，自分でどこにいたかを覚えていないことを意味する事例も存在する。後者の場合は，反対尋問で検証されることになろう。もし彼の話が嘘のないように見えたならば，首尾よくいけばアリバイの確信をもたらすであろうが，悪くても決め手のないままということになろう。しかし，訴追側が記憶の欠落が偽りであることを示したときには，そのアリバイは捏造されたものとして数え上げられる。

4.74 我々は，捏造されたアリバイは視覚的同一性識別を支持する追加的証拠として扱われるべきであるが，反面，決め手を欠くアリバイは，追加的証拠として扱われるべきではないと考えている。それ自体としてみた場合，陪審が述べることができるのは，当該アリバイは真実かもしれないが，真実でないかもしれないということにすぎない。アリバイが誤りであることを証明する唯一の手段は，まさにその真実性が問題とされている同一性識別証拠が真実であることを認めることである。い

ずれもが，アリバイが疑わしいという結果によって否定に解される関係にはない。その結果，アリバイが決め手を欠く場合，視覚的同一性識別証拠のみが存在するにすぎないときには，例外的状況が存在する場合を除き，陪審は無罪を宣告するように告げられるべきである。

4.75 我々は，前記パラグラフ3.114においてアリバイ提示の重要性について触れた。独立した証拠によって補強された説得力あるアリバイの提示のない状況では，その点をいちいち考える必要はないとすることは容易に理解できる。しかし，アリバイは同一性識別証拠に対峙するものであり，この両者は別々には扱えないものである。決め手を欠くもの以上ではないことが明らかであっても，可能な限り説得力を持つ形でアリバイを提示することが弁護側にとっては生命線でもある。誤認によってもたらされる冤罪が陪審の同一性識別証拠に対する過剰評価からではなく，彼らがアリバイによって好ましくない印象を受けたことによることも大いにありうる。

4.76 例外的状況（前記パラグラフ4.61参照）の場合のように，常に陪審は，捏造アリバイによる立証は自動的に有罪を正当化しない点を警告される必要がある。それは，陪審が被告人は嘘つきであると結論づけることを正当化するが，その結論は，有罪という結論とは同じものではない。有罪以外にも不正直さを説明しうる理由が存在しうるのである。アリバイのでっち上げの理由として，当該犯罪について有罪であること以外に理由が存在することは証明しづらいが，ありえないことではない。ヴィラーグ事件（パラグラフ3.115-119）のように，本質的には真実であるアリバイが，些細なことで不正確であったり，偶発的な嘘によって覆われていることは，一層起こりうることである。恐怖のもとにあったり，ストレスが高かったりした場合，ありのままの真実に突き進むことに困難を感じる人もいる。他に補強する証拠のないアリバイを提示する場合，純真な性格のものであっても，補強となる詳細を考え出したいという誘惑に駆られるかもしれない。誤って同一性を識別された被疑者・被告人はこれまでほとんど純真な性格ではなかった。追いつめられたが故に自らに嘘をつく傾向は，彼らが有罪であるときと同様に，無罪であるときにも抵抗しがたいものである。事実審裁判官は，陪審に対し，被告人が1つ2つの嘘をついていたという結論が必然的にはアリバイが捏造であるという結論に至るものではないことを警告すべきであるし，単にアリバイが捏造であるだけではなく，そのことから，被告人が同一性を確認された人間であるということが推論されるといった条件を満たしていなくてはならないことを警告すべきである。

第4章 公判での証拠と手続

V 補強証拠と警告：改革

4.77 前節において，我々は，刑事法上同一性識別の問題に対してとられるべき新たなアプローチについて詳述した。その点を提言という公式の言葉に置き換えることはさほど容易なことではない。イギリス法が完全に成文法であり，かつ，前述の作業が適切な修正を起案するということでなされるのであるならば，それはさほど困難なことではなかろう。しかし，刑法は依然として基本的にはコモンローであり，とりわけ，証明責任やその他の事柄に関する陪審への説示の性質や内容は，これまで裁判官自身によって解決され，それを通じて，コモンローの中に体現されてきたものである。

4.78 コモンローの中に新たな原則を判例法上導入することは，前記パラグラフ**4.47-51**において明らかにしたように，ここで求められている事柄ではない。ロング事件において上院上告委員会が，裁判官による法の変革の可能性を断つべく摘要書を提出したことを残念に思うものもいるかもしれない。アイルランド共和国の最高裁は変革をなし，議会自身も2度問題を明らかにし，ＣＬＲＣは改革を提言していた。上訴委員会はこの問題をそれ以上議論するに値しないと考えた可能性もあるし，法の改正は必要であるならば議会によってなされるべきだと考えた可能性もある。いずれの理由にしろ，今明らかなのは，法がこれまで通りに維持されるか，成文法によって改正されるかのいずれかでなくてはならないという点である。

4.79 我々は，法が現状のままにされておくべきではないと考える。現状の法は上記の指示を，個々の裁判官が事件の状況にあわせ適切と判断したときに行う，といった形で裁判官の裁量にゆだねている。すなわち，警告はその裁判官が適切であると思えば与えられるが，思わなければ与えられないのである。ある裁判官は他の裁判官以上に視覚的同一性識別に高い価値を与えたいと思い，その結果，無罪の見込みは統括する裁判官の見解によって不必要に変動することになる。この点が準則をもつべき1つの理由である。コモンローは，これまでいわれてきたように，裁判官の裁量こそが専制への最初の道具であるという観点から，伝統的に被疑者・被告人に法の支配による保護を与えてきたのである。

4.80 2つ目の理由は，カーシー事件においてキングスミル・ムーア裁判官によって力強く説明されたところである。その一節は，後記のパラグラフ**4.87**において詳述されるが，彼の述べた本質は，裁判所の裁量には以下の類型が存在するということである。
  1. 全ての事件に共通するもの，例えば，証明責任や合理的な疑い。

Ⅴ　補強証拠と警告：改革

　　2.　一定類型の事件に当てはまるもの。ここでは，彼は一般的な例を挙げて，同一性識別事件がそこに含まれることを明言する。
　　3.　特定事件の事実に特有のもの。
　我々はこれらの分析を採用する。3番目の類型の場合，事実審裁判官は裁量権を持たなくてはならない。というのは，一般的な準則が見いだしがたいからである。前2者に関しては，一般準則を見いだすことができる。そして，見いだしうる以上，必要でもある。もしこの命題が当てはまらないのならば，いかなる準則であれ，そもそも準則を持つことを支持することはできなくなろう。

4.81　次の問題は，我々がＣＬＲＣのとった方向に従うべきか否かという点であり，警告の文言を定めることなく警告義務だけを提言すべきかという点である。我々は，不正確な警告では不十分であろうと考えた。また，陪審に単に準則を告げるだけでも満足のゆくものにはならないであろうと考えた。陪審はその理由が告げられてこそ，十分に意を解した形でその準則を適用することを期待しうるのである。同一性識別証拠の危険性は隠されたものである点において，上記の点が特に必要とされるのである。心理学者や練達の刑事弁護士にとって，人はどれほど自分自身さえも欺きうるかは熟知の点である。しかし，現状ではそれは普遍的に認識されているものではない。ただ，それが普遍的に自覚されるに至る可能性もある。その意味では，状況は，性犯罪において補強証拠のない告訴人の証言を受け入れることによる危険性について陪審に対して注意することが慣習になる以前に一般的であった状況に匹敵する。性的な事柄が率直に話題となり，関与者の心的過程について誰もがある程度の一般知識を有する今日，そのような警告は不必要に見えるかもしれない。しかし，この慣習が強姦の主張される事件において用いられるようになった当初，一般の陪審員男性は，自分の妻や兄弟と同じように見える，礼儀正しい女性が性的冒険の物語を作り出しうるといった考えに驚かされたであろう。裁判官が，そのような事柄は，起こりうることであるし，現実に起こることであることを伝えた時点では，全く彼らの経験外のことであったであろう。この種の状況が，現在は視覚的同一性識別証拠との関係で存在しているのである。既述の点に関して少しでも考えている陪審員であれば，もちろん，同一性識別が間違いうるものであることを知っている。しかし，明らかに確信を持った証人が間違う程度に関しては正確には把握していない。裁判官は，自らが扱ったあるいはそれについて読んだ事件からの知識，あるいは，心理学の知見を示す研究からの知識があるからこそ，現実の危険性が存在することを知っているのである。

4.82　上記のような状況においては，単に気をつけろというだけでは不十分である。それは，前方にある危険物について何ら示すことなく運転者に注意して走行することを指示する道路標識のようなものである。そういった説示は，全ての種類の事件

第4章　公判での証拠と手続

の全ての事件概要の説示のように，陪審に対して有罪判断をする前には有罪であることについて確信しなくてはならない旨の説示で始まる。そして，それに引き続き，同一性識別の争点に関しては彼らは通常以上あるいは特別な注意を要することを陪審に対して告げる。このことは，陪審が自分自身に問いかけ，通常の確信以上の確信を持たなくてならないことをまさに意味している。そして最後に，ジル裁判官がしたように（前記パラグラフ2.34参照）──今日の実務のもとではこれと違う形で終わるとは理解しがたいところであるが──，陪審に対する質問は，その同一性識別によって，この人間が店で盗みを働いていた人間であることを自分たちが確かといえる程度にあなたたちは実際に確信したか，ということを述べることで終わる。このように循環は完成し，陪審は最初の時点に連れ戻されるのである。

4.83 我々の提言は，成文法に翻訳されうる正式な言葉で表すならば，次のようになろう。

(1) 以下の点は，訴追側証拠が全てあるいは主要な点において視覚的同一性識別証言に依拠する全ての事件に適用になる。ここでの視覚的同一性識別証拠とは，犯行状況あるいはその人間と犯罪とを結びつける状況において過去に自らが目撃した人物と被疑者・被告人が同一であること（あるいは，例えば同一性識別パレードのような何らかの過去の状況において，被疑者・被告人を識別したこと）を供述する訴追側証人の証言を意味する。

(2)(a) 裁判官は，陪審に対し，一般的な準則として，たとえその者が強い確信を持っている場合であっても，目撃証人が同一性識別に関して誤りを犯す可能性は合理的な疑いを導きうるほどに十分に高く，また，間違いを犯している証人が間違いを犯していない証人と同じように表面上は確信に満ちているものであるが故に，同一性識別の状況が例外的に信用しうる場合，あるいは，同一性識別が他の種類の実質的証拠によって補強されている場合を除き，上記の証拠に基づいて有罪の判断を下すことは危険であることを説示すべきである。

(b) 上記の説示をなす裁判官は，陪審に対し，存在する場合には例外的と思われる状況を説示するべきであるし，同様に，同一性識別を補強すると思われる証拠を説示するべきである。もし，上記の状況及び証拠のいずれをも説示できない場合には，裁判官は陪審に対して無罪の評決をなすように指示すべきである。

(3) 有罪判決は以下の場合には安全性を欠くものと考えられるべきである。

(a) 事実審の裁判官が前記の小パラグラフ(a)で説明された言葉や同様の趣旨の言葉での説示を落としてしまっている場合，あるいは，

(b) 控訴院の見解によれば，同一性識別の状況が例外的ではなく，同一性識別が他の種類の証拠によって十分に補強されていない場合。

V 補強証拠と警告：改革

4.84 上に示した定式は，例外的な状況を明確にはしていないものの，それらが安易に枠付けられることに対する三重の保障を提示している。陪審は，警告を受けた後，例外的状況や他の証拠が存在するという点につき納得しなくてはならず，事実審裁判官も納得させられなくてはならない。そして，最終的には控訴院も納得させられなくはならない。必然的に先例が生み出されるであろうし，その柔軟性故にそれらは歓迎されることになろう。先例は，解析されたり分析されたりしなくてはならない訳ではない。それらは，定義的というよりも説示的なものである。さらに，警告はある程度柔軟な面もある。重要なのは，文言以上にその効果である。この効果が確保されない場合には，評決は無効であろう。ただ，当該事件の状況下では，「現実には裁判の誤りが生じていない」と考えられる場合には，上訴審が上訴を棄却することを許す但し書き (Criminal Appeal Act 1968, s2) のもとに裁判所は行動することができ，その不在が重要なものとはならない。それに引き替え，何が例外的状況や追加的証拠になるかについての事実審裁判官の説示に関する過ちは致命的なものであるべきことは意図されていない。そのような場合の結果は安全性に対する一般的なテストによって判断されるべきである。

4.85 我々がこれらの提案をなす意図は，誤った同一性識別から生じる全ての危険から被疑者・被告人を保護すべく完璧な法典を形成することにあるわけではない。そのような法典形成は，例外の明確なリストに従い，追加的証拠に関する最低限の記述を要求する融通性のない準則を必要としよう。そのような準則が実施可能であるとしたら，有罪判決をのがれる罪ある人間が圧倒的多数になる結果に終わると我々は確信する。確かに，我々の考案したものは，同一性識別が薄弱な事件，例えば，ちらっと見ただけの事件において，一定範囲で間違いなく裁判官の説示によって，多くの無罪をもたらす結果に終わるであろう。しかし，我々の主要な目的は，できることなら，将来において同一性識別が争われる事件において，問題の本質に関してこれまで以上に十分な情報を与えられることであり，それによって，より深い考察がなされることなく陪審が有罪判決を下すことがないように保障することである。その目的のためには，弾力的なものではあるが，一般的な準則が単なる警告よりもはるかによいと考える。そういった準則は，視覚的同一性識別のみに基づいて有罪判断をすることが何か例外的なことをしているという考えに陪審を立ち返らせるであろう[1]。

(1) 1973-74年の間に上訴された事件に関する我々の調査は，重要な点として，現時点においてかなりの数の有罪判決が同一性識別証拠のみに基づいて生じていることを示唆している。パラグラフ4.33参照のこと。

4.86 本質的に我々が拠り所としているのは，中核において一般準則を含む詳しくかつ注意深い説示である。前記パラグラフ**4.56-71**において，説示が明らかにすべ

き問題の諸局面を指摘した。しかし，我々は，それらのパラグラフの内容を成文法の要求に見合う形式に翻訳しようとは思わない。確かに，すべきこと及びどの様にすべきかを成文法によって正確に裁判官に告げることを支持する先例は存在する。しかし，それらは今まで刑事法に浸透してはこなかった。我々は，ここで提唱しているような法改革の展開は，判例法として機能した方が最終的にはよりよく形成されると考えている。我々の報告では触れない合理的理由から，裁判所は一般準則を定立することにかつてほど積極的ではなく，新たな原則の導入を議会にゆだねる傾向がより強い。しかし，そのことは，議会が新たな政策を定め，成文法の形でそれを宣言したときに，裁判所がその改革の論理的な帰結を実施するにあたって何らかの困難に直面するであろうことを意味しない。その1つの例は，ここでの狭いテーマの範囲内においても見いだされる。「危険ないし不満足」規定の導入に引き続いた裁判所の態度変化はまさにその例である。わずかな言葉が手続を推進させたといえる。同一性識別の問題に関する新しいアプローチは，より狭い領域において，同じように重要であり，同じように実りのある展開をもたらすと我々は信じる。アリバイのような関連する問題に関しては，ここでの考察が裁判上の考慮の出発点として有益であろうことが期待される。前記パラグラフ**4.74－76**参照。

4.87 ここでの調査に直接関連する裁判官の役割についての最近のもっとも優れた言明は，前述の（前記パラグラフ**4.44**）アイルランドの事件においてキングスミル・ムーア裁判官[1]によってなされている。

> 無実を主張する人間が有罪の判決を受ける危険性をさけるべく必要とされる説示や警告を自らの責任において陪審に与えることが裁判官の役割である。そして，そのような説示や警告の内容は個々の事件の事実関係に左右される。しかし，裁判上の経験は，個々の事件の事実によって示唆される説示や警告とは別に，ある種の一般的説示や警告が全ての事件において必要であり，特定の類型の警告は特殊な事件類型に必要とされていることを示唆している。

そのような蓄積された裁判経験は，最終的には確立された裁判実務準則，確立された法準則や成文法上の規定に結晶化する傾向がある。しかし，証明責任や合理的疑いを越えた有罪の確定など，全ての事件において与えられなくてはならない一般準則も，虚言癖，不完全な観察，自己暗示のいずれによるものであれ，あるいは，その他の原因によるものであれ，人間の証言の誤りやすさ一般についての経験から生じてきたものなのである。

そして，彼は，前記パラグラフ**4.35**において我々が検討した諸事件の類型に言及し，さらに続けた。

> 事実審裁判官からの特別な説示や警告を必要とする状況類型や特殊な事件類型は，固定的なものと見なすことはできない。裁判経験の増加や，例

えば一層の心理学研究の増加が，それらをさらに開かれたものにする可能性がある(2)。

(1) 前記パラグラフ**4.48**で述べたように，ボース・ワイ・ゲストのモーリス卿はアーサーズ事件（*Arthurs v. Attorney-General for Northern Ireland*）において，同一性識別事件における一般準則の必要性を見いだしていなかったが，ヘスター事件（*Director of Public Prosecutions v. Hester*, (1973) AC 296, at 309）における彼の言明からすれば，ここでの原則の言明を否定する意志のないことは明らかであろう。

(2) ヘスター事件において，モーリス卿は，「しかし，誤った判断の危険性やリスクは特定の事件においては他の事件以上に高いという点は既に認識されてきた点である。」と述べている。

4.88 モーリス裁判官が言及した「蓄積された裁判経験」の適切な利用は，陪審による事実審理においては決定的要因のように思われる。そのような蓄積された裁判経験なしに，あるいは，それらを陪審が自由に使えない場合には，陪審は効率的に機能しえない。素人は陪審員席に日々の出来事の経験を持ち込むが，裁判官は必要な場合には，裁判の実施との密接な結びつきから導き出された裁判上の経験をそれに置き換えさせなくてはならない。さらに，ムーア裁判官が指摘したように，裁判上の経験は安定的なものではない。それは今日，裁判所における作業から導き出されるのみならず，陪審員は読まないが，裁判官は読むことを期待されている社会学研究や心理学研究からも導き出される。前記パラグラフ**4.12-14**で，我々はそれらの領域で進行している研究に触れた。我々は，この問題について取りまとめを述べたとは思っていない。視覚的同一性識別をよりよいものにする方法が発見されるかもしれないし，それはムーア裁判官が言及した確立された裁判実務，許容されている法準則さらには成文法規定についての再検討を必要なものとしよう。これら3つの方法のいずれによってさらなる改革が効果的なものになりうるかの判断は，まず第1に裁判所がなすべきであろう。

Ⅵ 被告人席における同一性識別

(1) 議 論

4.89 証人が宣誓のうえである人物が犯罪行為を行っているところを目撃したと述べ，その人物と被告人が同一であることを確認することは，事実審理過程において避けることのできない一場面である。自分の行為が犯罪にあたり有罪判決が下されるのは，一定の名前で呼ばれる人間ではなく，現実に被告人席にいるもの，すなわち犯罪者である。したがって，犯罪者は被告人席に立った際，行為を行った人間と同一であることが確認されなくてはならない。これは一般に「被告人席同一性識別」

と呼ばれる。同一性が争われていない事件では，同一性識別は，手続上不可欠なものではあるが，純粋に形式的なものであり，形式だけの事柄として誰もそれに異議を申し立てない。しかし，同一性が争われている場合は，被告人席における同一性識別は，ドーティー事件に関しパラグラフ2.24で議論した理由により，異議を申し立てうるものであることには争いはない。同一性識別が争われている場合，被告人席での同一性識別は禁止されるべき旨をのべる異議申立人は，上述のようにそれが手続上必要不可欠な段階であるからといって，主張を控えている訳ではない。彼らは，被告人席における同一性識別は，先例の条件を満たす場合（前記パラグラフ4.16(I), (i), (iv)参照）にのみ許されるべきであるとしている。そして，その先例とは，被疑者・被告人は前もって同一性識別パレードやその他異議のでない方法で選ばれていなくてはならないというものである。そのような場合には，証人は，単純に被告人席の人間はパレードにおいて自分が選んだ人間であること，すなわち，必要であれば他の手段によっても証明されうる事実を述べるのみであることから，同一性識別は実質的には形式的なものとなるのである。同様に，被告人席での同一性識別が同一性の争われている事件においても禁止される必要はないとするものも，条件付きでそれを認める主張であったり，あるいはまた，それがもっとも満足のゆく同一性識別の方法であると述べているわけではない。一般的にいえば，彼らも同一性識別パレードの方が大いに好ましいが，特定の事例を除いて全ての事件において被告人席での同一性識別を排除する準則を形成することは不可能であり，それ故，その点は事実審裁判官の裁量にゆだねられなくてはならないという点を主張しているのである。我々は次のいくつかのパラグラフにおいて，パレードはなかったが，にもかかわらず被告人席での同一性識別が許されるべきである旨が主張されているいくつかの事件について詳しく述べる。

4.90 最初の，そしてもっとも明白な事例は，被疑者・被告人がパレードに参加することを拒んでいる場合である。我々は，最近合衆国の一部においては，いまだ収容されていない被疑者・被告人に対して同一性識別パレードに参加することを強制する裁判所の命令を採用する動きがあることを指摘した（付録L 194頁, note(1)参照）。しかし，わが国においてはそのような実務は存在しなかったし，我々の参考人の中で，その導入を主張したものもなかった。というのは，主には強制力の行使に対して原則的に反対していることに加え，全員が，公正なパレードは被疑者・被告人からの協力が必要であるとする点で一致していたからである。もちろんそこから，被疑者・被告人がパレード参加を拒否した場合，その人物が異議のでない形で同一性を識別されえないといったことが当然に導かれるわけではない。その人物が保釈中で身柄が確保されていない場合には，他の人々のなかからその人間を選び出す機会を見つけだすことは不可能であるまい。この点は，前記パラグラフ4.16参照。その人間が刑事施設内にいるときでも，運動場にいるときのような機会はあろう。その

Ⅵ　被告人席における同一性識別

ような機会が利用できない場合，一般的には，証人と被収容者との「対面」の手段がとられる。もちろんこの方法は選択の機会を保障するものではなく，被告人席同一性識別よりも優れたものではない。しかし，我々の参考人全てが，パレードを拒否した被疑者・被告人は，被告人席にいるときであれ，他の場所にいるときであれ，何らかの形の「対面」からの保護を強く主張する権利を持つべきではないとしていた。

4.91　もう1つの，より争点となる事件類型は，パレードにおいては誰も選び出すことのできなかった証人が，法廷に来た段階で，結局は被告人が犯人であると確信を持つにいたるような場合において生じる。証人はその変化をパレードのにときには緊張していたからだと説明する。パレードでヴィラーグを識別できなかったが，被告人席にいるヴィラーグを進んで犯人であるとした3人の証人がそのような説明をなしていた。

4.92　証人は，法廷に入った後に，事後的に真実であると感じるに至った事柄を話すことを止められるべきではないが，事実審裁判官は当然証拠の弱点についての陪審の注意を喚起することが期待される，との見解が存在する。他方，パレードにおいて自分の感じたことをいえないほどに緊張していた証人が他で信頼性の高い同一性識別をなしうるのかという点に疑問を示し，何故，そのような者がパレードよりも法廷で緊張しなくなるのかに疑念を抱く見解もある。パレード上の人間に関しては進んで同一性を確認するほど自分の意見に確信をもてない者でも，自分が法廷で要求されていることは警察が既になした選択を支持すればいいだけだと気づいたときには，違う感覚をもつのかもしれないともいえよう。当然そのような証拠に対しては平均以下のものであるといった主張がなされうる。

4.93　第3の事件類型は，「自発的同一性識別」と呼ばれるものである。すなわち，犯行時以後には犯人を見ていなかった証人が被告人席で当該人物を見て，その結果，同一性を識別するものである。その場合には，同一性識別パレードを行うことはできない。このような状況は，2人の人物が被告人席におり，証人はパレードで識別した一方に対する証言をなすべく召喚されたが，もう一方の人物を被告人席で見たときに，その人間が犯行の際に手伝いをしていたものであることに気づいたといった場合に起こる。

4.94　上記のような状況は稀なものであろう。しかし，犯行と裁判所での手続の間に証人が誘導的な状況の下で被疑者・被告人に会い，その同一性を確認するといった状況は十分に存在しうる。例えば，警察官が，交通違反で停車させた運転手から得た住所を訪れ，そこで見た男がそのときの運転手であると確認する，といった場

135

第4章　公判での証拠と手続

合を考えてみなさい。このような事例は非常に一般的であり，100件中99件において何ら問題は生じない。しかし，質問を受けた者が自分はその運転手ではないと主張し，その運転手は間違った名前と住所を渡したに違いないと言い張ったと考えてみなさい。その警察官の同一性識別は疑わしいものにならざるをえない。というのは，その警察官は彼が会うであろうと予測した者を違反者であるとしたにすぎないからである。その後にパレードを行っても無駄であろう。そのような状況の下で，被告人席同一性識別が禁止されたならば，被告人に対する主張は維持しえないものになろう。証人がパレード実施以前に誘導的な状況において被疑者・被告人に会うかもしれない他の状況を思い浮かべることは容易なことである。パレードでは十分に注意しているにもかかわらず，証人は，パレード実施前において，その人間が警察の疑っている人間であることを明らかにするような状況において，偶然に被疑者・被告人に会ってしまう可能性もありうるのである。

4.95　ＣＬＲＣが提言を控えたのは，明らかにこの種の事件に対する配慮からでる。報告書は，「委員会の大半は，一般的には法廷において被告人を犯人として識別することが予定されている証人は，まずはじめに同一性識別パレードに参加するように依頼されるべきであることに強く賛成しているが，成文法上の要求が存在すべきであるとまでは考えていない。彼らは，そうすることは厳格にすぎるのであり，状況によって判断されるべきことがらであると考えている。」と述べている（パラグラフ201）。ドーティー事件（パラグラフ2.27および2.55）で示されたように，裁判所も同様の考え方に立っている。すなわち，被告人席同一性識別の許容性判断は事実審裁判官の裁量によらなくてはならない，としている。

4.96　その結果，同一性識別パレードの実施は無意味であるが，そのことのみでは，当然には被告人席同一性識別が排除されない条件が存在することになる。被疑者の外観が，あまりにも顕著であり，彼が目立たない形での同一性識別パレードをあつめることが実際的でないこともありうる。例えば，その人間が顔面上の傷跡のような特徴を持っていた場合，それを隠したり，変装したりすることはできない。そのような事例においては，被疑者・被告人がそれを望むならば，それはそれとして警察は常に1回は同一性識別パレードを行うが，両方の側がそれは意味のないものであることにつき意見が一致するような事例も十分にありうることを我々は予想している。そのような事件では，訴追側の主張は，特徴的外見は見間違いという危険性を排除あるいは減少させるという言い分に則っている。あるいは，傷に基づく場合には，それは特徴証拠による同一性識別ともなろう。我々が考えるには，いずれの事例においても，もしできることなら，証人は自分の見た人間は被告人席の人間であることを主張できないようにすべきである。また，証人が犯行現場で見た人間の外見を自分自身がよく知っていると述べる事例も存在する。知っている程度があま

Ⅵ 被告人席における同一性識別

り高くいない事例においては，パレードを実施することが必要であろうが，身近な親戚の場合にはパレードは明らかに無意味であろう。身近な親戚をちらっと見たと主張する証人は，もちろん間違いの可能性がある。しかし，それはパレードによって検証されえないのである。

4.97 そのほか，同一性に関する争いが２，３人の人物に制限される場合が存在する。その１つの例は，警察官が過ぎ去る車の前の座席にいる２人の人物を目撃し，その後に，そのうちの１人を自分が目撃した際の運転手であると識別したといった場合である。もし，両者のうちの一方が運転手であったことに争いがないならば，同一性識別パレードの意味がないことになろう。選択は，警察官がそれらの人物に会い，２人の人物の間での比較によってのみなされうるのであり，その作業は他の場合同様法廷においてもなされうるのである。

4.98 これらの困難を回避する１つの方法は，ドーティー事件（パラグラフ2.27）においてとられた方法，すなわち，被告人を被告人席から離れさせ，それによって，同一性識別を行う証人は被告人を他の者の中から選び出さなくはならないようにする，といった方法を用いることである。我々に対して意見を述べてくれた者のうちの何人かはこの選択肢を推薦したが，大半の者は推薦しなかった。既に知っての通り，ドーティー事件ではそれがうまく機能しなかったのである。この方法に反対する主な批判は，そこから生じるいかなる同一性識別も信頼に足るべきものではなかろうというものであった。公正なパレードのためには保障されなくてはならないと考えられている（後に本報告で詳しく検討する）洗練された予防措置が，法廷での同一性識別で十分に代替可能なものであるとしたならば，それら予防措置も意味のないことのように見えることになろう。被告人が保釈中であり，証人と被告人のいずれもが裁判所の周辺で一定時間待機していた場合，被告人が証人たちに見つけられずにきたことを保障することは不可能であろう。被告人が収容されている場合，もし安全上の警戒策が採られていたならば，被告人を融離しているその警戒策をゆるめるのは危険なことも十分にありうる。法廷であることそれ自体で，適切なパレードの実施に必要と考えられている全ての準則を守ることが，不可能といえないまでも難しく，その準則違反がしばしば弁護側の批判を導き出しているのである。他方，準則の弛緩は，例えば，被告人が巧みな方法で目立たない位置にいくなど，被疑者・被告人に不当な利益もたらす可能性がある。

（2） 結論と改革

4.99 被告人席同一性識別に対する全ての反対意見の核心は，その同一性識別が，外見上はそうではないにせよ，実質的には誘導尋問に対する答えとしてなされる点にある。誘導尋問とは，期待される答えを暗示する形で示す質問である。誘導尋問

第4章 公判での証拠と手続

は主尋問においてはなすことができないというのが証拠法上の一般準則である。この準則にも常に例外が存在した。それは，他の全ての証拠法原則と同様に，この準則も正義という目的に資するべく作られたものであり，その目的をうち砕くほど厳格に適用されるべきではないといった考えによるものであった。最も初期の時代から同一性識別はこの準則に対する例外として扱われてきた。というのは，そうしなければ証拠が全く提示されえなかったからである。同一性識別は，人あるいは物が，以前の機会に目撃された人あるいは物と —— 単に類似するのではなく —— 同一であることの証拠を必要としており，それをなすための唯一の方法は法廷において人や物を提示し，指し示すことなのである。そのため，ワトソン事件[1]においては，証人は被告人席にいる被告人が自分の言及した人物であるか否かを尋ねられうるとの判断がなされていた。時代が下るにつれて，同一性識別が争われた事件においては上記のような質問は証拠上の価値をほとんど有しないことが認められてきたし，適切な質問は「あなたが以前言っていた人はこの法廷にいますか」といったものであるべきことがいわれた。この質問形式は現在用いられているものである。慣れない証人が被告人席の外にいたものを指し示した例もあった。しかし，今日一般的に認められているのは，この改善された質問も，改善前のものと全く同程度に誘導的であるという点である。

(1) (1917), 2 Stark NP 116, at 128.

4.100 我々は，この状況に対し，対処すべき2つの方法があるように思う。1つは，前記パラグラフ**4.98**で検討した方法によるものである。被告人を被告人席の外に移動させることは，「あなたが以前言っていた人はこの法廷にいますか」という質問から「誘導の要素」を排除することになる。もう1つは，現実の同一性識別を公判前手続の一部とすることによってなされる。この場合，法廷で質問がなされたとき，それは形式的な質問であり，それ自体異議の対象とはならないものとなる。前者の方法は一見して魅力的である。しかし，我々は既に述べた不利益の大きさに強く印象づけられてしまっている。後者は既に用いられているという利点を持つ。すなわち，大多数の事件において公判前の同一性識別が行われてきたのである。しかし，この方法も欠点を有する。というのは，常にいくつかの事件においては公判前の同一性識別が不可能であることから，それを条件の付かない準則に転換することが不可能だからである。我々の結論としては，法廷での同一性識別に関してはそれを提言するにはあまりにも多くの不都合があることから，採用すべきは2番目の方法ということになる。

4.101 我々は条件なしの準則を定式化することはできないが，しかし，許容性の問題が，現行法のように事実審裁判官の完全な裁量にゆだねられるべきであると考えているわけではない。ドーティー事件は，この方法による解決の弱点を示してい

る。裁判官が自らの裁量を行使するに当たっても道しるべは何ら存在せず，その結果，最終的には被告人席同一性識別の一般的危険性に関する裁判官の個人的評価に依存する可能性が高まることになる。しかし，その評価は裁判官によって異なる事柄なのである。ドーティー事件では，裁判官が被告人席同一性識別を許容したが，その価値を低く評価する裁判官であればそれを許容しなかったであろう。その意味では，本来実務上可能な範囲で一般準則に服すべき判断が，事実審裁判官がたまたま所属している流派の考えに依存して下されるのである。しかし，準則の柔軟性の要求はこの種の拘束性のない裁量を要求しているわけではない。

4.102 パレードやその他の方法など，証人が被疑者・被告人を選択するにあたって主体性を発揮する形での同一性識別は，実務上は通常の事件においては既にそのように考えられているが，法律上も，法廷における同一性識別に先行する条件であり，例外的状況においてのみ，その条件を満たさなくてもよいと見なすべきである。裁判官の裁量は，自らは審理している事件の特定状況において，パレードの実施が実際的か否かないしは不必要か否かといった判断をすることに限定される。これらの文言は，前記パラグラフ**4.93-96**で検討してきた状況及び同様の他の状況を十分に包含しうるほどに幅のあるものと我々は考える。これらはパレードの後に気が変わった証人の事例を含まないが，我々の考えでは，そのような証人による被告人席同一性識別は許されるべきではないことになる。

4.103 被疑者・被告人がパレードへの参加を拒む場合，パレードの実施は不可能となろうし，被告人席同一性識別も，その理由故に許されることになろう。しかし，我々は被疑者・被告人の拒絶が特別に規定すべき状況を作り出さないのかという点を検討した。ペイエンの場合（パラグラフ**3.79**）のように，被疑者・被告人が意図的にそして何ら理由を示さずにパレードに参加することを拒絶する場合，特に問題となる点はない。彼は誘導尋問への対応策を拒んでいるのである。他方全く反対に，ドーティー事件のように，被疑者・被告人は，困惑故にあるいはおそらくは自分自身か困らないが故にパレードに参加しなかった場合もまた同様に問題はない。パレードが実施されることを確認するための全ての合理的な段階を踏むことが警察の義務であり（ドーティー事件では警察が免責されていない義務である），もし警察がその義務を果たさない場合には，彼らはパレードの実施は不可能であった旨を主張しえない。しかし，中間的な事件も存在する。すなわち，被疑者・被告人はパレードへの参加を拒否し，理由を述べるが，その理由が正しいようでもあり，正しくないようでもあるといった事例である。ヴィラーグ事件をその可能性を示す１つの例としてとらえてみよう。彼は，自分が唯一の外国人であるパレードに参加することを拒否したのかもしれないのである。

第4章　公判での証拠と手続

4.104　我々は，そのような状況が，特別に規定されるべきものか否かを検討した。パレードへの参加の拒絶は，実施不可能性をテスト基準とする一般準則の適用外にあり，パレードへの不合理な参加拒否をテスト基準とする特別条項によって規定されうるものである。我々は，そのような規定は，犯人に対して，あまりにも多くの策動の余地を与えるものであるとの結論に達した。その規定は，犯人にパレードの細部についての多くの異議申し立てを可能にし，それらのうちの一定のものに対し，裁判官は，パレードの実施前に判断していたならば，警察に設定を変えるように指示しえたであろうという意味で合理性を見いだすであろう。しかし，その異議が事実審理で指摘された場合，変更は既に間に合わず，その結果，結論は，被告人席同一性識別が認められないことから訴追側の主張が成り立たない，といったことになろう。そのような見込みにのもと，犯人は，パレードでは同一性が識別されたであろうと予想されるにもかかわらず，1つは支持されるかもしれないとの期待のもと，可能な限り多くの異議を提起した方がよいと考えるようになる可能性があることになる。

4.105　後記パラグラフ5.35-44において，我々は，同一性識別パレードの条件といった中間的争点に関し訴追側と弁護人側の間に純粋な意見の対立が存在する場合に生じるであろう諸問題について一般的な形で考察を試みる。そこで説明される理由から我々の到達した結論は，判断の責任は警察側に留保されるべきだという点である。このことは，自らの異議が警察によって却下された被疑者・被告人は，嫌々ながらもパレードに参加しなくてならないであろうことを意味する。しかし，この異議のもつ重みは公判で判断される。それらがパレードの公正さに影響するほどに重大なものであれば，裁判官は（この点は後記パラグラフ5.89で扱う）パレードにかかわる証拠全体を排除し，必然的に被告人席同一性識別を認めないという結果となる。もし，異議の点がさほど重大でないならば，パレードにかかわる証拠は同一性識別の信憑性に影響を及ぼすものとして陪審に提示されうることになる。

4.106　それ故，我々はパレードへの参加拒否の場合に関しては何ら特別な規定を提案しない。しかし，我々は，証拠の偏りがその証明力を低下させたり，あるいは，それを許容することが何らかの理由で不公正であると裁判官が考えるときには，訴追側の他の証拠同様，被告人席同一性識別を排除しうるという今日裁判官がもっている圧倒的な裁量権に何ら抵触する提案をなすものでもない。我々は，これまで，事実審裁判官が被告人席同一性識別を許容しないよう義務づけられる状況について論じてきた。これらの他にも裁判官が被告人席同一性識別を認めることが弁護側にとって過酷であるといった状況が存在する場合，必要と思えば，彼は一般的な裁量権を行使しうるのである。

Ⅵ 被告人席における同一性識別

4.107 被告人席同一性識別が認められる全ての事件において，我々は，多数からの選択ではなく1人の人間との対面から選択しなくてはならない状況における証拠の弱さについて裁判官による警告がなされるべきであると考える。我々は何らかの文言形式を記述したり示唆したりすることが必要であるとは考えない。というのは，陪審は要点を理解すべき立場におかれているし，そして，必要とされているのはその点が裁判官によって示されるべきだという点だからである。ここでは，それは法の変更の問題とはならない。なぜなら，ドーティー事件において控訴院はこの種の証拠の危険性に関して明示の警告が存在しなくてはならない旨を明らかにしているからである。とはいえ，同一性識別証拠一般を問題とする成文法ということであれば，この点に関し，法はそれがどの様なものであるかを明言するのが望ましいと考えている。なぜなら省略は疑問を引き起こしかねないからである。

我々は，被疑者・被告人がパレードへの参加を拒否したことによって被告人席同一性識別の必要性が生じた場合にさらなる例外がもたらされるべきか否かについて検討してきた。結論として何ら例外がもうけられるべきではないと考える。というのは，警告は誘導質問に対する答えに特有の弱点に対する注意を喚起するものであり，誘導尋問を必要とさせたのは被疑者・被告人自身の態度であるという事実はその弱さを奪い去るものではないからである。しかし，陪審は被疑者・被告人の拒絶について知らされるべきであるし，それについての配慮をなしうる。もし，陪審が同一性識別への恐怖以外に拒絶に対する理由を明らかにすることができなかったならば，陪審は被告人席同一性識別を有罪判決を正当化するレベルまで高めるものとして扱うことができよう。しかし，たとえ間違いであったとしても，拒絶を根拠付ける純粋な理由があると陪審が考えた場合には，彼らは被告人席同一性識別を根拠に行動することを拒否するであろう。

4.108 成文法の規定なくしては我々が指摘した成果を達成することは明らかに不可能であろう。我々があるべきと考える成文法上の規定の骨子は以下の通りである。

1. 同意による場合，あるいは，裁判官の命令による場合を除いて，訴追側証人は法廷において被疑者・被告人を自らが犯行状況で目撃した人物であるとの同一性識別を求められるべきではない。ただし，証人が以前に同一性識別パレードあるいは他のそれに相当する場面において，被疑者・被告人を指名するにあたって自ら進んでそれを行ったことを示す証拠を提示する場合はこの限りではない[1]。
2. 前項における同意は，アリバイの通知あるいはそれ以外の場合には訴追側が被疑者・被告人が犯罪を犯した人物であるとの同一性識別に争いがあることを明らかにした場合を除いて，推定されるべきである。
3. 裁判官は前記1項の命令を，同一性識別パレードの実施が不可能あるいは不必要であるという要件を満たしたと考える場合以外は，これを下

141

第4章 公判での証拠と手続

すべきではない。
4. 裁判官の命令により質問がなされる全ての事件において，裁判官は法廷においてなされる同一性識別の弱点に関し陪審員に警告を発すべきである。
(1) 前記パラグラフ**4.16**で述べた第1，第2，第4の状況は，相当な状況の例である。

4.109 既に指摘されてきたように，証人は被疑者・被告人を同一性識別するように頼まれているわけではないのにもかかわらず，その証言の中で，被告人席の人物を犯人であると識別したとのべる危険は常に存在する。この種の状況——証人が進んで許容できない証言を提供するような状況——は，裁判官がよく知っている状況であり，いかに扱うかも心得ている。我々は，裁判官が陪審に対し，以前の機会においては被疑者・被告人を指摘することのできなかった証人によってなされた被告人席同一性識別が明らかに信頼に足らないものであることを伝えることが難しいことであるとは思わない。また，裁判官が陪審に対して，その価値の点はさておくとしても，陪審が証拠として扱うことができ，さらに被疑者・被告人は，多かれ少なかれある程度証人が見た人物に似ていなくてはならないことを伝えることに，我々は，異論はない。しかし，既に述べたように（パラグラフ**4.9**），この点に関しての実務は明確ではない。それ故，我々は特別な規定を提言することはしていない。

ターンバル判決について

　デブリン報告書が4月に公表されてからまもなく、イギリス証拠法上で画期的な変化をもたらす判決がだされた。ターンバル事件（R. v. Turnbull 1977. Q. B. 224）である。この事件では、ターンバルほか1名が、売上金収納袋を銀行の夜間金庫ではなく銀行玄関の郵便受け箱に投入するように、夜間金庫の投入口と郵便受けに案内の紙を貼って仕向け、その後忍び込んでその郵便受けの現金袋を窃取しようとしたということであった。ところが事前にその企みが発覚し、銀行員や警察官が銀行に駆けつけ、取りに来るところを取り押さえようと準備した。午後8時ころ物音がしたので、一人の銀行員が玄関扉を開けると、郵便受けに貼られていた紙がはがされていて、さらにコートを着ている男を目撃した。また、別の男は車の運転中に紙をはがしている被告人を目撃したという事件だった。

　ターンバル判決では結局これら目撃証言の信用性を認めたのであるが、陪審の同一性識別供述の評価についてのルールを導入した。まず、その事件の立証が全面的・実質的に1人または複数の同一性識別供述の正確性に依存しているとき、裁判官は陪審に対し特に慎重な注意を払うよう警告しなければならないとされた。また、なぜ警告が必要なのかという理由や、確信を持っている証人も間違うこと、多数の同一性識別供述がすべて間違う可能性があることにも言及をしなければならないとされた。その他にも、同一性識別供述に依存する諸状況を綿密に検討することをも説示すべきであること、同一性識別供述に欠陥がある場合には考慮を払うよう説示すべきこと、また既知の人物であったとしても間違うことがあることも説明すべきこととされたのであった（渡部、1985）。

　この詳細な基準はデブリン報告書の勧告に沿ったものであった。犯人描写の重要性についても初めて判断し、描写と被告人の容貌との間に重大な食い違いがある場合には、弁護側に開示することが示されたのである。これらにより誤判の問題は大きく改善されるであろうと評価された（ウィリアムズ、日本語版への序文、1981）。手続もその後、1984年警察・刑事証拠法のもと整備され、現在ではデブリン報告書の勧告のいくつかが実現している。

第5章　公判前の手続

I　訴追側による証拠開示

5.1　我々がこの章で検討する諸論点から以下の課題が生じる。警察がその捜査過程で発見した証拠で，訴追側がその主張の一部とするつもりではない証拠を，訴追側が弁護側に開示する義務はあるか。30年前までは義務があると条件付けられている官憲はなかった。1946年に刑事控訴院は[1]，訴追側からは重大な証拠となるだろうが証人としては召喚しないとされた者から訴追側が陳述を得た場合，訴追側はその者を弁護側証人として利用できるようにしなければならないと判断した。「利用できるようにする」とは，弁護側に名前と住所を開示することであるとされた。それは陳述書の複写の提供までは及ばない。訴追側が得た陳述の複写や発見した書類を弁護側に開示するように訴追側に要請する一般準則はない。そのようにする義務がある例外的ケースは，アーチボールドのパラグラフ**443**に掲げられている[2]。

　(1)　*Rv. Bryant and Dickson*（1946), 31 Cr App R 146.
　(2)　Archbold : *Pleading, Evidence and Practice in Criminal Cases*, 38th Edition by T. R. Fitzwalter Butler and S. Mitchell（1973).

5.2　しかし，普通は訴追側ソリシターが訴追側弁護士に重大な陳述と文書（ヴィラーグ事件におけるトロジャン・クラブの帳簿のような；パラグラフ**3.54**参照）を供給する。また，何が開示されるかは，通常，訴追側弁護士の裁量に委ねられている。実務では訴追側弁護士が法的要請以上に陳述の複写を開示することもしばしばあると我々は考える。しかし公判時や公判の少し前になるまで，普通は開示されない。

5.3　我々はこの状況についてのコメントを求めなかった。しかしそれは一般には十分ではないと我々は考える。1966年に「ジャスティス」では，その証拠法に関する委員会は，この問題について報告書を公刊し，立法提案も出した。改革が必要であるとする人たちは，その見解を支持しようとヴィラーグ事件にその根拠を見出したことであろう。ヴィラーグ事件では，第1に，訴追側と弁護側は何が「重大な証拠」であるかについて異なった見解をとっていたようである。第2に，重大性の問

題を適切なレベルで検討できるようにする仕組みがないことを，事件は浮き彫りにしている。第3に，弁護側に重大な証拠を十分に検討して調査の機会を与えるために，どのくらい，いつ，開示されるべきかという問題を事件は提起している。一方で，警察が発見したもので重大だとされるもの全てが，弁護側に利用できるようにすべきかも問題となる。秘密情報を出さないという問題だけでもないであろう。実際に重大な証拠を陪審に示すことには広い裁量が弁護側に与えられている。あまり関連性のない陳述が利用されて陪審を混乱させ公判を延期させるのではないかと危惧している者も警察側にはいるが，それにも理由があるだろう。

5.4　1973年4月3日の下院で[1]司法運営法案の修正について述べた折に，法務次長は訴追側が陳述の複写を弁護側に開示することを要請していない一般準則の再検討を約束した。その結果公判前開示に関する諸問題が内務省で検討中であると我々は理解する。我々の前記パラグラフの主張が説明されるだろうと確信している。全ての調査が付託事項の範囲内であったとしても，我々がそれらを実行するには広すぎるであろう。同一性識別の問題だけではなくあらゆる問題に関して，弁護側の利用できる重大な全証拠についてカバーしなければならないだろう。

　(1)　Official Report Vol. 854, col 384.

5.5　しかし我々は提案もいくつかして，犯人描写のような同一性識別証拠に関する特定のものの公判前開示を提唱する。そして，我々はこれらをどのように取り扱うべきか判断しなければならなかった。以下が正論であろう。すなわち，現実の法そのものを理解し，間違っているかどうかは別としてひとまず一般的に現存の証拠開示義務が十分であると想定し，同一性識別証拠の特別の部分について開示しなくてもよいという例外であると主張されてきたかどうかを考慮することである。例外でないとすれば証拠開示の問題は一般的に取り扱われなければならない。

II　犯人描写

5.6　同一性が識別されていない者の犯罪を警察が立件する場合には，通常まず人の描写を目撃者から取得する。目撃者が複数いる場合には描写はかなり異なることもある。例外的に描写が多数存在したヴィラーグ事件がこれを物語っている。もちろん目撃者はペイエンを描写していた。彼の公式描写はパラグラフ**3.4**にある。目撃者による彼の描写は付録Fに要約されている。それらは相当にばらばらであると思われる。しかし描写は出発点である。警察は描写から追跡する人間像を形成できるかもしれない。

現在の証拠開示

　被疑者・被告人は，国家機関である捜査機関・訴追機関や裁判所のように，強制力を用いて証拠を集めることができない。そこで被疑者・被告人には捜査機関・訴追機関の手持ち証拠を閲覧し，防御の準備をすることが必要になる。これが証拠開示の問題である。

　イギリスでは，1996年刑事手続・捜査法（以下，96年法という。）によって，証拠開示がはじめて法律上の制度として整備された。それまでは，主として被告人の公正な裁判を受ける権利の保障という観点から，判例や実務上確立したルール（準則）などによって，事実上，証拠開示が行われてきた。96年法の特色は，訴追側の手持ち証拠のうち，公判で使用する予定のない証拠の開示を二つの手続段階に分けて新設した点である。すなわち，刑事法院で審理される事件において，まず，訴追側の主張を崩す可能性があると訴追側自らが判断した手持ち証拠（例えば，犯人に関する最初の描写記録，犯罪行為状況に関する被告人からの情報，自白の信用性・証人の信用性に疑いを持たせる資料・情報など）と，捜査機関が収集した証拠一覧表が公判付託手続終了後，被告人側に開示される（第一次証拠開示）。次に，被告人側が自らの主張を記載した書面を裁判所・訴追側に送付する（被告人側主張開示）。これをうけて，その主張を立証するのに役立つと考えられるような訴追側手持ち証拠が被告人に開示される（第二次証拠開示）。そしてこれに対して被告人側の不服申立てが認められる。このような二段階の開示手続は，従来の実務にはなかったもので，そのねらいは，裁判手続の効率性と裁判の公正さの確保にあるといわれているが，従来の実務慣行と比べて，被告人の防御を著しく制限するものだとする批判が強く，また，実際上，捜査機関の証拠一覧表の内容が十分でないことも問題点として指摘されている。

　イギリスの証拠開示に関しては巻末の文献一覧を参照されたい。

II 犯人描写

5.7 目撃者の初回面接時に適切な書式に基づき目撃者の署名による描写を目撃者からとるよう警察が法的に義務付けられ，とられた全描写の複写が弁護側に開示されるべきであると我々に提案された。この提案自体――あるいはその大部分――が助言者の多数に支持された。その多くはＣＬＲＣで承認された[1]。既に実務では要求に基づきそのような描写を開示している警察もある。

　(1)　Eleventh Report, paragraph 200.

5.8　我々はまず同一性識別証人，すなわち被告人を識別するために公判に召喚された者たちに関する提案を検討する。弁護側は証人のどんな描写記録も知りたいと普通は思う。ドーティー事件のように（パラグラフ**2.23**参照）被告人席にいる者に関する不正確な描写があれば，同一性識別はそれ故に弱まると陪審に主張することができる。我々はこのことについて注意しなければならないと考える。ＣＬＲＣが述べているように一般に「外見を描写することについてかなり不得意である人が多い」。心理学者たちはそのような証拠が顔の同一性識別よりも誤りやすいことを述べているし，この点について経験ある実務家も同意し補強する。顔は記憶できるが適切又は正確に顔を描写することはできない人は多いと，心理学者たちは述べる。しかし第１回描写に依拠することが証人の同一性識別の力を審査する一方法であり，弁護側に利用されるべきであると我々が考える方法であるという事実は残る。

5.9　もちろん同一性識別証人を反対尋問するときには，最初に作った描写を求め，それと証人の証言とを比較することが弁護側に認められる。弁護側弁護士は描写がどうなのか分からないときには比較できないであろう。弁護側が事前に知ることは正しいが，弁護側は描写が証言に合致していれば描写を締め出し合致していなければ締め出さないという選択の自由を持つべきではないと考える。描写が同一性識別に合致していれば――さらに描写が同一性識別を支持するならば――それを陪審は知るべきである。したがって同一性識別証人の描写は証拠として許容されうると我々は勧告する。公判付託手続で提出される証人の陳述による証拠にそれを含めることで，――既にかなり頻繁になされているように――これを達成できるであろう。

5.10　許容性には限界がなければならない。第１に，そのルールは同一性識別証人にのみ適用されるべきであると我々は考える。良質の描写を提供したとしても，パレードやその他比較可能な場面で被疑者・被告人の識別に失敗する証人もいるかもしれない。彼らは認識以外の関連事実を立証するために召喚されるかもしれない。ルールが彼らに適用されるべきであるとは我々は考えない。第２に，次のような描写にルールが制限されるべきではないと我々は考える。すなわち，最初の便宜的機会に，とりわけ目撃者が被疑者を再度目撃する前（例えば，目撃者と警察が被疑者を目撃した場所に直ぐに訪れるとすれば起こるようなこと），又は被疑者の写真を見たり，

第5章　公判前の手続

その他の情報源から被疑者の描写を受ける前に警察に提供された描写である。

5.11 前記2つのパラグラフでは我々は提案の一部だけを検討してきた。そしておそらくその中で議論の余地がないのは，現実に識別するために召喚された証人にそれを適用することであろう。しかし警察が識別するために召喚する証人の数以上の人数から，描写を獲得することもしばしばである。召喚されなかった証人の中には，パレードに出席して識別に失敗した者がいる。そのことは彼らが召喚されない理由である。訴追側は弁護側にそのような証人が供給した描写を開示すべきであろうか。我々が上記パラグラフ**5.1**で要約した現行証拠開示準則を狭く解釈しない限り，訴追側には弁護側にそのような証人の名前と住所を開示する義務があるだろう。犯人を目撃したがこの被疑者・被告人ではないと述べた証人は，当然，犯人は被疑者・被告人であると述べた者と同じくらい重要である。いずれにせよ積極的にそうだといわない証人は重大であろう。そして彼が積極的であるかどうかという問題は，弁護側が提起する主張の中ではじめて判断することができるのである。少し異なった状況にあるヴィラーグ事件のダネンバーグは，弁護側を援助する証人になっていたであろう。現行規則がどの程度まで厳格であるかを今まで判断してきたかどうかは疑わしい。とにかくパレードに出席した証人の名前と住所は弁護側に知らされるであろう。したがって，おそらく犯人を識別しないであろうと証人が述べたため警察が2度とパレードにその者を呼び出さなかったという特殊な場面にのみ，ルールは適用されうるだろう。

5.12 証人がパレードに出席するしないに関係なく実務は同じにすべきであると考える。そして弁護側に知られている証人による描写の弁護側への開示を制定することが，もっぱら現行実務の延長であるとは，我々は考えない。同一性識別証人は普通はパレードに出席し，それによって公判前に弁護側に知られるので，その者は上記パラグラフ**5.5**で検討した特別の種類のカテゴリーを構成すると我々は考える。だから証人がパレードに出席するしないに関係なく犯行現場付近で犯人を目撃したため訴追側に知られている証人について，その住所，名前並びにその者が提供した犯人描写の複写を，訴追側は要求に基づき弁護側に開示すべきであると我々は結論づける。

5.13 このことから我々は提案の第1部分に戻る。目撃者の第1回面接で適切な書式に基づき，目撃者の署名による犯人描写を獲得する法的義務を警察に付すという提案である。警察はここでの法的義務の導入に反対する。初回描写のときには犯人捜査の範囲を狭めるという必要性がある。それ故，捜査の迅速性，成功性を阻む形式化がなされるべきではない。初回描写は迅速かつ非形式的に犯行現場で採取されなければならない。捜査官は犯人発見に資すると思われる質問を自由にできなけれ

ばならないし，迅速性に反する規則によってその自由が抑制されてはならない。この段階の第1目的は犯人発見であり，その公判に関連資料を提供することではない。集められた資料が必然的に不完全であるとまではいえない。公判で無罪，有罪を判断することが重要であるのと同様に，想定される犯人を捜査するうえで正確な描写の獲得は重要である。迅速性によって証人の記憶が汚され描写が誤るとすれば，捜査は最も損失を与える。迅速性の証拠は，訴追側による描写の利用を却下するために利用されうるのは当然である[1]。

　(1)　同様の点につき Archbold, paragraph 523 a‒b 参照。

5.14　我々は書式が規定されるべきであるとは考えない。貴重にもそれは相当苦心して作られているため，証人が手を借りずに自分では扱えないだろう。警察雑誌に公表されている小さなカードを携えている警察官も多い。「人あるいは身体の描写」と冒頭にあり，「証人ができる限り詳細に情報を提供できるように援助する注意者」として利用するためにそれは工夫されている。それは20の身体的特徴にわたり，各々12までの選択的描写が可能である。このようなカードを警察官が上手に使用することは，描写を獲得する最高の方法であると我々は考える。

5.15　描写の扱いが犯人捜査の障害となるという法規上の問題とされるほど，描写には十分な証拠価値はないと我々は結論づける。しかし管理運営上の規則によって警察はできる限り描写を獲得すべきである。大多数の事件では警察が描写を獲得していると考えられる。描写が獲得された場合には，描写を開示する法的義務があるはずだと考える。それ故描写には2つの規定が必要である。第1は我々の示す義務を課すこと，第2は同一性識別証人による初期描写の証拠が許容されることである。第2は次の文章による。

　　訴追側証人が法廷で被告人を犯行現場で目撃した人物であると識別したとき，その証人が署名し，警察官の第1回面接で提供したその人物の描写は，同一性識別が描写と一致することを示す証拠として許容されうる。

　これは，性的暴行を受けた女性の告訴と同じ条件・目的で描写が許容されるように意図している。この条件による制定法によって，証拠は許容されるかもしれず，裁判官が許容は不公正であると考える事件では，それを排除する裁判官の一般的裁量が保証される。告訴事件で主張される原則と同じ原則で，裁判官が裁量を行使することは明らかだろう。すなわち，直接誘導されたり，間接的に写真か何かを見せられて証人が暗示された描写を，裁判官は認めないであろう。性的事件に関する法律では，告訴は一貫性があるものとして証拠となるだけであり，補強証拠とされることはない。同一性識別と一致する描写はそれに付加的価値を与えると考えられる。それ故，その目的のためにそれを認めないという特別規定を我々は提案しない。しかし，蓋然性のレベルから合理的確実性のレベルまで同一性識別を引き上げるには，

それだけで一般的に十分であるとは思われない。

Ⅲ　写真の使用

(1)　現在の問題[1]

5.16　警察が犯人を捜すときの写真使用は，状況次第でいずれにせよ問題となる。問題は主に警察が被疑者を特定したかどうかである。

被疑者を特定していないとき，警察はドーティー事件とヴィラーグ事件でしたようなことをするだろう。つまり記録から犯人はあの男であると考える犯罪者の警察写真帳を利用する。この実務は大きな問題を生じさせる。

警察が被疑者を特定したが彼の所在が分からないとき，警察はその写真を準備できるであろうし，プレスやメディアに写真を公表し，接触があったと考えられる個人に見せたいと思うだろう。これは小さな問題を生じさせる。小さいというのは，公判で同一性識別証人になることが要請される者への写真呈示という最初の場合よりも，問題が小さいと思われるからである。

　(1)　これらは控訴院の多数の事件で検討された。最近の事例では *R v. Capaldi*（CA, 23 November 1973, unreported）と *R v. Brett and Others*（CA, 28 July 1975, unreported）がある。

5.17　ドーティー事件とヴィラーグ事件では大きな問題が生じた。我々はまずこれを検討する。既に述べた（パラグラフ **2.25-26**）2つの困難が状況によって生じる。第1に，写真を呈示された証人が同一性識別パレードに出席したとき，以前に犯人として形成した印象よりも写真を記憶に留めている可能性が大きい。第2に，警察写真帳に被疑者の写真が含まれていることにより，彼には前歴があることを陪審に示すことになりうる。

5.18　これら困難は一般に承認される。しかしそれぞれ少し敷衍したい。第1点では，写真呈示が証人の以前の犯人の印象にどの程度影響を与えるか評価することは難しい。ヴィラーグ事件はある程度の実例的データを提供している。パレードでヴィラーグを識別した証人8人中，3人が写真を呈示された。写真を呈示された4人目の男性はパレードでヴィラーグを識別しなかった。またヴィラーグを識別した3人中，1人は実際に写真帳で別人を選択したことも重要である。それ故，写真選択はパレードで必然的に同じ選択をするとは限らないことになる。しかし同じ選択をする可能性があることも疑う余地がない。我々は写真使用に関する準則でとられている方法に同意する。つまりパレード前の証人への写真呈示という事実は「彼の証言の証拠価値がかなり低くなる」とある（パラグラフ**18**）。この点で，第1の困難は第

Ⅲ 写真の使用

2の困難に繋がる。証拠価値が減じられたことを陪審が注意される場合には，誤判が生じる危険性はかなり結果として低くなる。しかし被告人は以前に警察の厄介になった事実を陪審に警告する危険性なくして，これはできない。

5.19 第2の困難について，陪審に対して率直であることがベストであると支持する学派がある。つまり警察写真の存在とそれがどの程度利用されたのかが明らかにされ，同一性識別証拠に真の価値を与えることをできる知識を陪審は提供されるという。これを支持して，被告人が善性格を立証されていないとそれは彼が悪性格であることを意味するだけであるということを知っている者が，全陪審員の中で少なくとも1人はいる可能性があると強調される。すなわち，写真の存在はそれ以上のことを陪審に語ることはないであろうということである。今のところ陪審が被告人の前歴をどの程度知るべきか，少し意見が分かれている。これは我々の領域の範囲外である。ＣＬＲＣの主張のように，被告人の悪性格に関する証拠開示について弁護側に制限する利益がある限り，いやしくもその制限が解かれるときは善性格について弁護側が申し出るときにちがいない。

5.20 そこで，弁護側が写真に言及しようと判断したとき──例えば，ヴィラーグ事件のように（パラグラフ**3.57**）──裁判官は陪審にその意味合いを無視するように述べる義務があると提案された。しかし裁判官がそうすれば，まずそうすることによって，写真が不利な意味合いとなることは明白である（そうでないこともある。ヴィラーグ事件では陪審は警察が外国人の写真を持っていることを知っていたとも想定できる）。次にそれは，陪審があまり注意を払わないかもしれないことへの合図となってしまう。公判で写真がどの程度目立つか次第であることが多い。そしてそれは，一般的規則の問題ではないというのが我々の意見である。とにかく弁護側弁護士が陪審に対する弁論において写真にいかに言及するかを眺めるのを好み，適切なときにそれを支持する裁判官も多い。

5.21 写真同一性識別を公式化して生の同一性識別パレードの代用として扱うことで，困難を乗り越えられるか。この考え方は粗略な検証と同様に生き残れないであろう。パレードの目標は，被疑者をよく似た多数人で囲むことである。写真呈示の際には被疑者や被告人として明らかな者はいない。それ故，彼に似た写真を集めることは不可能である。実際にこの段階での目標は似ている人を集めることではなく，被疑者の見込みのある者を集めて，その者が抜き出されるかどうか判断することである。写真帳はパレードのような十分な検査を提供しない。いかなる規制が呈示になされたとしても，被疑者が存在しないため，被疑者もそのソリシターもそこで規制が遵守されているか判断するために存在しえない。最終的に写真帳の呈示によってどのようにして写真帳が存在したのか，写真の人たちがどうしてそこにいるのか

第5章 公判前の手続

陪審は疑うだろう。

5.22　それ故3つの選択肢が残されるだけである。第1に，証人として見込みのある者には被疑者写真は呈示されない。第2に，被疑者写真を呈示された証人には公判で被告人を識別することを認めない。第3に，証人の見込みのある者に写真を呈示することができる限り制限される。

5.23　第1，第2を提唱した者はいない。第1は，犯人捜査について容認しえない障害を課すことになる。第2は，善性格の人間に認められない利益を悪性格の人間に与える。第1と第2の間の妥協点である第3を除いて，展望のある方向性は実際に存在しない。そこでは犯人捜査が優先されるが，写真呈示は捜査を効果的にする合理的に必要なものに限られる。

(2)　現行準則と改革

5.24　写真使用の現行準則には目的が3つある。最重要の第1目的は我々が今議論してきた。状況により個人識別が許されれば写真が呈示されてはならず，証人が写真から積極的に識別した場合にそれ以上写真が呈示されてはならないとパラグラフ18，20で規定される。この準則が本来ほど厳格に遵守されていないことを示す証拠がある。ドーティー事件，ヴィラーグ事件でそれは遵守されなかった。パラグラフ2.25，3.32を参照されたい。インス事件でも遵守されなかった[1]。これら各3事件では同一性識別が誤った。準則が2パラグラフではなく1パラグラフでしっかりと明確に書き直されるべきであると思われる。写真呈示が警察捜査に絶対的に必要でない限り，警察は見込みのある証人に写真呈示してはならないという内容である。十分な同一性識別を見込みのある証人から警察が獲得した後には，別証人への写真呈示は通常不必要であろう。1つの十分な同一性識別があれば，被疑者を特定し，疑いを強めたり除去する適切な方法をパレードという手段に警察は委ねるのである。

(1)　パラグラフ**4.38**参照。ジョージ・インスについて，ペイシェンス夫人の殺害容疑でまず匿名電話が警察に寄せられた。バーバリー・ペイシェンスが同一性識別パレードへの出席を勧められインスを識別するが，その前に彼女はその他11人とインスの写真があるカードを呈示された（彼女はそれから部分的な同一性識別をした）。その後2場面で合計6のインスの個人写真を呈示された。

5.25　第2目的は写真の呈示条件を定めることである。現行準則ではこれはパラグラフ**19，23，24**にある。パラグラフ**19，23**は補助的である。利用される写真は，法廷で提出するために利用できること，弁護側は写真が利用されたことを知らされることが規定されている。主要準則はパラグラフ**24**の最後にある。すなわち「証人は，他からの助けを受けず，他の証人と相談する機会がない状況で，選択するようにさ

III 写真の使用

れなければならない」とある。不幸にもパラグラフ24の最初の部分は，その作用を被疑者が既に選択された場合に制限する。それ故パラグラフは我々が前記パラグラフ5.16で主要問題として詳述したことに及ばない。すなわち警察が被疑者を捜査したドーディー事件，ヴィラーグ事件で起ったことである。この状況ではいかに写真帳が構成されるかを規定する準則を制定できない。警察は被疑者の輪郭を有しているだけである。例えばハンガリー人とか万引きをする人とかである。警察はその輪郭から写真帳を構成しなければならない。警察は被疑者がどういう人物かまだ分からないため，似た人物を集めていない。

5.26 いかなる目的で利用されるとしても，単純に写真帳が証人に呈示される条件を定める準則は必要である。条件は同一性識別パレードに適用される条件とできる限り同じでなければならないと考えられる。そこには以下のことが含まれる必要がある。
  1. 手続は少なくとも巡査部長の地位の警察官に監督されるべきである。
  2. 1回に1証人しか出席してはならず，監督官のいる部屋で1人になってはじめて証人に写真帳が呈示される。選択のため複数の証人が出席したときには，お互いに話さないように気を付けなければならない。
  3. 証人は自分で選択するようにされなければならない。最低12枚の写真がある写真帳には，選択した写真が事後に明らかにされるように数字が付されるか，他の方法により印が付されなければならない。

監督官はこの手続遂行を報告書に記録する。報告書の複写が弁護側に開示されなければならない。報告書には写真による検査日時が付されなければならない。写真による検査と同一性識別パレードとの経過時間を知ることは，間隔が短いほど同一性識別の価値は低くなるため，弁護側には重要である。

5.27 現行準則の第3目的はパラグラフ21，22に規定されている。つまり写真同一性識別した証人がその後パレードに出席すべきときと，出席してはならないときが規定されている。その証人が出席するのは常に望ましいと考える。写真同一性識別がパレードで確認されたかどうかを知る権利が弁護側にあると我々は考える。それは同一性識別が確認されることには決してならない。我々が指摘したように，ヴィラーグ事件では3人に対して1人が確認しなかった。

パラグラフ21と22で規定される条件は，我々の提案する被告人席同一性識別の規則（上記パラグラフ4.102と4.108）の制度が認められれば変更されるであろう。その制度では，その後パレードが行われずに被告人席で犯行以後目にしていない者を識別し，実際に選択することを，証人に認めることが必要となる。我々はこれを被告人席同一性識別のための十分な基本的条件とみなしていない。さらにそれは法廷では言及されてはならない基本的条件である。いわば被告人席同一性識別を行うため

第5章 公判前の手続

の資格が，証人が警察写真帳から被告人の写真を抜き出したことになるからである。犯行時に被告人を目撃したときと被告人席で見たときの間に，被告人に関する自己の記憶を考える機会が証人にはなかったという誤印象に陪審は委ねられてしまう。

準則21と22が削除されるべきであると我々は勧告する。

5.28 ここで小さな問題を生じさせるとパラグラフ5.16で記述したことに戻る。すなわち警察が取調べを希望する特定被疑者を確認したが，所在が知れないときの状況である。警察が被疑者の写真を獲得したとき，警察はそれを被疑者を目撃したと警察が考える個人に呈示したいと考え，プレスその他のメディアでの写真公表を考えるかもしれない。警察が写真を個人に呈示する場合，その後パレードで被疑者を抜き出すことを警察が望む人物にはできる限り写真呈示すべきでない。プレスでの公表については，例外的状況にのみこの方法が利用され，その利用判断は地位の低い警察官に委ねられない。この状況での写真の呈示と公表は，実際に被疑者に前歴があっても前歴を表すことには必ずしもならない。故に保護の必要性はあまり大きくない。弁護側は同一性識別証拠が弱まったことを指摘できる。このことを警察は十分知っているので，写真使用を自ら制限することがあてにできる。

Ⅳ　同一性識別パレード

(1) 起源と現在の位置

5.29 我々はパラグラフ1.10で同一性識別パレードの起源を簡潔に述べた。それは首都圏警察で発展したし，司法の圧力にもよる。裁判官はその発展に重要な役割を果たしたことは確かである。溯れば，最初の記録は1860年3月24日の「ミドルセックス裁判所補助裁判官意見」に従う警察通達にある。1904年ベック事件に従い，首都圏警察は規則を改定した。1905年に内務大臣はこれら規則を全ての警察本部長に勧めた。規則は当初から警察への通達ないし指示として作成されていた。規則はこの形式から外れることはなかった。しかし規則は刑事法の全実務家にとってかなり重要となってきた。1969年，規則は初めて実務家アーチボールドのテキストブックに付録として活字とされた。我々は付録Aにそれらを掲載した。

5.30 パレードは現在，広く利用されている。我々は付録Bで1973年の統計を表にて提示している。特に興味深いことは，警察が呈示した被疑者は証人により選ばれること，逆に証人が被疑者以外の誰かを抜き出すか，何ら同一性識別を行わないとき，パレードは「否定的な証拠」を生むといわれることである。既にこの現象を我々はヴィラーグ事件で記述した（パラグラフ3.34-35及び付録D）。付録Bの数字によれば，1973年に実施されたパレードで被疑者が選ばれたのは半分以下であり

(2116件中944件), 984件で誰も選ばれなかった。しかし, この点につき内務省提供による情報という限られた事件数で, さらに詳しく分析できた。結果は付録Gの表Ⅱにある。同一性識別パレードはこれら事件の18件で総計被疑者21のために準備された。これら被疑者の中で15人に2人以上の証人がいた。しかし3件でしか証人は被疑者選択で一致しなかった。生の数字だけでは, 問題について粗野で手近な兆候を提供しうるだけである。例えば犯人を観察する様々な機会をもつ証人が, 同じパレードに呼び出されるかもしれない。しかし書面からはこれらの相違は判断できない。さらに警察実務も様々であろう。重大事件では, 犯人の目撃機会をもつ全証人がパレード出席に呼び出されるだろう。しかしさして重大ではない事件では, 証人となりうる者だけが選択を要求されるだろう。しかし利用可能な情報は十分である。我々は同一性識別パレードによる証拠から肯定的なものだけでなく, 否定的なものにも陪審に注意するように裁判官が促すことが重要であると強調したい（パラグラフ**4.57**及び**4.59**参照）。

5.31　現在パレードは警察取調べのように, 準則でコントロールされる準司法的公判前手続として, 刑事手続で行われている。我々の勧告のように, 公判で同一性識別が通常必要不可欠とされるならば, この発展は充実していくだろう。これを意識して, その改善のための提案を注意深く考慮した。しかし, 我々は5つの主要な検討視点に基づきそれらを検討した。

　第1に, 我々は全体として十分に機能している制度を扱っている。我々は不服をいくつか受けているが, ほとんど具体的でない。提案されている改善は, 主に, 現行準則の改定, 拡充といった細部と枠組みの問題である。パラグラフ3の規定のように, 独立した警察官の監督のもとそれらは行われる。それらが誠実かつ公正に運営されているとして, 批判をほとんど聞かなかった。そしてソリシターや広くその他から好ましい証言を受けた。

　第2に, パレードの構成には警察にかなりの負担を課す。あちこちに赴き, 被疑者と「できる限り同じ年齢, 背丈, 外見（着衣と着こなしの基準を含む）, 生活の地位」の一般人8人以上を登録することは容易な仕事でない[1]。幸いにも, 陪審に従事する義務と同じ国民の義務であると理解する人は多い。そのように考えられなければ, その仕事はできない。しかし言い逃れをする人も多い。強制手段もない。この他に警察署はパレード実施のために整備されなければならない。パレード以外で被疑者を目撃する危険性がなく, 証人間で連絡する危険性がないよう証人も収容されなければならない。特に首都地区の話では, 必要人数の徴集は徐々に難しくなっている。

　第3に, 過去の地位がなんであろうとも, 我々の勧告が受け入れられれば, 同一性識別パレードは, 通常事件では, 合理的疑いを超えてそれだけで同一性識別として提出されることはないだろう。このように結論されない限り, パレードを実際の

第5章　公判前の手続

もの以上に正確な道具にしても何も得られない。パレードは工夫された最高の手段ではあるが，誤ることのないものでは決してないと陪審に注意するのはなおよい。洗練されるほど，パレードが十分に履行されているかが公判で争われるだろう。唯一パレードだけが本当に問題となっているという印象を，陪審に与えることになる。

　第4に，法廷での対面がないまま同一性識別を達成する最も実行可能な方法として，パレードが生まれた。それは科学的テストではなく，安心できる科学的テストの1つとしては扱えない。

　第5に，我々はその他に提案を受けていない。そして心理学による多数の証拠は，視覚的同一性識別というより目撃証人の証言一般に向けられてきた。それ故我々には，同一性識別パレードを，前に目撃した顔を識別する人間の能力について利用できる最も公正かつ実践的テストとみなすことが義務づけられている。

　(1)　このような難しさは，1929年警察権限と手続に関する王立委員会でも述べられている（Cmd 3297, paragraph 129）。

(2)　権利と義務

5.32　この項目では，我々は，被疑者がパレードを要求する権利があるかどうか，どのような条件で，警察にはパレードを準備する義務があるのか，そして逆に，警察は被疑者にパレード出席を強制することができるのか，できないとすると，被疑者が出席を拒否した結果はどのようになるのか，を考察することを提案する。

5.33　まず最初に，被疑者には要求に基づきパレードを実施する権利があるという一般的前提に関する議論はない。我々は被疑者が要求したが不合理に拒否された事件を知らない。一方で警察がパレード準備に積極的でないことが批判された事件はあった。我々は，パレードが不必要，実行不可能であると考えられない限り，過去にパレードがなければ法廷同一性識別はあってはならないという我々の提案（パラグラフ**4.99-108**）で，実際の一般的状況をカバーした。ここでの関心は，パレードについての被疑者の一般的権利ではなく，ソリシター立会いといった特定条件でパレードを行う権利である。我々は問題のこの側面をパラグラフ**5.35-44**で検証する。

5.34　既にパラグラフ**4.90**及び**4.103**から**105**で被疑者がパレード出席を拒否したときに作り出される状況について，我々は同様に既に触れた。我々は以下パラグラフ**5.45**でこのことを詳述する。しかし無条件拒否という状況のものでは必ずしもない。再度パレードの実施条件が問題となりうるだろう。

5.35　もちろん両当事者側から条件につき議論されるだろう。例えばヴィラーグ事件である。弁護側はその他に外国人がいないままヴィラーグをパレードに置くことが不公正であると述べたであろう。警察はブリストルで外国人を必要人数だけ集め

Ⅳ 同一性識別パレード

ることは不可能であると答えただろう。弁護側はロンドンでパレードが行われるべきであると応答しただろう、などなど。また、被疑者はあまり合理的要求をしないかもしれない。我々は首都圏警察管区での1974年10月の事件を知らされた。そこでは描写が被疑者に合致しているか確認するため、弁護人がまず証人に質問することを認めない限り、法的助言に従い被疑者がパレードに出席することを拒否するというものである。描写が合致していなければ、パレードに出席しないと被疑者は述べた。

5.36 結局、識別されるのを恐れる被疑者がパレードを避け、パレードを理由なく拒否しようとたくさん条件を考え出すことができる。それはその後公判で被告人の機会を害するだろう。我々は首都圏警察からこのような場合があったことを知らされている。そして、条件の争いがないときでも、警察が希望するように迅速にそれらを遂行することは難しいだろう。警察側と弁護側にとってパレードはそれぞれ違う目的のためにあるから、両者間の利益に内在的衝突があることは十分には認識されていないだろう。警察の目的は正確に人間を獲得するかどうか確かめることである。そこで彼らは逮捕直後、通常は正式告発前にパレード実施を望む。同一性識別されなければ被疑者の釈放を望み、犯人捜査を継続する。しかし被疑者の観点からは、パレードの目的は誤った同一性識別からの被疑者保護である。特に被疑者が保釈中のときには、被疑者は迅速性より安全性に関心がある。

5.37 このような難しいことが生じる典型的事例は、被疑者がパレードにソリシター立会いを要求したときである。原則としてこれは解決済みである。パレード準則パラグラフ10に、被疑者には「もし被疑者は自分のソリシター又は友人に同一性識別パレードに立ち会ってほしいなら、それが可能であること」の告知が要請されている。被疑者が自分のソリシターを容易に利用できるときは問題ない。しかしそうでない場合には問題がある。警察は被疑者のためにソリシターを探すよう合理的手段を、通常、準備をしている。しかしソリシターを見つけられないからといって、無期限にパレードを遅らせることはない。

5.38 同一性識別パレードに進む被疑者の圧倒的多数には、ソリシターは法律扶助によるソリシターを意味する。どの程度、法律扶助が同一性識別パレードに利用されているのか。被疑者がマジストレイトに引致され、法律扶助証明書の獲得後に初めてパレードが実施される場合には、利用可能性は相当ある。被疑者やその親族がヴィラーグ事件のように（パラグラフ3.39-40）既にソリシターと接触したわけではなければ、裁判所職員あるいは警察がソリシターを見つけるられるかもしれない。マジストレイト裁判所に当番弁護士が出席していたり、ソリシター協会がそのような制度を奨励しようと最善の努力を尽くしている地域もある。

第5章 公判前の手続

5.39 しかしドーティー事件やヴィラーグ事件のように，マジストレイトに被疑者が引致される前にパレードが調整されることは多い。この段階で法律扶助は助言・援助制度のもとで利用できる。しかし一般的な制度と比較して，これは制限されている。助言・援助制度の採用につきその他の問題もあるが，詳述する余地がない。法律扶助基金から支払われるソリシターが，警察による合理的なパレード実施の要求に対して常に利用できるよう保証するには費用がかかり，実践不可能な制度拡張を意味するだろうというだけで十分である。パレード実施の際には，常時自分を代理するソリシターを被疑者が付けることは望ましいと我々は考える。しかしパレードが公正な手段で警察により実施されることにつき我々がもつ証拠と，パレードの不平がないことからそれが絶対的に必要であるという結論に我々は至っていない。

5.40 パレードの実施条件に関する議論はほとんどない。警察側の合理主義と，協力しないことにより公判における変化に対して不利益に扱われるという被疑者側の恐れとが結び付くことによって，現在，制度は十二分に機能している。被告人席同一性識別に認められる制約によって，この恐れは少なくなるかもしれない。また法的助言の普及によって，恐れはあまり広がらない傾向にもあるだろう。ソリシター不在のまま，あるいは実際に被疑者が嫌うその他の条件で，被疑者がパレード続行を義務づけられないことを被疑者が認識する ── そして認識に基づき行動する ── 時代が到来しているのだろう。被疑者がソリシター不在のままで供述を義務づけられないのと同様に。

5.41 片方がまずパレードを詳しく規定する権利を持たなければならず，それに対する他方に託さなければならないことは明らかである。同様に，規定側がパレード施設に責任のある側，すなわち警察でなければならないことも明らかである。問題はいかに弁護側の異議を最高の形で解決するかである。第1は対話の問題として意見の衝突を扱い，それを判断するための何か新しい司法機関を設立することである。第2は，棄権という最終過程を準備しないとすれば，弁護側に警察の規則に従うことを要請するけれども，公判でそれらに挑戦する権利を付与することである。

5.42 何らかの対話機関とは，マジストレイト又は裁判官室における巡回裁判官へ頼ることを意味する。専門家である助言者の大多数はこれが不可能であると考えている。せいぜい不十分な解決でしかないであろう。それは24時間までの遅滞を課さざるをえないし，警察に受け入れられないであろう。ヴィラーグ事件のように（パラグラフ3.29-30参照）警察が危険な犯人の捜査に従事するとき，捜査が迅速に進められるのであれば直ちに確認ないし除外されるにちがいない無実である多数の被疑者を，同一性識別のために連れて来ることになるだろう。その他の制約は次の事実により生じるであろう。すなわちパレードが始められてから初めて異議が出され，

Ⅳ 同一性識別パレード

パレードの構成の良し悪しにかかわらず，裁判所への申立てによりパレード放棄という目的が達成されるであろうという事実である。

5.43 代替案はいわゆる公判内公判である。証拠の許容性について，パレードは不公正に実施されたという理由に基き，弁護側が異議を申し立てる。通常裁判官は，この問題について陪審のいないところで証拠を審理しようと中断する。調査に基づき裁判官が異議を認めるか却下する。公判はその後続行される。特に弁護側の観点からは，裁判官に既成事実を提示されることが不利益である。パレード前に妥協されたか解消されたかもしれない異議が，今，明確に判断されなければならない。いったん非難されるべき条件でパレードが行われると，改善された条件の下で別のパレードを行うことは不可能になる。訴追側が依拠する不可欠の証拠を完全に排除してしまう劇的な救済を，裁判官は採用したがらない。それ故，裁判官は事前に検討しよく筋が通っていると考えられた異議を無視しがちである。これは弁護側弁護士の現在の経験であるといわれている。現行制度のもとで，弁護側に不利益な証拠を排除する裁判官の一般的裁量のもとで，不公正なパレードによる証拠を裁判官が排除するように弁護側は自由に求めることができる。しかし裁判官が不利なコメントをするように導かれたとしても，証拠排除はきわめて稀であるといわれている。

5.44 我々が述べたように現行制度は合理的によく機能しており，全体としてそれを司法機関に導入する時期が来たとはまだ考えられない。それ故，警察ができる限り公正にパレードの条件について継続して意見の衝突について判断すべきであると考える。行き詰まったときには弁護側が不承不承であるが甘受しなければならない。不服は公式に記録されるべきである。公判で攻撃されるとき，同一性識別後に考えたといわれうることより，そのときに考えたことに基づくとすれば，弁護側は成功する機会にさらに恵まれるであろう。

5.45 ここでパレード出席の拒否の問題に戻る。結果として，被告人席同一性識別が認められるだろう。同じ結果は，保釈中の被疑者・被告人が繰り返しパレードに出席できないことによって生じるだろう。1度できないことがあれば，警察はその原因を解明するように努めなければならず，おそらく逮捕によって適切と考えられる行動をとらなければならないと考える。身柄の拘束いかんにかかわらず，被疑者・被告人は拒否後あるいは1度の出席不能後に以下の文章の通知を送達されるべきである。

　　あなたは実施される同一性識別パレードへの出席を，最後に公式に要請される。……あなたが希望すれば不同意のままで出席してよい。あなたの異議と述べられた理由は，書面でパレード担当警察官により記録される。公判でパレードの同一性識別が許容されないことの妥当性を支持するとき，

第5章　公判前の手続

あなたはそれを利用できる。

あなたがパレードを拒否するか出席不能であれば，その事実が証拠とされうる。さらに被告人席であなたを識別するために，告発された犯罪と結びつく状況でのあなたの目撃者として証人が公判に召喚されることもある。

(3)　パレードの撮影

5.46　パレードの態様について我々がもつ提案は，ほぼ現行準則の改定に関する。我々は新形態の導入に関する提案を少々受けとった。この中で重要な提案の1つはパレードを撮影するという提案である。この提案はかなりの支持を得た。特に首席裁判官とキュザック裁判官から支持を得た。しかし警察その他の団体からは，冷静に，積極的な反対というよりも熱意なく受けとられた。写真使用の有用性はそんなに大きくなるとは考えられないが，引き起こされる問題次第で大きくなると感じられる。

5.47　これらの議論を比較検討した後，白黒写真でパレード配列を撮影する原則を支持することに我々は落ちついた。これにより陪審は被疑者が目立っているか判断できると考えられる。被疑者が目立っていないのであれば，パレードはその目的を満たす。緻密に調査して初めて違いが分かるほど，似た人物を招集するようには期待できない。それ故，我々はさらに精巧なものには賛成しない。カラー写真が特に価値があるとは考えられない。パレードが普通実施される条件で撮影されると，カラーは当てにならないかもしれない。我々が考えている目的から，映画フィルムが写真と同じくらい価値があるとは考えられない。望まれるべきは陪審が陪審席で点検し，それを陪審室に持って行き，好きなだけ見ることのできる写真であり，評議を中断し最後まで見なければならないフィルムではない。

5.48　パレードが写真撮影されるとどのような効果があるのか，我々には証拠がない。警察側証人はそのためにボランティアが参加したがらなくなると懸念する。参加者（手伝うために連れられた一般公衆の人を指す限定的意味で我々はその言葉を使用する）は，現在は通常ほぼその名前と住所を残す。しかし喜んでそうする多くの人々が，「警察写真」と呼ばれ，一件書類のために利用されると考えられるものを撮影することに好意的でないと警察は考えている。指紋を採取するときの警察側への異議と同じ異議がある。これらの異議が正しいか否かを確認する唯一の方法は実験である。それ故，実験がいくつかの代表的地区でなされ，それらが不成功に終わらない限り，広く実践されるべきであると勧告する。しかしそれは以下の条件に従うべきである。

1. 写真の保護，最終的な消去について規定されなければならない。
2. 写真は単に配列されたパレードでなければならない。個々の写真が

Ⅳ 同一性識別パレード

あってはならない。

3. パレード担当警察官は被疑者がパレード撮影を希望するか確認すべきである。警察写真に異議を唱える者もいるであろう。撮影が被疑者の利益のためになされるため、その異議を無視することは意味がない。異議は記録され、写真撮影は放棄されるべきである。

4. パレード担当警察官は、写真撮影がまさに行われることを告知すべきである。そして写真の理由を説明し、それが誤って利用されないよう用心していることを説明すべきである。参加者が異議を唱えた場合、警察官は写真なしで済ますか、異議者なしで済ますかを判断する。

(4) 参加者

5.49 参加者がその名前と住所を残すことは全くあたりまえのことであると偶々上述した。これが広く実践されるべきであると提案された。パレードの不公正さに不服がある場合、それを利用して独立している証人に接触できるという利点が指摘されている。被疑者自身が独立していないのは明らかであり、そのソリシターもそこに立ち会っているならば、完全に独立していると陪審は考えないであろう。警察からではないが、提案には異議が唱えられた。しかし手続が抑圧的に考えられ、威嚇の危険性が生じるだろうという理由であった。

5.50 原則としてパレード参加者の記録が保管されることは望ましいと我々は結論づける。実務は既に大変広く行われており[1]、表明されている危惧を支持する証拠もないため、我々は一般的にそうされ、規則がその趣旨で作られるべきであると考える。しかし参加者が名前と住所の開示を拒否するときどのようにすべきかは、パレード担当警察官の裁量に委ねられるべきである。異議者なしで済ますことが警察官にとって普通は賢明であると我々は考える。拒否は稀有であろうし、識別されることを希望しない人が不適切な理由でパレードにつくとは想像できない。

(1) 実際に40ヶ所で通例である。

5.51 当然のこととして被疑者・被告人に付与されるパレード記録（以下パラグラフ5.75に言及される）に、名前と住所が含まれるべきであるとは勧告しない。それらは特別に請求されるべきである。

5.52 首都圏警察は、参加者に一定の出席料を支払えば、参加者の徴集業務がさらに簡単になるであろうと我々に提示する。この問題が首席警察官協会評議会で1975年6月に検討され、同一性識別パレードのボランティアによる各構成員に全国画一の報酬1ポンドが支払われるべきである、さらに一定額を負担する場合には合理的支払いによって負担費用がカバーされなければならないと勧告されたと理解してい

161

第5章　公判前の手続

る。我々はこの勧告に同意する。

(5) 証　人

5.53 意見書を提供した人たちと我々が少し詳しく議論した主題の1つは，パレードで証人が意図されない圧力に影響されやすいことである。我々が記したように，大変に神経質になりがちの者もおり，このことが同一性識別に影響する。証人はパレードで誰かを選びやすいはずで，選ぶことを期待されていると証人は感じていると示唆する心理学者の意見書に，我々はまた感銘を受けた。統計的に価値のあるこのことが統計には反映されていない。付録Bの表は，同一性識別率が驚くほど高かったことを示していない。逆にほぼ半数の証人が誰も選択できなかったことを明らかにしている。証人がある人を理性的に確認したとき，同一性識別を積極的にさせないように証人に何かを述べたり，したりすべきではないと当然のことながら警察は願っている。

5.54 パレード準則では，証人が犯人として識別する者に触れなければならないことを予定して，神経質な証人についてパラグラフ13で若干規定されている。そのような証人はさすことにより識別することができる。手で触れることにより証人が識別することは誤認の可能性を排除する唯一の方法であるため，一般的に望ましいと我々は考える。証人が手で触れたくないと監督官が思料する理由がある場合には，被疑者又は参加者を数字で表示する方がよいと思われる。実際にほとんどの参加者が，並べられた数字によるパレードで報告書では表示されている。警察にとっても参加者の前の床に数字が置かれて表象することは難しくないだろう。

5.55 我々はこの点につき，大変に興味深くトムソン委員会の考察を読んだ[1]。委員会は目前で被疑者を識別することを恐れる証人がいることを確認し，証人が被疑者の目に見えないまま被疑者を識別できるマジックミラー・スクリーン装置を全警察署に導入するよう提案している。マジックミラー・スクリーンの組立て費用及び不便さの他に，これには異議が2つある。第1は，同一性識別が被疑者の視界の中で行われないことになる。この種のパレードに必ず立ち会うべきであるとトムソン委員会が提案する被疑者のソリシターがスクリーンの背後にいる場合には，この異議は弱くなる。第2の異議は，証人が被疑者を識別した場合に，証人が公開裁判所で同一性識別を繰り返さなければならないことである。これは主張になるだろうと証人に警告する――警告により証人は識別しないかもしれない――必要があると思われる。そうしないと人目にさらされることはないと証人が誤解するおそれがあるからである。我々の手元の意見書からは，神経質な証人の問題は，前述の解決を要求するほど重大であるという結論には至らなかった。

(1) Cmnd 6218, paragraph 12.07.

Ⅳ 同一性識別パレード

5.56 指摘されていることであるが，人を凝視することを嫌い，パレードで近くで人を見極めることを恥ずかしいと思う証人もいる。「ニュー・ビヘイビアー」[1]という雑誌で報告された等身大に計画されたカラー・スライドの実験によると，カラー・スライドよりも伝統的なパレードの方が同一性識別の誤りが多かった。カラー・スライドを利用すると，パレード準備はさらに容易になるだろう。しかし伝統的なパレードを廃止する前に，かなりの実験が行われなければならないだろうと我々は考える。生の同一性識別が統計上のものよりもよいという一般的信頼に打ち勝つ強力な証拠が必要であろう。法の目的を達成する最終的な同一性識別は，公判で直になされなければならない。そしてスライドを見た証人が，現在見た男と異なっていたと述べる可能性は危険をおかしてまでは認められない。

(1) H. Dent and F. Gray, *Identification on Parade*, New Behaviour, 1975, 366-369.

5.57 確信しないまま証人が誰かを選ぶ心理的圧力を軽減する装置として，「不在パレード」が提案されてきた[1]。この制度では証人は２つのパレードを見ることが要求され，さらにどちらかに被疑者が立っていると告知される。このことによってパレードを用意するうえで，警察の仕事は２倍になるだろう。そして心理的圧力の問題が，そのような解決を要求するほど重要であると我々は考えない。さらに，二重パレードはそれ自体欠点もあるだろう。例えば被疑者が第１パレードにいて，証人が被疑者を識別した場合，第２パレードを行ううえで証人が明らかに混乱し，両方のパレードで誰かを識別する。しかし第２パレードが行われない場合には，参加者は，普通，時間を無駄に過ごしたと思い，ボランティア確保はすぐにますます困難になっていくだろう。被疑者が第１パレードにいなくて第２パレードにいて，証人が第１パレードで誰も識別できなかった場合に，心理学者が認めているように，１つのパレードの場合よりも第２パレードで誰かを識別する方がさらに圧力を彼は感じるであろう。

(1) 指摘は1929年警察権限と手続に関する王立委員会報告書に，少なくとも立ち戻る（Cmd 3297 paragraph 129）。そこでは「重要である」とされたと思われるが，問題について何も勧告されなかった。

5.58 証人が複数質問される場合に，心理的圧力が軽減されるかどうか我々は検討した。我々は以下の３つの質問をする考え方を検証した。
1. あなたはパレードで目撃した者を誰か積極的に識別できるか？
2. できなければ，あなたは目撃した者ととてもよく似ている者を誰かパレードで識別できるか？
3. できなければ，あなたは目撃した者がパレードにいないということができるか？

第5章 公判前の手続

5.59 その人であると積極的に述べることはできず，以前に目撃した誰かとその人が似ていると感じる証人は多いと思われる。第2質問は識別する圧力から逃れる機会を証人に与える。証人は自分の態度が全体的に否定的，非協力的でないと感じることなく，第1に対しノーと回答することができる。結果として積極的な同一性識別はほとんどなされないかもしれない。しかしよく似ているということ以上のことを明確にすることで，それらは一定の価値があるだろう。

5.60 これらの質問かそれに似たものは，警察代表者の何人かからむしろ別目的で実際に我々に提案された。証人が積極的に被疑者を識別できないとき，第2への回答と第3質問は，警察が捜査上で新しい手がかりをたどり始めなければならないかどうか判断しやすくするために価値があるだろう。それらは，捜査官がその後さらに捜査する過程で尋ねることのできる質問である。しかし，公開でパレード手続の一部として，尋ねられたので応答したといったものが確かにある。一方，我々に証拠を提供した団体の中には，いかなる目的であれ質問することに反対するものもあった。似ているという概念の導入への危惧もあれば（パラグラフ**4.9**参照），複数の質問をすると証人が混乱すると考えるものもあった。

5.61 全体的に，現行実務を改革しないことが最善であると結論した。これについての我々の主な理由は証人を困惑させる危険性からである。この現実的な危険性があることを経験者は認める。同一性識別パレードは形式はどうであれ法手続への最初の接触である証人は多い。裁判所と同じように，ほとんどの証人が招集前に手続現場を見ない。彼らはパレードに直接招集され，簡潔に話されて識別を要求される。彼らが事前に質問を通知されず，第1質問が答えられるまで第2質問がなされないなどがあれば，証人には手続はさらに簡単になるだろう。しかしこれは我々がパラグラフ**5.58**で考えた目的を無にするだろう。その目的によれば，証人は自分に提示された選択肢をもつか，何か質問に答えるよう要請される前に中間コースの選択が許されることを証人が知るよう要求される。これには困惑する証人がいることは明らかであろう。

5.62 その他の不利益もある。パレードの参加者全員は被疑者に似ていることが予定される。それ故，お互いにある程度までは似ている。したがって，かなり似ていることが何を意味するか証人には明らかでない。確かにそれは，あの人であると考えるけれどもその人と確信できない，しかしその人でないということもできないことを意味する。また犯人によく似ている人を証人が選ぶように誘導することは望ましくない。誘導に応じると期待されて選ばれることにパレードのボランティアは当惑する。さらにヴィラーグ事件の2回のパレードのうち，最初に参加した2名が第2回目のパレードに出席せず，その1名は第1回目で選び出されていた（付録C，

パラグラフ15参照)。そのようなことが，もちろんときにはあるはずである。しかし必要以上に頻繁に起きてはならない。結局，似ていることについての証拠上の地位は確かでない。

5.63 しかし，パレードで誰も選ばないならば義務を遂行していないことになるという意識から証人を解放するために，何かしなければならないと考える。犯行現場で目撃した者がパレードの人物の中には必ずしもいるわけではないことを，各同一性識別前に証人にパレード担当警察官が非公式に説明することによってこのことが最善の形で達成されるだろうと我々は結論づけた。言葉による厳格な形式を適切と考えるわけではないが，以下の文章のようなものが，我々が考える目的を果たすと思われる。

スミス氏

犯行であなたが……で……しているところを目撃した者を選ぶことができるかどうか判断することが，あなたには今日ここで求められる。

私はまず次のことを説明する。このパレードには被疑者だけではなく，8人の非関与者がいる。あなたにはしばらく列に沿って歩き，目撃した者がいれば…その人に手で触れてもらう予定である。しかしその前に，あなたが目撃した者はここにいないかもしれないことを指摘しておく。あなたは目撃した者があの人であると確信した場合にのみ，その者に手で触れなければならない。

5.64 識別するに至る者がパレードにいるか証人は問われるべきである。証人が積極的に同一性識別できない場合にはそうというように告げられなければならない。1つの質問の応答で証人が自発的に観察する場合には，それが記録されるべきである。これがパレード準則パラグラフ14で考慮されていることのように思われる。その種の証人が述べる例は付録Cパラグラフ18にある。我々はここで自発的な観察について扱う。証人の質問がパレードの一部として認められるとは，我々は考えない。

5.65 同一性識別前に，パレードの1人ないしはそれ以上の構成者が話すのを聞いたり，動くのを見たりすることを証人が求める場合がある。ここから難しい状況が作り出される。パレードは外見上の公正な審査にすぎない。参加者は話し方，歩き方が似ているために選ばれたのではない。選択前に構成者全員が話したり歩いたりしてもらうことは明らかに間違いである。なぜなら，話し方や動作の特徴が結果を決定してしまうからである。証人が2人ないしそれ以上の間で躊躇する場合には，彼らが話すところを聞いたり歩くところを見たりすることが，決断前に証人に許されるという主張がある。しかしここからいかに不公正な結果が生じるのかは容易に判断できる。ヴィラーグのパレードで，ヴィラーグとある人との間で証人が躊躇したと仮定してみよう。ヴィラーグが外国人なまりで，ある人はそうでないと分かれ

第5章　公判前の手続

ば，早速証人はヴィラーグを選択するだろう。彼はパレードでヴィラーグを選択したといわれるだろう。しかし実際に外見からは，彼は2人のどちらなのかいえなかったのである。

　一方，証人は外見の記憶を声や動作に頼ってチェックすべきでないとする理由はない。さらにテストすることで自分の記憶の誤りが証明されることもおそらくあるだろう。そうであれば，それを知るのは早ければ早いほどよい。証人が話すことや動くことを求めた場合に，1人だけそれは許されると証人は告げられるべきであると思われる。そして，外見から証人が選び，確証して同一性識別できるとする者がいるか証人に尋ねられるべきである。そうであれば，要するに声ないしは動作の対面となるものが行われ，同一性識別の確認，取消しが可能である。

　以上の趣旨の規制がパレード準則に導入され，現行準則15が改定されるべきであると我々は勧告する。手続が実施されるときは，手続は警視の報告書に記録されるべきである。

5.66　ヴィラーグ事件では（付録C，パラグラフ7），パレードを控える被疑者や参加者を見ることのできない部屋に証人らは収容された。パレード準則パラグラフ7では，証人はパレードを見せられる前に被疑者を見ないようにすることが規定されているが，その他の参加者については何もないという事実に我々は注目した。参加者が一般人による構成者であるということを暗示する状況において証人は参加者を見るべきでないことは，被疑者が被疑者であると暗示する状況で証人が被疑者を見るべきではないことと同様に重要である。証人がパレード室に入室したとき，被疑者ではない構成者を直ちに認識するとすれば，パレードの有効な人数はそれだけ減少する。

　証人は参加者を見かけないよう，一般実務で保証されていると我々は考えるが，準則ではこれが省略されていることは直されるべきであると考える。

5.67　証人について最後に，パレード招集の難しさと関連して，証人が来ないためパレード招集時に不幸な状況が作り出されることがあると，我々に指摘する警察代表者もいた。このようなことがよく起こるとは考えないが，このようなことが生じたときに警察に何の権限もないとは考えない。指定された時間・場所でのパレード出席を要請するために使うことのできる証人召喚状と似た召喚状の導入を，我々は勧告する。証人が出席を完全に拒否したという稀な場合にも，召喚状は利用されるべきである。最近の事例では[1]，重要な立証の証人として知覚の鋭い11歳の少女の同一性識別パレードへの出席を両親が認めなかった。その結果，彼女は有罪判決を導く被告人席同一性識別をした。証人であれ証人に権限を持つ者であれ，同一性識別パレードへの出席拒否は，法廷への出席拒否と同原理で指導されるべきであると我々は考える。

　(1)　*R v. Smith*　（CA, 17 June 1975, unreported).

心理学実験の論理

　20世紀始めに，ドイツの刑法学者リストは講義中に発砲事件を起こし，目撃証言が必ずしも信頼できるものではないことを，学生たちに実感させたという。同様の「演出された犯罪」はその後，各国で数多く繰り返され，わが国でも，植松正教授が刑法学会のおり，高名な法学者たち多数を前に，実施したことが知られている。しかし厳密に言えば，これらは実験でなく実演である。これで分かるのは，目撃証言が「間違いやすく」「思ったほど信頼できない」ということくらいでしかない。心理学者の実験では，特定の実施条件（例えば，パレードなどの手続）が結果や成績（例えば，誤認率）に「無視できない」影響を及ぼしているかどうか検討する。

　実際，「演出された犯罪」を用いた心理学実験で，「犯人」を正確に指摘できる目撃者の割合は，０％近くから100％近くまで幅広く分布する。同様に，無実の別人を「犯人」として誤認する割合も，実施条件などの違いにより，ほとんど０％からほぼ100％まで変わりうる。手続の違いにより結果がこれほど変わりうるのだから，目撃証言一般が信頼できるかどうかは，あまり意味のある問題とは言えない。

　裁判における現実の問題として，目撃証言一般が信頼できるかどうかの議論は，たとえ心理学者が扱ったとしても，それほど役に立つとは思えない。また，ある特定証人の証言が信頼にたるかどうかの問題についても，科学的な心理学者は一般的法則を抜きにして証言することもないだろう。なぜなら，心理学者が扱えるのは，どんな人でも例外なく影響を受けると想定された「特定の手続がもつ影響」のような，一般的な法則であり，それをもとに証言するしかないのである。

　それでは，特定の手続がもつ影響は，どのように検討されるのだろうか。例えば，パレードに協力する偽者役が被疑者と似ている程度を問題にしよう。この場合，被疑者によく似た偽者役たちとあまり似ていない偽者役たちの，２つのパレード行列を作らなくてはならないのだが，もちろん，パレードを巡視する前に，実験の参加者たちはまず，演出された犯罪を目撃しなくてはならない。目撃の状況も，できるだけ自然なものにしなくてはならない。つまり，あまり注意を払っていない「目撃者」がいたとしても，それが自然であるなら，そのままにしなければならない。

　心理学の実験で最も重要なことの一つは，実験の参加者を無作為に２つ

(以上)のグループに分けることである。そして，それぞれのグループに，別の実験条件を体験してもらう。つまり，一方のグループに，被疑者と似ている偽者役たちの行列を見せ，他方に，被疑者と似ていない偽者役たちの行列を見せる。そのとき，正しく「犯人」を選んだ目撃者の数を比較すれば，「偽者役が似ている程度」という要因(パレード構成上で配慮すべき点)の影響を検討することができる。この場合，偽者役たちが似ていないほうが当然，犯人が正しく選ばれる率が高くなる。

　それでは，「偽者役が似ていないパレード」が望ましいのかと言えば，そんなことはないことは常識でも分かる。心理学の実験ではさらに別の条件を検討しなくてはならない。つまり，真犯人がいない「不在実験群」である。この群では，犯人のかわりに，描写が合致する別人を入れ，同一の偽者役たちで2つの行列を作り，同様の実験を行うのである。ここで別人が選ばれるのが「誤認」である。誤認率も似ていない偽者役たちのパレードで高くなることが分かる。しかし興味深いことに，似ている偽者役たちのパレードでは，「犯人」が正しく選ばれる率は高いままなのに，別人が選ばれる率はぐっと低くなる。つまり，似ている偽者役でパレードを行うと，真犯人が選ばれる率は低くならないのに，誤認率は下がる(Wells, 1993)のである。このことで，偽者役の被疑者への類似性がたいへん重要な要因であることが分かる。

　心理学実験ではこのように，手続の違いにより，正確な目撃証言の割合や誤認率がどのように変化するのか検討できる。研究対象(この場合，目撃者)を無作為に群分けし，違った実験条件を経験させ，結果の違いを測定して比較するのは，ロフタスたちの研究でもパレード手続研究でも，心理学実験であれば同じである。条件により統計的に有意な差が生じるなら，その条件を無視することはできない。

　ところで，現実の出来事と違うから，本物の目撃証言について，実験結果は参考にならないという批判がある。そういう批判をする者は「実験」というものについて，勉強し直す必要がある。実験の論理は，物理学でも心理学でもまったく同じだから，もしこの批判が正しければ，物理学の実験もまた，現実の自然現象の参考にならないことになる。さらに，日常の場で起り，実験後においても目撃者が本物の犯罪と信じていた場合と，演出されたものと知らせた場合や分かってしまった場合を比べると，結果にほとんど差がないことからも，「演出された犯罪」実験の結果は本物の事件には適用できないという批判を否定することができるのである。

IV 同一性識別パレード

(6) 被疑者

5.68 パレード準則10によりソリシター又は友人に立ち会ってもらう権利が要請されるだけではなく，パレードに関連する権利の形式的な告知を保障して被疑者の地位を改善すべきであるという提案を我々は受けた。実務上これは一般に行われている。しかしそれが準則化されることに賛成する。もっとも目的は二段階により最も効果的に達成されるだろうと思う。同一性が問題であることが被疑者に明らかであり，同一性識別パレードが要請される状況にあるときには，準則に規定されているパレードの目的と性質を記載するリーフレットを，最も初期の適当な時点に被疑者は手渡されるべきである。そして一般的言葉で，ソリシター又は友人に立ち会ってもらう権利，何らかの条件に異議を唱える場合に異議を唱えつつ出席する権利，出席できない場合に起こりうる結果について，説明を受けるべきである（パラグラフ5.44－45と比較せよ）。

5.69 さらに，参加者に異議を唱える権利，位置を変更する権利などが含まれる，パレードの実際の実施に関する権利について簡単に言及されるものが，パレード間近に被疑者に渡されるべきである。ヴィラーグ事件では，パレードの開始1時間前に，監督官が収容室のヴィラーグに会い，英語を理解できるか，パレードに喜んで出席するかを確認し，手続を理解していることを確認した。被疑者が英語を理解できるかどうかを尋ねる必要性はほとんどないが，一般的にこれはよくできた手続である。被疑者が拘束されていようと保釈されていようと，ソリシターに代理されていようとなかろうと，それに常に従うべきである。この質問時に，被疑者は以上のことが触れられている簡単な書面を渡されるかもしれない。このための適切な書式の見本が，付録Eの書式Dに掲載されている。

(7) パレードの構成

5.70 現行パレード準則パラグラフ4は，パレードを調整する警察官はできる限り警部補以上の階級のものでなければならないと規定する。我々は「できる限り」という条件の削除を勧告する。

5.71 パレード準則（パラグラフ8参照）は参加者8人の基準を規定する。バイスウェイ博士とクラーク氏はこの数字が19であり，故に20人のパレードが「有意性という5％レベルを採用するために，統計学者の間で十分に確立された実践」[1]に符合すると提案する。内務省統計局の助言によると，これは一般におおざっぱに行われている方法であり，曖昧な性質のものである，捜査状況に従って別レベルが採用されてもよいという。パレードの目的は，無作為抽出の素材の作成ではなく，似たような複数人物から目撃した者を選べるほど十分鮮明な記憶を証人が持っているかを審査すること――要するに対面を避けることにある。このためにパレードの人数は，

第5章　公判前の手続

合理的範囲を提供するのに十分な人数でなければならないし，その徴集を難しくしない人数でなければならない。8は合理的な数であると我々には思われるし，上記を除きそれは批判されなかった。

(1) *On the Conduct and Uses of Identification Parades*, by Bill Bytheway and Malcolm Clarke, published by the Centre for Social Research, Keele University, page 5.

5.72 パレードへの参加者を徴集するには，グループ利用のできる施設へ警察が依頼するときも当然ある。助言者には，そのようなグループには判別可能なタイプ，例えば軍隊タイプがあり，容貌ではないけれども態度において，被疑者が目立つ危険性を指摘した者も数名いた。この危険性は認識され，当然のこととして警察又は軍隊のような類似グループは被疑者がグループのメンバーでない限り利用されるべきでないと，準則（現在はパラグラフ8）は明らかにすべきであると思われる。首都圏警察の準則が既に存在し，その他の警察でも警察官は被疑者が警察官でない限りパレードに立つべきではないという規定がある。

5.73 パラグラフ3は，捜査官がいる場合には，捜査官はパレード実施に参加してはならないことを規定する。禁止に反論はない。しかしなぜ捜査官が立ち会ってはならないのか尋ねる者が数名いた。意識的にせよ無意識的にせよ，証人に手助けとなるサインを捜査官がすると指摘された。一方で，さらに捜査を行ううえでパレードで何が起こったのか見極めることは，特に同一性識別がない，被疑者以外の誰かが識別されたといったときに，捜査官に役立つと主張された。我々には捜査官による不法な行為について証拠がない。しかしできるだけ疑念の持たれる場合が排除されることは重要であると我々は考える。被疑者のソリシターが立ち会っている場合には，捜査官を排除する理由を我々は見出せない。しかしそうでなければ，捜査官は立ち会うべきでないと考える。

(8)　パレードの報告

5.74 もちろん，パレードで遵守された手続の適切な記録が保存されるべきことは明らかである。現在，警察にそのような記録保存は要請されていない。しかし全警察にはこのための書式又は登録簿がある。我々はこれら書式を検証，分析した。書式には様々な形式・フォーマットがあり，様々な情報が要請される。2警察だけが全く同じ書式を採用している。

5.75 パレードで証人のしたこと全ての一貫した詳細な記録が保存されることは，特に重要である。実際に，既に同一性識別パレードの警察記録には，結果だけでなく証人の行動，例えば，証人が特定の人物にまっすぐ行って識別したかどうか，初めに列に沿って歩いたかどうかを正確に記述するという実務がある。これは主

Ⅳ 同一性識別パレード

張の強さを判断するうえで，主に訴追側の情報のために行われる。しかし主張のうえでは弁護側にももちろん利用される。目的にかなって準備された書式で，これを継続するよう我々は勧告する。我々は付録Eの書式草稿を再生した。これは全警察で利用されるべきであると我々は考える。書式A及びCには，弁護側が当然所持すべきと思われる全情報が含まれる。そのような書式は簡単に複写され，弁護側に利用可能となる。被疑者の告発前にパレードが実施されたときには，もし告発されるか召喚状が彼に送達されるときには，書式A及びCの複写が被疑者又はそのソリシターに開示され，パレードが遅い段階で行われるときには，書式が書き込まれ迅速に複写が送達されるべきであると，我々は勧告する。この勧告では，被疑者の全告発事件での採用が意図されており，訴追側証拠が現れるパレードでの採用が意図されているだけではない。証人が被疑者を選択したかどうかにかかわらず，書き込まれた各書式Cの複写が開示されるべきである。

5.76 参加者の詳細が別書式に記録されるべきであると我々は勧告する。見本は付録Eの書式Bである。この書式は同一性識別パレードの警察記録に属するが，特別に請求される場合にのみ（パラグラフ**5.51**参照），弁護側に利用可能とされるべきである。このため，我々は一般的なパレード記録（書式A）とは別にするのである。

(9) パレード以外の選択肢

5.77 同一性識別パレードだけが，証人と被疑者が対面することを避けるために警察が発展させた唯一の方法ではない（パラグラフ**4.16**参照）。パレード以外の条件として，証人がグループの中にいることもある。すなわち，証人が犯人を抜き出すことに対して積極的に行動する条件として，我々はそれらを分類できる。これらの方法をパレードの他の選択肢ないしは単なる予備的なものとすべきかどうか，我々は検討した。警察がこれらの方法の1つあるいは複数によって被疑者を発見できたとき，警察は確認をとるためにパレードを彼に対して実施すべきであると議論することは可能である。しかし，我々の助言者は一般的に，これは茶番劇であると意見していたし，我々もそれに賛成であった。被疑者が告発されるかどうか，そして拘禁されるかどうか判断するために，被疑者は速やかにパレードを受ける権利を有するだろう。被疑者が既に抽出されていた後のときには，パレードは価値がなくなるだろう。この点で，状況が写真による同一性識別によって作り出されるものと異なると，我々は考える。紙の上で抜き出すことと，直接抜き出すこととの間には，かなりの相違がある。そのうえ，写真による同一性識別とパレードとの間にはかなりの時間的な隔たりがあることも，よくあることである。

5.78 これら別の方法は，見込みのある特定の被疑者が存在せず，そして，犯人が特定の場所に出入りするグループの1人であろうと警察が考えるときに，よく利用される。この目的のために，我々はそれらを非難すべきものではないと考える。しかし，それらはまた，見込みのある特定の被疑者が存在するときにも利用されうる。例えば，おそらく以前に写真によって識別された被疑者が，特定の工場で働いていたことを知られていたり，特定の時間に公共職業安定所のような所に通っていることを知られていることがあるかもしれない。証人がそのような場所に連れて行かれ，彼がたくさんの中から被疑者を見つけ，可能であれば彼を選び出すという事件があったのである。

5.79 我々はそのような手続が公正ではないとは思わない。それ故，被告人席同一性識別の前提条件としてそれを排除するための特別の条件を，我々は提案しなかった。警察官の中には，より自然であるために，それをパレードよりもより満足のゆく方法とみなしている者もいる。彼らは正しいかもしれない。しかし，パレードよりもコントロールが効かないという不利益がある。それは，意識的にせよ無意識的にせよヒントが与えられ，示した人について間違う雰囲気で，そこでは，ソリシターも被疑者も何が行われているのか確認することができないで行われる。それ故，一般的な実務の問題として，パレードが準備できる事件では，それは利用されるべきではないと我々は勧告する。パレードを実施しない正当な理由があれば，それが認められると我々は考える。利益が確かにあり利用される場合としては，被疑者がパレードに行くことを拒否した場合がある。

(10) 刑事施設におけるパレード

5.80 現行準則によれば，同一性識別パレードに喜んで参加する刑事施設に拘禁されている被疑者は，この目的のために最も近く都合のよい警察署へ出向かされる。ただし，特別の警護上の条件により外でパレードを実施することが賢明でない場合，あるいはパレードを刑事施設で実施するのでなければ被疑者がパレードの参加を拒否する場合には，この限りではない。しかし，刑事施設で同一性識別パレードを実施することに対して，重大な異議がある。そして，我々が相談した者全てが，それができる限り排斥されるべきであることに賛成である。パレードに被疑者と立つことを望む刑事施設の被収容者の中から，被疑者が彼らを選び出すが，たとえ全関係者が十分に協力したとしても，パレードを公正にするために，被疑者と似た者が十分に利用可能であるという保証はない。この条件を刑事施設の被収容者が満たすように確保することは難しく，よくあることではないが，被疑者とその仲間の被収容者が手続を馬鹿げた茶番か何かに変えてしまうこともありうるとの主張を，我々は受けた。

5.81 これらの不利益が存在しなかったとしても，パレードが行われる場合，通常の被疑者には利用できない，(限られているとしても)選択する権利を被収容者に与えることを，我々は受け入れないだろう。それ故，重大な警護上の問題があるという少数の場合には特別の調整がなされる必要はあるが，同一性識別は刑事施設では実施されるべきではないと我々は勧告する。同一性識別のために被収容者を指名することが要請される場合には，通常準則に従って行われるパレードに参加するために，(被収容者の出席のための通常手続のもとで)彼は警察署に出席する機会が与えられるべきである。彼が拒否した場合には，彼は(その他の被疑者のように)，対質あるいは被告人席において第1回識別がなされる危険にさらされるだろう。

5.82 高度の保安上の危険がある事件では，官憲の裁量により，安全性が警察署以上に保証されうる場所でパレードを実施するよう調整する必要があるだろう。それにもかかわらずそのような事件では，パレード実施に関する現在の準則が遵守されるべきであると我々は勧告する。パレードのその他の参加者は，任意の公衆からの構成者であって，被収容者仲間であってはならない。

V 準則の地位

5.83 これには2つの問題が生じる。パレード準則と写真使用に関する準則については，我々が既に述べたように，警察に関する指示の形式により作られ，それらが含まれる文書は通達に属する「メモランダム」として記述されている（付録A参照）。準則違反は警察の懲戒問題となる。それ以上の不遵守に対する唯一の制裁は，通達文の以下の文章に含まれている。

  メモランダムは首席裁判官との協議により準備された。したがって，その規定の遵守違反があれば，裁判官が陪審への説示において，当然，獲得された証拠の信用性に言及することになる，と所轄大臣は理解している。

5.84 第1の問題は，準則の地位が向上されるかどうかである。達成されうる最も高い地位は，制定法による規制のそれである。それを除くと，1974年労働等保健安全諸法のもとで発表された高速道路規則，あるいは産業実務規則のような規則の地位をそれらは与えられるだろう。これらの規則では，規定違反が犯罪となるわけではないが，それらは無関係であるわけでもない。幹線道路規則の場合には，「立証に役立てるため，あるいは否定的な責任のために」言及されるかもしれない。1974年労働等保健安全諸法は，安全性とその種の条件を維持するために一般的義務を規定する。産業規則の規定に従うことができない場合には，義務がその他の方法で満たされたことが証明されない限り，その義務の懈怠を証明することとなる。

パレード手続研究からの知見

現在，特に盛んな目撃証言研究は，パレード（ラインナップ）の実施手続に関するものである。すでに述べたように，記憶は変容しやすく，目撃証言はあまり信頼できない。記憶の内容は聴取の質問でも変わりうる。だからこそ，目撃証言は取り扱いに工夫しなくてはならない。特にパレードの実施手続は，防ぐことが可能なエラーを意味し，結果がすぐに役立つから，研究対象として心理学者をひきつける。

パレードの実施手続に心理学者が関心をもつもう一つの理由は，心理学の研究法がそっくりそのまま適用できるからである。例えば新薬の開発にも用いられる二重盲検法では，研究対象がどちらの実験条件か，実験や治験を実施する者が知らないようにして，思い込みの悪影響を避ける。心理学者は同様に，誰が被疑者か知らない者がパレードを実施すべきであると主張する。知っていれば，微妙な態度・表情・振舞いの差で，目撃証人を無意識的に誘導する恐れが生じるからである。

パレードのメンバー構成や手続における特定の特徴が，特定の人物（被疑者）を選ぶよう誘導するのがシステム・エラーで，そのうち，単独面通し，被疑者が複数いるパレード，被疑者に似ていない偽者役などは，構造エラーと呼ばれる。パレード準備や実施中の特異な点により，目撃者の注意が被疑者に向けられて起こるのが手続エラーである。

誤判を防ぐ構造エラー対策のうち，偽者役が有効か否かは，実際に犯人を見ていない人たちでパレードを実施してみる。手続エラーへの対策には，注意深い事前準備，他の目撃者・関係者・警察官から目撃者を隔離，上で述べた二重盲検法の多面化，写真で見せ次にパレードを行うなどの確認手続繰り返しの禁止，真犯人はパレードの中にいないかも知れないし選択できなくてもよいという中立的教示，ビデオ提示の活用，メンバーを一人ずつ見せる順次式パレード，などが有効であることが分かっている。

パレードの最も重要な機能は誤認防止であり，目的は犯人探しでなく，目撃者能力の確認（216頁の1.を参照）である。もちろん，誤認防止は真犯人追求の前提となる。パレード手続の研究は，いかに真犯人を逃さず，同時に誤認を防ぐかを追究している。すでに目に見える形で成果が上がりつつあるのだから，19世紀英国にも劣り，誤認対策をほとんど欠く，わが国の現状は早急に変えられるべきであろう。

V 準則の地位

5.85 パレード準則と写真使用に関する準則の地位を掲げる主な理由の1つは，その違反により司法上の言及以上に強い制裁とすることを確保するためである。第2の問題は，どの程度強い制裁がなされるべきかである。この点につき，我々の助言者の意見は分かれた。準則違反を法的な刑罰を伴う犯罪とすることは，誰も勧告しない。したがって，準則を制定法上の規制にすることに，重点はないようである。しかし数団体から，「排除」法則として論じられた。すなわち違反があった場合に，訴追側が違反は実質的ではないと立証しない限り，とにかく同一性識別証拠は排除されるべきだとされた。他方で，その問題は公判裁判官が裁量を行使して準則違反に疑いなく配慮することに完全に委ねられるべきだと主張された。

5.86 これら2つの間に進路をとることが実践的であろうと我々は考える。準則の個々の表現よりも，全体としての準則の目的に集中することにより，一方で厳格性をより厳格にすることが避けられ，他方で裁量が広くなりすぎることが避けられると我々は考える。結果として準則には幹線道路規則に類似の地位が与えられるだろう。

5.87 第1の問題について，いずれにせよ準則は形式上改定されるべきであると我々は考える。我々は数多くの改定を勧告してきた。その理由は唯一，それらが実質的に再度規定されることが必要だからである。現状のパレード準則は包括的な手順を描くために工夫されていないが，警察官へのガイダンスの要請のために考えられた特別な点にそれは向けられている。今のところパレード準則は声明の形式をとるべきであり，通常遵守されるべき付録Cの手順で行われるように実施されるパレードに基づくべきであると，我々は考える。それらの目的は，第1に，パレードの公正性が公判で攻撃されたときに審査のため参照できる規則を構成することである。そして第2に，被疑者はパレードで彼に対して何が起こる予定なのか，彼の権利と警察の権利と義務について，被疑者への情報提供のためにそれを必要とする。警察の指示のためにのみ意図される点が，準則における注釈という形式と純粋に管理運営上の文書において，警察官に提供されうる。

　写真使用の準則は同様に改定されるべきであると我々は考える。パレードの実施と同一性識別のための写真使用の目的は2つの異なる過程であり，それらに関する準則は2つの異なる規則を構成すべきであると我々は考える。

5.88 第2の問題について，我々はパレード準則についてまず扱う。我々は既に，同一性識別証拠の許容性が，通常，同一性識別パレードの結果に依拠することを考慮した。そしてここで考慮する「パレード」は，本来少なくとも公正で，その目的を達成するために計算された方法で実施されたパレードを意味するように，受け取られなければならないだろう。準則に従って厳格に実施されたパレードを意味する

ように受け取ることまでできるだろう。我々は後者の意味を提唱しない。なぜなら，結果によっては些細な違反でも，実質的に異議を唱えることのできないような同一性識別が覆えされてしまうだろうからである。最もよい進路は，それが制定法かあるいは準則において同一性識別パレードの目的が明白に述べられ，公判裁判官の意見によって，パレードのある実施がその目的の達成を実質的に損ねるようなものであれば，影響を及ぼされたパレードあるいはパレードの一部が無効と扱われるべきことであると，我々は考える。目的が損なわれたかどうかを検討するうえで，裁判官は準則を考慮するわけであるが，それらには拘束されないと我々は考える。

5.89 現行パレード準則の目的は，その第1パラグラフで述べられている。バイスウェイ博士とクラーク氏の準則の言葉に関する批判，すなわち，犯人がパレードにいることを想定しているものとしてそれを読むことができ，証人が被疑者を犯人として認識できる能力だけが問題とされているにすぎないことを暗示するものとして，それを読むことができるという批判に，我々は賛成である[1]。以下の方針で，それらが言い換えられるべきであると我々は考える。「同一性識別パレードの目的は，証人が特定の場面で以前に目撃したと述べた人物を，その人物がいる場合には，グループから証人が抜き出す能力を審査することである」。パレード準則全てが，この目的を達成するために工夫されている。そして，それが破られた場合には，違反がその目的にどのように影響するか，直ぐに考慮されなければならない。しかし最終的には，公判裁判官に関する問題は，準則違反あるいはその他の違法な行為あるいは過ち（例えば，参加者が知ってて，又は知らずに与えた合図）によって審査が不満足なものとなるかどうかである。審査が不満足であればパレードは不満足であり，そこから生じた証拠は許容されない。それが許容され，それに全体的ないしは部分的に基づいた有罪判決が結果として下された場合には，有罪判決は不満足であり，破棄されるべきである。

(1) *op. cit.*（note, page 124：本書169頁), page 6.

5.90 改定された写真使用の準則は，第1に写真が証人に呈示されるべき条件を明らかにし，第2にそれらが不必要に呈示されないことを確かなものにするだろう。

5.91 第1に関して，点検のための条件は，パレードにおけるそれと同じである。その目的を「証人が，特定の場面で以前に目撃したと述べた者の写真を，それがあれば，写真帳から抜き出すことができるかどうか審査する」こととして，我々が指示した方法で述べることができる。裁判官に関する問題は，規則を尊重し審査が満足のゆくものかどうかだけである。そうでない場合には，証人がその後のパレードで行った同一性識別も不満足となり，許容されないこととされなければならない。

5.92 第2に関して，被疑者を不必要な写真呈示から保護するために工夫された準則に違反した結果は，簡単に扱うことはできない。我々は「違反」について語っているが，我々は不遵守がある種の犯罪になるとは考えない。警察は主に犯人捜査に従事し，得られる機会を最もよく利用できる方法を考える。警察が犯行を行った男を探し出すことができ，ペイエンの場合のように，警察が同時期に負罪の材料を大量に見つけ出すならば，事件は完全に，あるいはほぼ，同一性識別証人の信用性に向かうことはないであろう。写真呈示に関する準則を，その違反が違法な行為になるという意味の準則であると我々は考えない。それらは捜査の必要性と被疑者・被告人の保護との間にあるような公平なバランスを維持する規範を構成する。それ故，警察は事件に必要であると考えることに従って行動してよい。ただし，不注意であれ，又は過度の熱意によってであれ，あるいは単に事前にその他の進路が分からないためであったとしても，自由に写真を利用するとすれば，同一性識別証拠の価値を損ねることになると警察が認識する限りでのことである。それらがそうであったかどうか判断し，そうであったならば救済の採用を公判裁判官に委ねられていると，我々は考える。我々の意見では，救済とは，写真を呈示される必要がなかった1人ないしは複数の者として同一性識別証人を排除することである。制定法による被告人席同一性識別（パラグラフ**4.108**参照）の規制に以下の文章の規定を加えることによって，これをなすことができる。

　　以前に被疑者の写真を犯罪捜査官によって，あるいは捜査官の依頼によって見せられた場合，訴追側証人は犯行現場の目撃者として被疑者・被告人を法廷で識別することを求められない。ただし，裁判官が写真使用に関する準則を尊重し，写真提示することが合理的に捜査の目的のために必要であったと納得する場合は，この限りではない。

5.93 このように問題を枠付けることにより，我々は公判裁判官に限定され明確化された裁量を与えるという一般的な原則に従う。現在，公判裁判官は一般的裁量を有しており，その行使は，同一性識別の公正性に関する写真の効果についての個人的な見解に不可避的に影響される。我々はこの裁量を一般規則の主題になりえない要因の評価，すなわち，特定事件における捜査の必要性に限定することを提案する。この問題を判断する場合に，裁判官は準則によって絶対的に拘束されるわけではないけれども，それらによって導かれるべきである。基準をはっきりとさせるために，準則は起草されるべきである。基準とは，1人の証人が同一性識別をすると，すぐに，写真呈示が中止されることである。そこから逸脱するには，特別の正当性が要請される。しかし，準則を絶対化することは，正しくないであろう。一方で極めて広すぎるかもしれない。すなわち，被疑者がパレードあるいはパレード相当の場面で識別を行いうるときに，写真を呈示することは，決して正しくないであろう。他方で，単独識別のために行動することが安全ではないと捜査官に思われる場合でも，

それが絶対的に明白で確信があるというわけではない場合があるかもしれない。写真による同一性識別が行われた後，次の一歩が，警察が合理的な疑いに基づいて行うこととして正当化しなければならない逮捕であることは当然であることが，思い出されなければならない。

5.94 我々はパラグラフ**5.28**で，望まれている者の写真が公表され，個人に示される事件について，我々の見解を表現した。そこで与えられたいくつかの理由から，これらの事件では被疑者・被告人は同じ保護の必要性のもとにあるとは，我々は考えない。したがってどのような準則が彼らを保護するために作られようと，準則は管理運営上のもののみであると我々は考える。上記パラグラフ**5.80－81**でも刑事施設におけるパレードの実施について，我々の見解を表現した。この観点に関するどのような準則も，同様に，管理運営上のものにすぎない。

5.95 一般的な結果として，我々の勧告が受け入れられれば，幹線道路規則の本質と効果に類似する2つの規則があることとなる。規則は時宜に応じて内務大臣に審査されるべきであると我々は考える。幹線道路規則は交通道路法の条文によって発布されている。しかし，幹線道路規則は交通道路法に組み込まれていない。これらの規則の場合，規則は特に制定法で言及されているので，規則は制定法に組み込まれるべきであると，我々は考える。

Ⅵ　アリバイ：準備と調査

（1）　訴追側の義務

5.96 論理的には，アリバイ主張を開始する義務は弁護側にあるため，我々はまず弁護側の義務を検討すべきであるといわれるかもしれない。しかし実際には，被疑者の助言者が聞く前に，警察がしばしばアリバイについて聞き込んでいる。逮捕された，又は最初に取り調べられたときの被疑者は，ヴィラーグ事件のように犯罪を否定し，自分はその男ではない，自分は実際他の所にいたと述べる。そのとき警察の義務とは何か。

5.97 それが何であれ，1967年刑事司法法の結果，後の段階で，それに付け加えられることがあった。その法律は，我々がパラグラフ**1.15**で述べたように，公判付託手続の終了後に，弁護側に7日以内に，証人の特徴と名前とともにアリバイを通知することを要請している。法律によれば，通知と結びつけた警察の義務は何ら述べられていない。しかし，法律が依拠したＣＬＲＣの第9報告書は，明らかに，警察はアリバイ証人を取り調べることができると述べている[1]。警察が証人を取り調

Ⅵ　アリバイ：準備と調査

るときに不適切に行動したといわれた場合に生じる難しさを弱めるために，提起されたアリバイ証人を取り調べる前に，警察は可能な限り弁護側ソリシターにそうする意図があることを合理的に通知し，取調べに立ち会う合理的な機会を提供すべきであると，委員会は勧告した。法案が議会に提出されたとき，内務大臣はこの実現を約束した[2]。この後期の段階における警察の義務とは何か。初期段階における義務とそれは異なるのだろうか。異なるというのが我々の意見である。

(1) Evidence (Written statements, formal admissions and notices of alibi) (Cmnd 3145), 1966, paragraph 40.
(2) Official Report, Standing Committee A 1 February 1967, col 219.

5.98 実務において公判付託手続で予備審問マジストレイトを満足させるような蓋然性主張があるかどうかだけでなく，全ての状況において，主張が成功しそうであるかどうかを警察は訴追を開始する前にどうして考慮するのか，我々はパラグラフ1.22で説明した。この目的のために，警察には準司法的精神で捜査する義務がある。この脈絡における準司法により，有罪判決を受けた者を確認する目的と同じように，罪を免れさせる事実を確認する目的で捜査が行われなければならないと，我々は述べる。そして確認されたとき，事実は公平に審査されなければならない。この準司法的義務が存在するので，被疑者が警察に任意の供述をすることを期待することは不合理ではない。もし被疑者が敵側に事前情報を提供したにすぎないというだけであれば，そのような期待を合理的に抱くことはできないだろう。それ故，初めになされた任意の供述がアリバイ事項に及ぶ場合には，これらの事項について捜査し，捜査の結果から再度同一性識別証拠を吟味し，訴追を正当化するほど十分に強いかどうかを検討することは，警察の義務である。

5.99 しかし1度手続が開始されると，地位は劇的に変化する。手続は司法的コントロールのもとにあり，もはや準司法的判断の余地はない。実際に普通では，警察は判断を全く要請されない。彼らの義務は，ＣＬＲＣが示している限りにおいては，アリバイを「調査する」こと，特にアリバイを支持する召喚証人の信頼性について捜査することである。「調査」が意味することは，新手続が改善のためにとられるという害悪を検討するときに明らかである。「突然のアリバイ主張」という害悪により，休廷することなく，その真実性に反証をあげる捜査を訴追側が行えないこともよくあった。事前の通知により，そのような捜査を事前にすることが可能である。そのため，訴追側は事件内容説明書の詳細以上のことを，認識しなければならない。彼らは，自分たちを別の情報源や，おそらくは矛盾文書に導くため，あるいは裁判所に連れてくるにはまだ時間がかかる他の証人たちを自分たちの側に導くために，証人が話そうとしていることを，十二分に認識しなければならない。それ故，ＣＬＲＣの見解によれば，警察取調べの必要性が生じる。しかし一方で，目的は，打ち

第5章　公判前の手続

のめすために証人を警察が反対尋問することではなく，他方で，弁護側の仕事をしたり弁護側がしないままでいた石を変更することでもない。彼らは証人が真実を語っているかどうか決定したり，抗弁が成功しそうであるかどうか判断する必要はない。普通，被疑者・被告人自身である主要な証人を取り調べることなく，抗弁について判断することはばかげている。

5.100　もちろん，限られた捜査においてでさえ，訴追側の主張に重大な疑問を投げかけるものが出現する。しかしこの段階で，警察は疑いの程度を評価したり，それについて行動する責任を想定することはない。開かれた司法によれば，手続の開始後に全てのことが公開でなされるべきである。被告人は公然と無実を証明する権利を有しており，公衆は（特に告発がなされたときのその証拠に関する公衆構成員）なぜ手続が通常の過程をとらないのかを知る権利を有する。望みのないことが全く明らかでない限り，訴追の撤回を警察に期待することはできない。この原則に厳格に固執することによってのみ，時間とお金，そしておそらく被疑者・被告人への苦痛を伴うけれども，くだらない事柄に関する疑いが避けられるはずである。これは全て，ドーティー事件によってよく例示されている。彼がその人であったと確信した証人たちがいた。彼は，事実，万引きをしており，彼のアリバイを支持するために準備していた友人や隣人の中には，軽罪の有罪判決を受けている者もいた。警察がアリバイを捜査し，その真実を受け入れたと発表したとき，ブリティッシュ・ホーム・ストアーから不満の声があがり，警察がごまかされたという指摘がおそらく導き出されたのも，当然のことである。

5.101　我々は後に，アリバイの通知に関する捜査の本質の問題を検討するであろう。今は初期段階の捜査に戻り，これについて我々になされたある指摘を検討することが都合よい。警察がこの段階でアリバイについて見込みのある証人から供述書を作成するのであれば，警察はその複写を弁護側に提供すべきであると我々には指摘された。我々はこれに賛成しない。アリバイはでっち上げられる場合も時々ある。そして，犯人が自分自身を特定の列に委ねる前に，警察が彼の背景について知っている事前情報を提供されれば，犯人はどういう要素をでっちあげにはめこまなければならないか知るだろう。一般に供述書を開示する訴追側の義務の本質について，どのような見解がとられようとも（上記パラグラフ**5.4**参照），警察がアリバイに関する供述書を開示することは，少なくともアリバイの通知が送達された後になるまでは，要請されるべきではない。しかし，訴追側が排除したアリバイに関する文書あるいは物証について，警察は弁護側に直ちに知らせるよう要請されるというのが，我々の意見である。例えばヴィラーグ事件のクラブの帳簿である。パラグラフ**3.38**及び**3.119**を参照されたい。

5.102　ヴィラーグ事件からは，その他にも，小さな論点が生じる。上記パラグラフ**3.37**で記録されているように，テイラー巡査部長はトロジャン・クラブで証人を取り調べたとき，彼が差し出した供述書の書式には，そこに故意に偽りの供述をすると，偽証罪の訴追に服すべき署名者になるという趣旨の文章がその下方にあった。供述が公判付託手続で訴追側証人の供述として利用されうるならば，これは必要である(1)。供述書の書式は，供述が訴追側の主張の一部として提出される予定であることが合理的に明らかであるときにのみ利用されるべきであると，我々は考える。これはアリバイ証人の場合に起こりえないであろう。例外的に訴追側がアリバイ証人の証拠を利用したいときには，訴追側は彼を証言台に立たせるだろう。したがって，文章は真の法的地位を反映するものではなく，弁護側の見込みのある証人を怖じ気づけさせて情報を提供することを阻止するものであろう。

　(1)　Criminal Justice Act 1967, s2.

(2)　弁護側の義務

5.103　依頼者にアリバイがあると指摘されたソリシターは，1度彼から十分に話しを聞き，それを追求して，補強的証人からの供述で補強すべきである。このことにより，公判付託手続の時点，あるいは制定法によって要求されているようにその後7日以内に，アリバイの通知を提供する地位に彼が置かれる。アリバイ証人を取り調べたいと警察からソリシターが知らされるとき，有能なソリシターは，できれば彼の事務所で取調べが行われるように調整すべきである。ドーティー事件及びヴィラーグ事件では，アリバイの取扱いがこの水準からかなり下回っていた。この点で，それらが両方とも典型的であるとは我々は考えないが，我々の調査によれば，それらはそれほど不快な例外でもなかった。そして，大物であり有能なソリシターの場合を除けば，アリバイの準備は本来あるべきものよりもかなりいい加減であることもよくあるのである。通常の刑事弁護では，単に面会して訴追側の主張に答えるという事柄であることもしばしばであることが，認識されなければならない。被疑者・被告人以外に，わずか証人1人だけしか面接しないこともよくある。この種の事件に関係する仕事は，訴追側のそれと比較することはできない。しかしアリバイについては，弁護側はその土台から主張を積み上げ，1週間に20あるいは30の刑事事件を取り扱う小事務所にとってかなりの負担が強いられるかもしれない。パラグラフ**2.8**を参照されたい。法律扶助制度によりそれらを扱うことができるソリシターに事件を分配する規定は，存在しない。実際に，ドーティー事件（パラグラフ**2.8**参照）とヴィラーグ事件（パラグラフ**3.39**）のように，被疑者・被告人は自分のソリシターを選任する。

5.104　法律扶助制度により課される制限が，弁護側ソリシターの活動を妨げているとの指摘はなかった。刑事実務を扱う多くの事務所において法律扶助で支払いを

受ける報酬が収入源のかなりの部分であるが，適当なソリシターと法律職員を十分な数だけ雇用するには，財政的にあまりにも低廉すぎるといわれる。本来なすべきはずのアリバイ準備をするだけのスタッフがいない事務所も多い，といわれている。反対の訴答において，調査要員が十分に利用されているのかどうかが尋ねられるかもしれない。仕事に対して十分適していると思われる元警察官を雇用している事務所がある。あるいは，アリバイの抗弁を扱うほど経験のある大事務所にのみ，それを割り当てることが実際に可能かどうか，問われるかもしれない。我々には，この種の調査を追求する時間がなかった。しかし，既に明らかにしたように，我々はアリバイの抗弁を適切に準備することが最重要であるとしている。アリバイの準備が不十分であると，同一性識別の事件で結果として多くの誤判が生じるという印象を，我々は抱いてきた。ドーティー事件とヴィラーグ事件の観点から，アリバイの抗弁を行ううえでの現在の措置を，どの程度報酬が支払われるのかを含めて納得するかどうか，適切な機関による検討が促進されるべきであり，納得しない場合には，どのような変更が必要なのか，検討が要請されるべきであると我々は勧告する。

(3) スコットランドの制度

5.105 ＣＬＲＣがイングランドの制度にアリバイ通知の導入を勧告しようと決定したとき，彼らは斬新な一歩を踏み出した。もっとも，一般的同意を集め，我々の前で批判されることは全くなかった。イングランドの被疑者・被告人が，無罪答弁においてわざわざ詳しく説明するように要請される先例はない。委員会がアリバイ通知を導入しようと判断したとき，彼らはまた，それを実施するために必要なある種の機構についても判断しなければならなかった。彼らは，少なくとも３つの進路のうち１つをとらなければならなかったはずである。第１は，彼らは訴追側と同じ負担を弁護側に課すこと。すなわち，全証人の陳述書を対抗側に提供し，請求されれば，質問するために予備審問マジストレイトに証人の引致を要請することである。第２は，より多くかつ良質の具体的詳細を知るためイングランドの民事手続の機構に改めること。第３は，彼らはイングランドと異なって，アリバイに関する特別の抗弁を含む特別の答弁を提供するスコットランドの手続に目配りすること。

5.106 どの程度ＣＬＲＣが最初の２つを調査したのか，報告書では示されていない。それらの各々に対して明確な反論がある。しかし，ＣＬＲＣは第３を選択し，警察取調べを答弁の細目を取得する手段として採用したことは明らかである。なぜなら，それは既にスコットランド方式として確立されていたからであった。その価値を判断するには，スコットランドの手続と，それとイングランドの手続との相違を少し詳細に述べることが望ましいと我々は考える。

5.107 スコットランドには公判付託手続がなく（それに最も近いものは，第１のもの

か，答弁打ち合わせである），証人の陳述を開示する訴追側の義務もない。しかし訴追側には，正式起訴状に召喚するつもりである全証人の名前を付することが要請され，弁護側はこれらの証人を「事前認識」し，あるいは質問することが許される。出現する事前認識は，要するに，証人がいいそうなことに関する質問者のノートである。それは，証人が見て署名することのない陳述書とは異なる。そしてそれは，公判でその者を疑うために使用される可能性はない。トムソン報告書の言葉によると，それには「大変に高度の信用性」がある[1]。

(1) Cmnd 6217, paragraph 17.04.

5.108 弁護側はこの手段によって，イングランドよりも非公式であるが，イングランド以上に訴追側の主張を知ることができる。しかし，訴追側には同じ便宜が与えられる。弁護側が，訴追側のリストには名前がない，被告人以外に証人を呼ぶつもりならば，弁護側が少なくとも公判3日前に訴追側に名前の通知を提供しなければならない。訴追側は上記のように証人を事前認識する。スコットランドの検察官の代わりに，警察が通常それを行う。これは特別の抗弁が提起されるかどうかの準則である。アリバイのような特別の抗弁に関する通知は，答弁打ち合わせにおいて与えられなければならない。そして，通知には支持証人の名前と称号が含まれるのが通常であり，実際にはほとんど不変の実務となっている。訴追側にも弁護側にも，証人が他方によって事前に認識されている間に代理人を立ち会わせる権利があるわけではなく，そのような代理人は通常いない。そこで請求すれば弁護側ソリシターが警察取調べに立ち会うことを条件に，ＣＬＲＣは警察が彼らの機会を悪用するというイングランドの不安に譲歩した。各側は他方に「提出物」すなわち，彼らが公判で明らかにする予定である文書とその他の物証のリストを供給しなければならない。

(4) 批　判

5.109 ドーティー事件で委員会が受けた批判の中には，警察がアリバイ証拠を十分に提出しなかったことを批判するものがある。アリバイが適切に捜査され，効果的に裁判所に提出されるよう努めることは警察の義務でないことが，警察側と弁護側ソリシターの両者に明らかにされるべきであると我々は考える。彼らの義務はアリバイと矛盾する材料が裁判所に提出されているかどうかを判断することである。もちろん，彼らの捜査により，弁護側には気づかれていない弁護側に有利なものが分かった場合には，彼らはそれを隠してはならない。弁護側がアリバイに固執できないほどに，彼らの捜査によりアリバイが完全に打ち砕かれた場合も同様である。また逆に，彼らはアリバイを真実であると証明することになるかもしれない。しかし彼らがアリバイを打ち砕いたり確認することは，捜査の目的ではない。最初に警察の手中に資料全てをおき，警察にそれを確かめるように促すことが，常に弁護側

に認められる。警察側がアリバイ通知をするときは、問題を警察ではなく裁判所に判断されたいと彼らは強調している。

5.110 警察に最終的な責任があるという現在の考え方によると、本来あるべきものよりも、弁護側ソリシターを不徹底にさせがちとなる。なぜなら、警察がとにかく物事を調査することを予定するからである。また、ヴィラーグ事件でなされたように、警察取調べによって弁護側証人の証言する気を削ぐという主張がなされる。警察が不適切なことを犯しているという証拠を、我々は持っていない。しかし、既に相手の証人に選ばれている者を一方が取り調べようとするときに、おそらくこの種の主張がなされ、信じられる可能性があるだろう。同一性識別事件では、被疑者・被告人には前歴があり、犯罪者仲間がいることはよくあることを考えれば、アリバイ証人が警察で取り調べられるとき、彼らに言って欲しいと警察が望むと考えることをいうように、警察は過剰に期待する可能性がある。

5.111 警察官とソリシターの両者が出席できる証人の取調べを調整することは、容易でなかった。証人がソリシター事務所に来なければならないとすれば、極めて不都合なこともよくある。警察は勤務時間後に証人を彼の自宅で取り調べることが普通であった。しかしソリシターはそれを好まない。時間と不便さを差し引いても、二重の取調べは、控えの人員に乏しいソリシターに負担を強いる。また証人にとってもあまり好まれないだろう。彼らは警察のしていることを理解していない。彼らが弁護側に既に陳述した場合には、ドーティー事件で起こったように、彼らは警察にまた陳述することに気乗りしないであろう。あるいは、彼らは「責任を担っているのは警察である」と考えそうでもある。ドーティー事件では、出廷を望まない証人は、警察に話すことで十分であると考えていた。

5.112 スコットランドでは、アリバイ証人として見込みある者を、スコットランドの検察官の前に、事前認識を提供する目的で出席するように強制できる[1]。そのうえ、そのような証人は尋ねられるかもしれない情報を訴追側に提供することが義務である、それはちょうど、訴追側証人が被拘禁者の法的助言者に似たような情報を提供する義務と同じである、と裁判所は主張した。イングランドでは、警察に情報を提供しないようにアリバイ証人に助言することは弁護側に禁止される、という実務上の準則はない。エバンズ判決では[2]、アリバイ証人6人のうち5人が情報提供を拒否した。控訴院は、そのように助言しなかったという弁護側ソリシターの陳述を認めたが、実務上の準則を定めなかった。おそらくイングランドの証人が嫌がる原因は、スコットランドの制度とは正反対のイングランド警察の実務であろう。それは、署名された陳述を求める実務である。そのような陳述は、共通して、証人の反対尋問のために公判で利用される。ときには、小さな不一致が生じることもか

なり多い。一方で，スコットランドの制度のもとでは，事前認識と現実における証言との間の大きな不一致が，公判で暴かれる場合はない。これは一般に，問題をつくると認識されている。トムソン委員会はこれを解決するために，次のように提案した。まず，疑われている証人，すなわち，証言を変更するように説得することが認められると考えられている証人に，スコットランドの検察官がシェリフ裁判官の面前で宣誓したうえで事前認識することを奨励する。次に，公判で信用性を審査するために，宣誓に基づく事前認識が公判で許容されうると規定する[3]。

(1) Renton and Brown, *Criminal Procedure according to the Law of Scotland* (4th Ed.), paragraphs 5-68.
(2) CA, 29 January 1974, unreported.
(3) Cmnd 6218, paragraphs 17.09 and 44.07.

(5) 結　論

5.113 我々は既に，アリバイ通知の捜査における警察の適切な機能について我々の見解を表明した。しかし，強く権威づけられたその他の見解も，我々に表明された。それは，犯行状況についてまず捜査しなければならないように，警察はアリバイ通知を捜査する義務を持っているということである――要するに，我々が上記パラグラフ**5.98－100**において2段階の間に引いた区別が誤っているということである。この見解では警察は全アリバイ証人を取り調べ，質問すべきこととなり，最後には訴追側の主張を再評価すべきこととなる。彼らの判断においてアリバイが肯定されれば，彼らは訴追を中止する。もちろん，1度刑事法院に付託されれば，裁判所の許可なしには彼らは訴追を取り消すことができない。しかし，訴追しないという訴追側の判断を覆すべきだと裁判所が感じるのは稀な場合である。

5.114 これは大きな問題を提起している。その他の制度で予備審問マジストレイトによって果たされていた責任の多くを，既に警察が引き受けているか，押しつけられていたのである。弁護側の職分である領域にこの責任を付託を超えて拡大することは，当事者主義制度をさらに浸食することになろう。当事者主義制度は批判されているが，理論的に，そこから急激に離脱することを当然であるとは我々は考えない。アリバイという特定事情に関しては，実際問題として，離脱は不幸な結果を招くだろうと我々は考えているので，なおさらである。警察の責任をアリバイ抗弁の領域に拡大すると，実際問題として，弁護側の責任を減少させることとなるであろう。ソリシターは窮迫しているか，認識不十分であるが，アリバイを完璧に準備するというきつい仕事を避けたがるだろう。ドーティー事件及びヴィラーグ事件のように，依頼者から名前と住所のリストを取得し，残りを警察に任せることで，満足することすらあるだろう。これは極めて満足のゆかない結果である。それ故，警察の機能をさらに限定的に考えることに，我々の勧告は基づく。しかし最重要のこ

第5章 公判前の手続

とは，正確に警察の責任がどこまであるかを，訴追側ソリシターと警察とに公権的に示すことである。

5.115 パラグラフ5.103で，依頼者がアリバイを持っていると指摘されたソリシターの義務は，直ちに，十分な陳述を彼と補強的証人から聴取することであると，我々は述べた。これは，一般的に専門家に受け入れられていると，我々が確信している義務である。これがなされた場合には，訴追側が弁護側に付加的証拠である陳述を提供するのと同じように，なぜ訴追側に陳述が提供されないのだろうか。そのようにされれば，警察が証人を取り調べる理由があるだろうか。弁護側ソリシターには付託手続後に，訴追側に付加的証拠を提供する証人を，質問のために付託手続のマジストレイトの面前に出頭させる権利はない。もちろん，手続目的が警察によって証人の真実性を審査することにあるならば，供述書では不十分であろう。しかし，訴追側ソリシターを不意打ちしないようにすることが目的ならば，証人による合理的で豊かな陳述は，まさに必要である。

5.116 しかし，そのような陳述の供給を強制的にするとしても，警察取調べは結果として廃止されるべきであるという勧告は考えられない。陳述が十分に充実していたと確証する満足のゆく方法はないであろう。訴追側証人の主張には，裁判官はその者の陳述にはない証拠を排除することができる。無実を立証する証拠を排除することは大変に難しい。それ故，我々の勧告は，ソリシターが警察に陳述を提供することが奨励されるべきだということである(現在,彼らはほとんど行っていない)。またその奨励の形式には，陳述が不完全であったり，補足的情報が拒否されたりしない限り，警察は取り調べる権利を控えるという形式をとるべきである。これにより，陳述が迅速かつ十分に提供された場合には，ソリシターが——及び証人も——取調べの負担から逃れることができる。

5.117 警察取調べのとき，スコットランドの制度に固執して公判の反対尋問で利用するために証人から署名による陳述を獲得する実務を，警察は放棄すべきであると勧告すべきか，我々は検討してきた。このために多くのことが述べられている。しかし我々は勧告しない。むしろ弁護側ソリシターが十分な陳述を準備していると我々は見るべきであり，それらの訴追側への開示は一般的な実務となっている。その場合に取調べはほぼ実施されなかったであろうし，取調べが実施されたときには弁護側は協力的でなかったのでそうだったのであろう。そのような事情では，我々は取調べ実施の制限を希望しない。

5.118 弁護側ソリシターが獲得し提供する証人からの陳述には，訴追側によって獲得される付加的証拠の陳述に要求されるものと同じくらい詳細なアリバイに関す

るものが含まれている。弁護側が何かの提出を控えることによって，何ら利益を得られないことが明らかにされるべきである。それをする最善の方法は，公判で訴追側に不意打ちをくらわせる何かが出てきた場合に，休廷の権限を行使することである。そのような事情での休廷はかなり不都合であるが，壊滅的ではない。そのような権限があるという知識，必要な場合にはそれが行使されるという知識は，現実に行使をかなり稀にさせるほど効果的な規律として機能するであろう。

5.119 証人の陳述には，その者の生年月日が含まれるべきである。(控訴院[1]を困惑させた) このこととの関係では，証人に前歴がある場合にそれにより前歴が明らかにされる可能性がある。我々が述べたように，アリバイに関する証人の信用性の調査を，ＣＬＲＣは調査の特別目的と考えていた。

(1) *R v. Sullivan* (1970), 54 Cr App R 386.

5.120 上記パラグラフ**5.108**においてスコットランドの制度では訴追側と同様に弁護側も証拠リストを開示しなければならないことを，我々は記述した。アリバイ証人が文書に言及する場合があり，証人がそうする場合には，この陳述において文書が確認されるべきであり，訴追側には閲覧が許され，希望すれば複写が開示されるべきである。1967年刑事司法法を改正する機会がある場合には，証人の詳細と名前に関する要請と同じように文書の確認が強制的に要請されるべきであると我々は考える。

目撃証言研究の歴史

　目撃証言の研究は，法と心理学という分野の中でも，最も早い時期から取り組まれていたテーマである。ここで重要なことは心理学という学問の成立であった。なぜなら，法や裁判という制度の歴史の方が，心理学の歴史よりも古いからである。心理学という「精神に関する科学」の成立が，法領域における心理面への客観的な検討（犯罪者の心理，裁判官の心理，証言者の心理）を可能にしたために，様々な注目を集めるようになったのである。

　アメリカの心理学者キャテルは，大学生を対象に「一週間前の天気はどうだったか？」などの質問をした研究を行ったが，この研究こそ証言の正確さについて科学的に検討した最初の心理学実験であった。1893（明治26）年のこと。フランスの心理学者ビネは，子どもの記憶再生に際して，質問の様式を変えることで誘導の効果を検討した。

　さらに，20世紀に入ると，ドイツでは法学者と心理学者が共同で研究をするという動きがみられた。リストとシュテルンである。リストが行っている法律の授業中に騒動が発生し，その騒動について授業参加者に記憶を尋ねるというものであったが，結果として「誤りのない記憶はない」ということを強く示す結果であった。このような形式の実験は，それが法学の授業内で行われるなら教育的な効果も期待できる。

　さて，日本における初期の目撃証言研究において最も特筆すべきなのは，東京帝大の刑法教授である牧野英一と東京帝大出身の心理学者・寺田精一の共同研究であろう。彼らは東大の牧野の授業に参加している法学学生を被験者にして種々の実演記憶実験を行い，記憶の曖昧な性質を実証的に明らかにしたのである。この研究は1913（大正2）年に牧野が編集に携わっていた『法学志林』に発表された。

第6章　公判後の手続

Ⅰ　上訴と国王の赦免権

6.1　有罪判決の後に出てきた新しい証拠をどのように取り扱うのかという問題は，ドーティー事件とヴィラーグ事件において生じたものであり，また特に同一性が争われる事件において生じうるものである。ある者が無実であったり，無実であるとその友人や親族が信じている場合，必然的に，彼らは犯罪を実行しえた者を推測し，発見されていない手がかりを探し，そして被告人のアリバイが時間的に遅くなっても補強される手段方法を調査しようとする。これらの調査の道筋が生産的であるとき，それが生み出すものは新しい証拠である。そして必然的に，新しい証拠に目を向けさせるために，控訴院や内務省に，あるいはその両者に訴えがなされることになる。本報告書のこの章においては，我々は，上記2つの機関の仕組みが申し分なく十分に機能していることをドーティー事件とヴィラーグ事件の事実経過が示しているのかどうか，もしそうでないなら，そこからどんな教訓をうるべきかを考察しようと思う。

6.2　パラグラフ**4.18－26**において，同一性が問題となる事件の公判のための特別な安全装置の創設の正当化に際して我々が与えた根拠のいくらかは，同一性が問題となる事件には，控訴段階やそれ以降の段階において特別な取り扱いがなされるべきであるということを示唆するために用いられうる。また，それは，特に同一性が問題となる事件において，新しい証拠の許可に関する諸問題が生じうるということを示唆している。この報告書の本章を組み立てるに際して，我々は，同一性が問題となる事件のみを念頭においた。それのみが我々の言及範囲内にあるからである。我々が行う勧告が，同一性が問題となる事件と同様，あらゆる事件にも妥当することを論証できると我々は思っている。しかし，その論証の効力について吟味することは，我々の活動領域外のことであろう。

6.3　第1章で言及したように，我々の司法運営は当事者主義に基づいており，公判は戦闘の特徴の多くをもっている。戦闘においては，時間を合わせて戦場で相手

第6章 公判後の手続

の全軍隊を攻撃することが両軍の責務である。ナポレオンは，ブリュッセルとプロイセン軍がちょうど到着したときに，グリューシー元帥とその陸軍はいまだに行軍の途中であったことを根拠にしたワーテルローの評決に対して反論できなかった。当事者主義の下では，もし公判時の証拠の欠如が運の悪さに帰すべきであったならば，その救済は許されるが，公判時の証拠の欠如が勤勉さの欠如や証拠なしに行うよう熟考された決定に帰すべきであったならば，その救済は許されない。この点に関する法は，基本的に刑事事件でも民事事件でも同様である。パラグラフ**2.37**を参照せよ。民事事件においては，この覊束性原理の効果は，一般にいわれているように，完全に正しいものとして受け入れられている。刑事事件においては，それは，不運に対するいかなる救済もなしに，訴追側（いずれにせよ，評決に対する上訴の権利をもたない(1)）において機能する。そしてそのことも完全に正しいものとして受け入れられている。しかし，被告人に対するその作用は，当事者主義が全く現代思想に適合しないということの1つを照らし出す批判を呼び起こす。これまで，有罪判決を受けた者がその犯罪について無実だったとしても，彼の弁護士の不注意―― 彼自身の不注意も ―― によって彼の事件の本質が見失われたが故に，「敗者への災い」の原理に基づき，彼は刑務所内で時を過ごすべきである，ということが世論に受け入れられた時期があった。しかし，今はそうではない。

(1) 1972年刑事司法法36条は，無罪判決のあとで法律上の要点についてのみ，控訴院への照会を許容している。しかし，照会結果がどんなものであろうと，評決は何らの影響も受けない。

6.4 事実上，怠慢や間違った行動の帰結は，これまでつねに，国王の赦免権の行使によって ―― 今はおそらく以前よりもっと自由に行使される ――，被告人に対しては軽減的に作用してきた。ここで我々は，この言葉の正確な意味において慈悲の許可に関心を払うのではなく，確かにときどき生じるように，法に従った判断が特定の事件において正義と一致しないというような状況を是正するための，国王の赦免権の行使に関心を払うことにする。これが生じるとき，民事法上，「困難な事件が悪法を作り出す」という格言から，苦しんでいる側は，彼が可能な限りでの慰謝を引き出すように任されている。刑事事件では，弁護側にとって，国王の赦免権の1つの行使はこの格言の適用を回避する手段として存在する。新しい証拠が提出される事件はこの範疇に属する。証拠排除は，通例の司法運営にとって絶対に必要であり，また特定事件における不正義に対して機能する法準則によって正当化されうる。

6.5 有罪判決に対する請願が，内務大臣が調査の価値ありと思料できる新しい証拠についての申立てとともに内務大臣に提出された場合は，内務大臣が二者択一を行う。内務大臣は，自分自身でこの請願を取り扱うことを決定しうる。そしてもし

I 上訴と国王の赦免権

彼がそれを十分に認められるものだと思料するならば、ヴィラーグ事件で行ったように、無条件恩赦の許可を提案することによって、国王の赦免権の下で行動することになる。他方、彼は、ドーティー事件で行ったように（パラグラフ2.60）、制定法上の権限（1907年に刑事控訴院が創設されたときにはじめて認められた）の下で行動し、そして有罪判決を受けた者による上訴があった場合と同様に、決定のため事件を控訴院に付託することができる。内務大臣がこれを行うときには、裁判所は、付託を受けた新しい証拠が如何なるものであろうとも、これを考慮すること、及び、それにもかかわらず、上訴が有罪判決を受けた者によって起こされた場合には、新しい証拠の提出の許可は通常の道筋では認められないこと、又は認められえないであろうことが、長い間に確立されてきた[1]。

(1) *R. v. McGrath*, [1949] 2 All ER 495, *per* Lord Goddard CJ at 497：また、*R. v. Swabey*, [1972] 2 All ER 1094, *per* Lord Widgery CJ at 1103. も見よ。

6.6 一見したところでは、これは半端な事態であるように思われる。控訴院が結局のところ内務大臣の命令どおりに証拠を認めることになるのであれば、なぜ内務大臣が直ちに、そして自らの行動でそうしないのか、と問われるであろう。答えはこうである。すなわち、控訴院と内務大臣とが異なった原則によって支配されている別々の管轄権を統括しているからである。上訴人の事件がいかに賞賛に値しないものであっても、人は法の利益を受ける権利をもつ。このことから、裁判所は時々、純粋に技術的な観点から上訴を認めるし、また時々いわれているように、上訴人には全く利益がない場合でも上訴を認めている。事件が内務大臣に送致されたとき、上訴人は法の保護を失い、慈悲の中に入る。個々の事件が、現実の不正義が存在し、あるいは不正義が行われた事件であるということを内務大臣が確信しない限り、国王の赦免権は上訴人の助けにはならないであろう。

6.7 したがって、2つの仕組み——我々が考察している観点での、控訴院と国王の赦免権——は相互に補い合う。つまり、よくいわれるように、国王の赦免権は「万一の球どめ」、「安全ネット」なのである。このコンビネーションは、上訴人が犯罪を行っていないと仮定した場合のその犯罪のかどで一定期間の刑事施設収容を制裁として科されることがないならば、上訴人の事件の準備不足から、上訴人を強く自己抑制させる。この自己抑制は、単に上訴人自身が慈悲の中に入るという事実によって引き起こされるわけではない。必然的に、彼の事件が内務省で検討されている間に、時間が経過せざるをえず、そしてそれは上訴人が勾留中に費すであろう時間なのである。

Ⅱ 上訴手続

6.8 法と国王の赦免権との関係の上述の分析は,新しい証拠の認容を支配する法と手続の変更に関して我々に与えられる示唆を考察する1つの準備として必要であった。アレック・サミュエルズ氏によってなされた幅広い示唆は,同一性識別に至る新しい証拠が当然のこととして認容されるべきであるというものである[1]。より厳密な根拠に基づき(パラグラフ2.58),「ジャスティス」は,上訴人が彼の弁護士の何らかの過誤や無能さの結果に甘んじなければならないという裁判所の主張を批判してきた。

(1) *Fresh Evidence in the Court of Appeal Criminal Division*, [1975] Crim LR 23.

6.9 控訴院による新証拠の許可は重要なものであり,司法の通常の運営と一致するということが強く望まれる。上訴人におそらく法の利益があたえられるであろう事件において,彼が国王の赦免権に委ねられるということは望まれない。それでも,そこには何らかの制限がなければならず,我々は,上訴人に,自己の主張を,最も自己に都合のよいように,公判にも請願にも,あるいは,その一部は一方に,他の一部は他方に提起するという選択権——これが結局行き着くところであろう——が与えられるべきであるということには賛成しない。我々は,この点で,同一性識別の問題が一般準則の例外を構成するとは考えていない。

6.10 「ジャスティス」によって提起された点について,控訴院は,公判で証拠を提示しないことが上訴人の法律上の代理人や助言者に帰着する場合に適用されるいかなる一般準則をも形成しなかった。この証拠を提示しないことは,当然行うべき努力の欠落から,不利益であることが判明した公判でなされた決定まで様々な状況の下で生じうる。制定法の規定によってこの範囲をカバーすることは不可能なことである。

6.11 ドーティー事件は様々な状況を示しており,特に不利益であることが明らかである決定に関する例を示すものである。公判においてフェンヴィック氏は,ここでもし我々がワーテルローの戦場に立ち戻るとすれば,(彼があまり重要視していなかった) グリューシーのために延期せず,ブリュッセルに賭けることを決断したのだった。もしもフェンヴィック氏が推測していたような状況があったとすれば,彼の依頼人は無罪となったであろう。それに対して,もし延期のあとで,アリバイがでっち上げられていたことが示されたならば,彼は有罪判決を受けたであろう。これは,当事者主義が許容する利益であり,そしてもし他のシステムであれば,バスの運転手の証言が弁護人に有利であろうとなかろうと,バスの運転手から事情を聞

きたいという裁判官の決定（パラグラフ2.32-33）によって否定されるであろうような種類の利益である。我々は，この種の状況が，弁護人に与えられている自由の範囲を拡大することによって容易に解決されうるとは考えない。

6.12 1968年法は，控訴院に対して，証拠を公判に提出しなかったことにつき合理的な説明があるとみとめられるときに，新しい証拠を許可することを要求している。我々は，公判に提出しなかったことにつき合理的な説明がないにもかかわらず，新しい証拠を許可するように裁判所に要求するような制定法の改正を勧告することはできない。また我々は，何を合理的な説明として許容すべきかについて裁判所に示すような制定法上の規定を勧告することもできない。つまりこれは裁判所に委ねられなければならない。控訴院は，失敗の原因が弁護士の過誤や無能さにあるときに起こることについての一般準則を設けてこなかった。しかし，最近，次のようなことがいわれてきている。すなわち，証人を呼ばないという慎重な決定が公判で弁護士によってなされたときには，「きわめて例外的な状況であったときは別として」，その証人が控訴院に呼ばれることは許されないであろうということがいわれてきている[1]。これは以下のことを明らかにしている（パラグラフ2.38-39を見よ）。すなわち，裁判所は慎重な決定を1968年法23条2項の下で，本質的に合理的な説明であるとは認めないということを，そして，そのような場合，同条1項の下でほとんどその自由裁量権を行使しないということを明らかにしている。これは厳しいように思われる。しかし，それが不当な刑事施設収容となるであろうことへの上訴人の最終決定ではないということは，記憶に留められなければならない。通常は，上訴人が他の手段によって救済を求めなければならないのが準則である。公判で役立つ証拠を利用しないという決定は十分に説明されなければならないものである。説明することは，弁護士やソリシターの能力と上訴人との連係を含むデリケートな過程である。もしもこのような過程が公開の裁判所よりも内務省において非公式に遂行されるということを裁判官が考えるならば，我々は，彼らの考えを受け入れようとは思わない。しかし我々は次のことを期待する。すなわち，裁判所は，自ら何が例外的な状況であるのかを評価するとき，単に証拠が排除されるような状況だけでなく，排除される証拠の重要性にも関心をもつであろうということを。ドーティー事件（確かに例外的だったが）において排除された証拠は，もしそれが申請のためソリシターによって整理されていたならば，反対できないものであったように思われる。このような事件においては，公判での弁護士やソリシターの行動と決定は，弁護可能であろうとなかろうと，問題にならない。いったん，遅かれ早かれ，そしてどんな方法であろうと，受刑者が釈放されることになったことが明らかになれば延期について問題は生じない。

(1) *R. v. Brett and Others* (CA, 28 July 1975, unreported)

第6章 公判後の手続

6.13 これは，ドーティー事件で起こり，そして新しい証拠申請のための法律扶助の許可に関連する第2の問題を導く。我々は，我々の所見を，新しい証拠の提出の問題が公判の最後に生じたドーティー事件のような状況に限定する。このような状況はパラグラフ**2.40**で書かれた「事後活動」のサービスによってカバーされる。そして，もしも弁護士が，予定されている証人の新たな尋問は，合理的で「信用できそうで，かつ，上訴がその争点について理由ありとされるその手続において容認されうるような」（我々は，1968年刑事上訴法23条2項(a)から引用した。パラグラフ**2.38**を見よ。）証言を生み出すであろうと見込まれることを助言できるのであれば，我々は，法律扶助が通常，ソリシターのサービスをカバーするように拡大されるべきであると勧告する。我々が述べようとしていることは次のようなことである。すなわち，23条2項(b)の下で「合理的な説明」があるかどうかという事柄は，法律扶助がソリシターをカバーするよう拡大されるべきかどうかという問題に──ドーティー事件において明確にしたように──組み入れるべきではないということである。たとえ，この2項の下で合理的な説明がない場合でも，依然として1項の下での裁量の問題は残る。そして我々は，新証拠の重要性が分からない場合には，その裁量が行われるとは考えない。

6.14 ドーティー事件が取り扱われた当時，上訴における法律扶助を考慮する態度は決して明白ではなかったが，他方で，同時に故ビーン裁判官が議長を務め，その下で組織された私的なグループが上訴事件の準備のための手続を検討していた。このグループの検討は，ドーティー事件において生じた困難さによって決定的な刺激を与えられたようである。そして，その成果は，1974年7月，「控訴院刑事部における諸手続のために」という表題の小冊子にまとめられた。この小冊子は，同時期に発行された実務ノートの中で首席裁判官によってソリシターや弁護士に推奨された[1]。このノートには次のようなことを想起させるものが含まれていた。すなわち，ソリシターは，もっとも初期の段階で新しい証拠を提示する合理的な可能性を探るべきであること，そしてこの目的のため，1974年法律扶助法30条(7)の下での法律扶助体制が小冊子の中の一部分に記載されていることを。さらに，上訴の聴聞のための法律扶助において，裁判所は，ソリシターを任命する相当な理由があるとき，例えば記録，証人の供述，その他新たな資料が重要で必要であることが明らかになったときには，いつでも「十分な法律扶助」を命じうる。我々の見解では，上訴人への法律扶助は，ソリシターのサービスが新証拠の準備のために合理的に要求されるときには，いつでもそのソリシターのサービスを含むべきだ，ということが最も重要なものである。我々は，実務ノートがゆるやかに解釈されるとすれば，それはこの目的を達成するものであろうと思う。

(1) [1974] 1 WLR 774

Ⅲ　内務省の手続

6.15 この見出しの下で残る問題は，刑事法院において事件を扱った弁護士やソリシターのサービスを控訴院で維持することの実務に関するものである。通常の上訴においては，このことは明らかに依頼人の利益になり，そして確実に，裁判所は公判の経過をよく知っている弁護士やソリシターの助けを得るであろう。これは，新たな重要な証拠の可能性が公判の途中や後で生じたような事件においても当てはまるであろう。しかし，役立つことが認識されていた証拠や何らかの理由で用いられなかった証拠の許可のために申請が出された場合には，我々は逆のことが恐らく妥当するであろうと考えている。そのような申請の聴聞に際しては，たいてい，弁護士若しくはソリシター，又は両者の行為や過誤が調査されること，それ故に，依頼者のみならず裁判所も別個の申告から利益を受けるということは必然的なことである。我々は，実務一般では，このような場合，新たな弁護士やソリシターが割り当てられるべきであると勧告する。もちろん例外的な特徴はありうるし，それがある場合には，それは弁護士の助言の中に現れうるであろう。しかし我々は，専門家らは自らの伝統に十分に合致する一般準則を受け入れるであろうと思う。もちろん，弁護士やソリシターの行為が批判の余地のないものである事件も多いであろう。一般準則がある場合には，変更には何らの批判もないであろう。もしも一般準則がなければ，レジストラーは，それぞれの事件において批判の余地があるかどうかを決定しなければならないであろう。そしてその場合に行われる変更は，反対する機会がなかった不明瞭なものとして理解されることであろう。

Ⅲ　内務省の手続

6.16 我々は，パラグラフ3.85-90において，この手続について述べた。ヴィラーグ事件は1971年9月11日の手紙によって始まった。およそ2年後の1973年8月29日に，大臣補佐はこの事件について調査がなされるべきであることを要請した。1974年4月8日の下院への報告において[1]，内務大臣は，内務省内に容認できない遅延が存在することを明言した。

　(1)　Official Report, Vol 872, col 46.

6.17 遅延の主な部分は，部局の職員がスタッフ不足のため，極度のプレッシャーの下にあったという事実とともに，事件の重要な点についてそれを最初に処理した職員の重大な判断の誤りに帰すべきものであった。パラグラフ3.88を見よ。議会への報告において，内務大臣は，当時この種の事件を取り扱うための手続を再検討していると述べた。この検討と，さらに内務省刑事局の運営についての研究の結果として，我々が公表することを許された一定の改善が行われた。国王の赦免権の実施に関する事項を取り扱うC3局——1973年に既に高級幹部と上級事務官の追加に

第6章 公判後の手続

よって12名から14名に増員された——において，さらに別の高級幹部と2名の上級事務官の追加によって上級職員（つまり上級事務官以上）が増員された。この再補強の目的は過重負担を軽減することであり，また事件の調査と決定の早さと正確さを増強すること，さらに，この種の業務に備えて現場修習の水準を改善することであった。2名の幹部（組織と方法の分野において豊富な経験を有する者）には，それぞれに，訓練の手順の開発と改善，そして部局内での管理運営の適切な手段の適用に関する特別な責任が付与された。さらにこの責任と，それを取り扱う全ての職員とが，事務局内での業務再分配の経過の中で，新設されたC5局（これは国王の赦免権と終身刑，及びその関連業務を取り扱う）へと移された。その結果，部局長が他の分野の責任から生じる他の緊急を要する業務によってほとんど邪魔をされることなく，きめ細かな管理を行うことができるようになった。

6.18 前のパラグラフで述べた重大な判断の誤りと極度のプレッシャーは，1971年9月11日から1973年3月（事件の展開の第2段階で事件が高級事務官に達するとき）までの期間のほとんどと，1973年3月から1973年8月29日の調査要請までの期間のいくらかにおいて明白になる。事件が通常の早さで進行した場合でも，公訴局長からの手紙の受信と調査要請の間に数ヵ月（おそらく6ヵ月ほど）の実質的な遅延は存在した。我々の見解では，それは，その手紙と新たな調査が必要であると気づくために添付された報告書を読み，理解するのに必要な時間よりも長くなるべきではない。これによって我々は，採用されるテストについて検討することになった。また，我々は，事件の重要な点についての職員の重大な判断の誤りが，単に彼個人の不適切な評価にのみ帰するものなのか，それとも彼が適用することを期待されていたテストの少なくとも一部に帰することができるのかを知りたいと思った。それ故に，我々は，関係する職員から最大限の援助を受けながら，この点につき十分な調査を行った。

6.19 我々の見解では，信じられるようにみえる新証拠が提出されるときに生じる第1の問いは，その証拠が事件の状況を変えるか否かである。もしそうであれば，第2の問いに答えるために，さらなる調査（新たな捜査という形式であろうと，完全な再調査という形式であろうと）の差し迫った必要性が生じる。その第2の問いとは，さらなる調査の後で，事件が再検討されるとき，疑いが有罪判決の正しさに投げかけられるのかどうか，というものである。ヴィラーグ事件において，新証拠は容易に，公判時に十分な事実が知らされていなかったということ，そして，陪審がもっていた憶測がヴィラーグ氏を有罪としたということを示していた。つまり，彼が唯一の事件関係者であるということは誤りであった。これは，共犯関係にあるヴィラーグ氏を明らかにしたものではなく，事件の状況を変えたのである。これが，我々が調査の要請を理解するために手紙を熟読することが必要であると述べた理由

III 内務省の手続

である。関係する職員は自ら誤った問い、すなわち、証拠が事件の状況を変えたのかどうかではなく、それが有罪判決を覆すのに十分かどうかという誤った問いを発していたにちがいないと、我々は思う。我々は、新証拠が出されたあらゆる事件において、2つの段階に含まれる2つの問いが区別されるべきであると思う。

6.20 それでは、第2の問いに答えるための正しいテストとは何か。つまり、全ての証拠の再評価の後での古い証拠と新証拠をともに取り上げるための正しいテストとは何か。内務大臣が適用するテストは、本質的に、挙証責任の転換である。これは、請願者が無実の明白な証明を示さなければならないということを意味するのではなく、法定手続によって有罪判決を受けた犯罪を本当は行っていなかったと思料するために十分に納得できる根拠を彼が証明しなければならないということを意味する。これは控訴院で適用されるテストよりもかなり硬いものである。そこでは、上訴は新証拠に基づくので、上訴人には、陪審の評決とは異なるものになるという意味において、彼が提出した証拠が信用しうる実質的なものであるということを最初に示す義務がある。しかし、いったん、ハードルが越えられると、通常の通り、全ての重要な資料の再吟味の後、有罪判決が「安全で満足なもの」であること、つまり裁判所が「潜在的な疑い」をもたないことを訴追側において示すという挙証責任とともに、上訴は通常の経過を進むことになる。

6.21 我々は、内務大臣が控訴院と同様のテストを適用すべきだと思う。彼がそうしないことは異例なことである。なぜならば、彼が、一見したところ、再吟味に値する事件であると決定した場合、すなわち、彼が提出された新証拠を信用しうる実質的なものであると判断した場合、彼は、1968年刑事上訴法17条の基づき、事件を控訴院に送致するか、自分自身で処理するかを決定しなければならないからである。彼は、控訴院に比較的軽微な事件の有罪判決を付託することはできない。なぜならば、それは17条の中に含まれていないからである。さらに、彼は、法律上許されない証拠を考慮するよう求められている事件も控訴院に付託することはできない。なぜならば、控訴院はそれを取り扱わないからである。またヴィラーグ事件のような、新証拠、又はその一部が公的に与えられるという望ましくない場合もあろう。確かに、その他の要素も存在する。しかし、それがどんなものであろうと、我々は、ある一定の形式で事件の訴訟手続が進行しているときに、他の形式で事件の訴訟手続が進行する場合とは異なる挙証責任の負担を正当化するいかなるものをも想像することができない。

6.22 内務省の代表者との意見交換の中で、我々は、2つの手続、つまり控訴院への付託と内務省内での調査とは本質的に異なるということに気づいた。後者の手続における事件の処理には厳格な限界がある。つまり証拠は十分に検討されず、証人

第6章 公判後の手続

は喚問されないのである。そのことは，そのような状況の下では，より堅固なテストが適用されるのが正しいということを示唆していた。それにもかかわらず，我々は，困難であるとは思うが，問題の解決は，テストを分化するよりも，できる限り手続を同一化する点にあると思う。意見交換における議論は，17条に適合しない事件が付託されるところの通常の裁判所とは異なる証拠ルールや手続をもった独立再審理機関を企図することにまで及んだ。我々は，このような独立再審理機関を設置する可能性は内務省で研究されるべきであることを勧告する。それは，刑事上訴について経験豊かな者によって構成され，そしてその権限は決定的なものか，あるいは助言的なものになるであろう。

イギリスの上訴制度

　刑事事件の上訴は，従来では主に，四季裁判所とアサイズ裁判所からの上訴が刑事控訴院へ，1966年に控訴院が設立された後は控訴院になされていた。1972年に四季裁判所とアサイズ裁判所が刑事法院にかわると刑事法院から控訴院に上訴されることとなった。マジストレイト裁判所からの上訴は，刑事法院または女王座裁判所（Divisional Court of the Queen's Bench Division）へなされるが，刑事法院からの上訴が主要な上訴である。さらに上院上告委員会への上告がある。またこれまで，無条件恩赦による救済などが再審手続として用意されてきた。

　イギリスでは，誤判を防ぐ手続を実現するためにも，古くから控訴裁判所の消極的役割が課題とされ続け，1968年法に基づく控訴院も同様であった。この点は，わが国の再審のような役割を担う内務省のあり方についても同様であった。一方，1970年代の誤判事例の反省から，1981年刑事手続に関する王立委員会の勧告を受けて，1980年代に公判前手続や訴追制度に大きな変革が起きた。しかしその後も1989年のギルフォード・フォアに対する有罪評決破棄や，1990年代初頭のバーミンガム・シックス，マグワイア・セブンをはじめとする相次ぐ誤判事例が注目を浴び，政府は，1991年に刑事司法に関する王立委員会を発足させた。この委員会は刑事司法制度全般について広く検討し，22巻もの研究書と合わせて1993年にイギリス刑事司法手続の全般におよぶ勧告を報告書として公表した。

　この結果，上訴や再審のシステムも近年に改革がおこなわれた。控訴院の役割をより積極的にしていくために，1968年刑事上訴法2条1項の再構成が問題とされた。従来は，有罪判決が危険又は不満足か，法律問題の誤り，重大な手続違反の該当性が問われてきたが，1995年刑事上訴法2条では，有罪判決は危険かどうかのみが問われることとなった。一方，デブリン報告書が詳細に検討した内務省についても，再審手続という観点から王立委員会が誤判を審査する新主体の創設を提言した。その結果，1995年刑事上訴法により刑事事件審査委員会（Criminal Case Review Commission）が設立された。この委員会は警察に調査を命ずる権限も有する独立した主体であり，今後の実効性にも注目が集まっている。まさにそれはデブリン報告書が提案したものでもあったのである。

第7章　マジストレイト裁判所の手続

7.1　本報告書の前章までにおいて，我々は，正式起訴に基づく裁判官と陪審の面前での公判を念頭においていた。重大犯罪が審理されて重い刑罰が科せられるのは，刑事法院においてである。我々の注意を引いてきた，誤った同一性識別から生じる現実のあるいは潜在的な誤判の例は，若干の例外はあるものの，このような公判から生じる。これには十分な根拠があると思う。同一性が争われる事件は，略式手続の管轄裁判所ではさほど頻繁には生じない。略式犯罪の大部分は，被告人は犯罪現場で逮捕されているか，質問を受けているのである。多くの道路交通法違反事件のような召喚状形式による手続の場合，同一性識別の何らかの証拠は現場で入手され，同一性に関する争いはめったに生じない。アリバイ証拠の提出を含むような争いはもっと少ない，と我々は聞いている。

7.2　同一性が大きく争われる事件においては，既に略式裁判手続の中に，刑事法院において行われている手続とは基本的に異なる点が数多くある。第1に，陪審からの上訴とは異なり，マジストレイトからの上訴は，別のマジストレイトとともに席に座っている刑事法院の裁判官の面前での完全な再審理という形式をとる。上訴のために提出される証拠は，実質上，下級審に提出されたものとは異なる。そして最初の審理のときの怠慢や誤りは双方によって修正されうる。したがって，ある者が誤って有罪判決を受けるときには再び誤りが繰り返されることになるだろう。第2に，事件の延期はマジストレイト裁判所においてごく容易に行われうる。刑事法院においては，陪審員の利便性がこのような延期を全く不可能にしているからである。したがって，当事者双方，又は裁判所自体が，さらなる調査を行うために，もし望ましいならば，延期を求めうる。第3に，1967年刑事司法法11条の規定は正式起訴による公判にのみ適用可能である。その規定によれば，アリバイの詳細な事前告知は，アリバイを裏付ける証拠の提出のための必要条件であるとされている。

7.3　上述のことから，我々は，我々の勧告が略式手続の管轄裁判所での公判に適用しうる範囲について考えてみた。それは，我々に以下のことを指摘させるに至った。すなわち，この裁判所での手続のいくらかの過剰な複雑さが，結果として，現在十分に合理的な早さで処理されているあらゆる範囲の事件において，受け入れが

第7章 マジストレイト裁判所の手続

たい延期と複雑さになりうるということを。これらには，1人の証人による被告人の多かれ少なかれ「形式的な」同一性識別を含むあらゆる事件が当てはまりうる。そしてこれらは，真の同一性が問題となる事件ではない。我々はこの危険を認識している。そして主として，それ故に，我々は我々になされた例えば以下のような示唆を拒絶したのである。何らかの補強証拠のための制定法上の要請，争われている同一性の通知を送達するための被告人の義務づけ，同一性識別証拠の危険性について正式に裁判官席の注意を促すための書記官の義務づけなどがそれである。我々は，上級審に適用できるさらに正式な手続が略式手続の管轄裁判所にも適用されることを適切だとは考えていない。

7.4 我々の主たる勧告は，ここまで以下の3つの分野に及んでいる。
(1) 普遍的な適用に関する基本的な原理又はルール（パラグラフ**4.53-71**）
(2) 被告人席同一性識別（パラグラフ**4.89-109**）
(3) アリバイ（パラグラフ**4.72-76**）

　第4章における議論は正式起訴に基づく公判に向けられていた。そしてその多くは，明らかに略式裁判には適用可能ではないであろう。現在，この領域における略式裁判手続は合理的にうまく機能しているということが我々に明らかにされている。この手続を変更する前に，実施される我々の勧告に係る手続がどのような形で刑事法院の実務において現れるのかを見極めるためには一定の時間の経過が必要であると，我々は感じている。このことは，ジェームズ委員会の勧告[1]から生じるところの，マジストレイト裁判所と刑事法院との業務の再配分を考慮するための機会を与えることにもなろう。

　　(1) Report of the Committee on the Distribution of Criminal Business between the Crown Court and Magistrates' Courts (Cmnd 6323), 1975.

7.5 したがって，我々は，我々独自の勧告を，さしあたり正式起訴に基づく公判に限定することにした。つまり，我々はマジストレイト裁判所における手続上の変更について何らの提案もしない。このことは，異なった法原理がマジストレイト裁判所において適用されるべきであると我々が信じていることを意味しない。もっとも，同一性が現実に真に問題であるような場合においては，マジストレイトは我々が上述パラグラフ**4.53-71**で明らかにした原理に配慮すべきであり[1]，それに従って自らを方向づけるべきであると，我々は勧告する。我々は再び以下のことを強調しなければならない。すなわち，我々が念頭においている真に同一性が争われる事件の形態には，同一性識別が法廷で行われ，そしてそれが全く形式的なものにすぎないような大部分の事件は含まれていないということを。また，名前や住所が現場で得られている場合も，上述パラグラフ**4.55**で明示したように，マジストレイトには例外的な状況や追加される証拠を発見するうえでの困難さはない。我々は，真に

201

第7章　マジストレイト裁判所の手続

同一性が争われる事件が発生したときには，マジストレイトがそれを見極めることができ，そして一般準則を適用するであろうことを確信している。

(1) ＣＬＲＣ第11報告書に書かれている草案第28条と比較せよ。そこには次のように書かれている。「ある者の犯罪に関する略式裁判において，裁判所は，正式起訴に基づく公判の場合と比較しうる諸条件の下で，被告人に有罪判決を言渡す前に，特に注意が必要であることを陪審に警告するよう裁判所に要求する全ての法令に対して注意を払わなければならない。」

7.6 再び，真に同一性が争われる事件においては，被告人席同一性識別の不満足な本質に注意が向けられなければならない。マジストレイトは，同一性識別パレードが十分な理由なしに省略されたと自らが確信したときには，当該同一性識別証拠を拒絶すべきである。このような条件の下では，マジストレイトは，被告人席同一性識別のみに基づいて判断することを自由に拒否すべきである。

7.7 アリバイ抗弁が前面に出されるようめったに起こらない事件の場合，マジストレイトは，パラグラフ**4.72－76**で詳述した諸原理を適用すべきである。同一性を争うという被告人による意思表示を，最も早い機会に，裁判所と訴追側に通知するためのあらゆる促進・支援がソリシターに与えられるべきである。また同様に，突然に訴追された場合には，即座に延期の許可がなされるべきである。

7.8 略式裁判において真に同一性が争われる事件の割合は非常に小さいので，我々は，我々の勧告が，多くの被告人に対して刑事法院での公判に進むことを選択するよう，もちろん彼らにはこのような選択ができるのであるが，促進させることになるとは思っていない。我々の見解では，このような事件は，通常，財政的な条件が充足されている場合には法律扶助の許可を正当化する。事件の性質からみれば，これらは，いずれにせよ，ひとつの選択がなされうる事件であろう。

第8章　要約と勧告

（訳注：勧告の詳細は太字体で示した。）

I　序　説

8.1　完全にあるいは主として目撃供述証拠による同一性識別に依拠する事件においては，誤判への特別な危険があることを示すことができて我々は満足している。それが起きるのは，この種の証拠の価値を査定することが例外無しに困難だからである。そして，自分を誠実に信じている証人とその誠実さがもたらす有罪判決は，滅多になどとはいいがたいほどかなり間違っている。我々は，この種類の誤謬を検知する法廷上の実践的方法が存在しないことを見いだした。我々はさらなる研究が支援されるべきだと勧告する。

研究は，心理学に基づく洞察が同一性識別パレードの実施や法廷実務に役立つ方法で行われるべきである。特に，テープレコーダーや他の適切な方法の助けを得て，声の同一性識別パレードが可能な限り早く実用可能になる方向で進められるべきである。

8.2　同一性識別パレードなど，同一性識別事例に特有なプロセスについての我々の検討は，改善が必要であることを示している（このことについては我々は後に考える）のではあるが，誤りの危険を実質的に増大させるメカニズム上の明確な欠陥については明らかになっていない。危険を低減する唯一の方法は，挙証責任を増大させることである。このことは必然的に，無罪判決と同様に有罪判決をより難しくさせるので，制限条項によってフォローされなければならない。

8.3　（挙証）責任を増大させる伝統的な方法は，補強証拠を必要条件として課すことである。我々はこの方法を2つの理由から勧告しない。第1に，制定法上の定義内で補強証拠を提出することが難しいかあるいは不可能な事件（例えば，頻繁なあるいは長期に及ぶ観察による事件が含まれる）があり，その場合にはその要件が過度の挙証責任を課すことになってしまう。第2に，伝統的な必要条件は，我々の意見によ

第8章 要約と勧告

れば、やがて不用になるだろうからである。1966年以前には、適切に指示された陪審の評決が望ましくない専門的事項を引き起こすとしても、それが実質上の結論であるときには、補強証拠の必要性こそがなくてはならない安全対策だった。1966年以降、評決が安全で満足だと認められないときには評決を破棄するように、控訴院は制定法によって求められるようになってきている。このことが、陪審による考察のために残された証拠資料を以前のように厳密に統制することを不必要にしている。

II 公判手続

8.4 しかしながら、通常の事件では、訴追が目撃供述証拠のみによって訴追されてはいないと保証されること、もし目撃供述証拠のみで訴追されるならば、それらの事件は失敗すること、を我々は願っている。そういった事件は失敗するのが当然だと我々は考えている。なぜなら、我々の意見によれば、同一性識別証拠がそれ自体で有罪のための合理的疑いを排除できるほど十分に信頼に足ることは例外的な事件のみだからである。我々は、公判裁判官が制定法上では以下のことを求められるべきだと勧告する。

- a. 例外的（に信用できる）状況下での同一性識別であるか、他の種類の実質的証拠によって目撃証拠が補強されていない限りは、目撃供述証拠のみに基づく有罪判決は安全ではないと陪審に指示すること；そして
- b. 例外的と見なされうるような状況や、同一性識別を補強しうる証拠が、それぞれもし存在するなら、陪審にそれらを指示すること；そして、
- c. もし彼（公判裁判官）が上記の状況や証拠についていずれも指示できないときには、無罪の評決をなすように陪審に対して指示すること

我々は例外的な状況の例をいくつか与えるが、我々はこの点が判例によって発展させられるように法をそのままにしておく。我々は、明確に定義された状況の例示や最小限の付加的証拠を制定法が提供することが、実践的であるとも望ましいものであるとも思っていない。

8.5 我々は公判手続を進めるための他の3つの提案をもっており、それは以下の3つのパラグラフで要約される。最初のものは説示と一般的に関連している。他の2つは手続を2つの側面から厳格にすることを求める。第1は、被告人席同一性識別、第2は、同一性識別パレードを規制する準則の不履行と、見込みのある証人に被疑者の写真を1枚見せること、である。

8.6 ここ数年間、説示を行う裁判官たちは、それ以前に比べて同一性識別の問題をより詳細に扱う傾向にある。この傾向は奨励されるべきだと我々は考えている。

II 公判手続

特に，我々は裁判官が提出されたアリバイを慎重に取り扱うべきだと考える。同一性識別証拠とアリバイ証拠は同じコインの表裏だからである。

8.7　被告人席同一性識別が望ましくなく不満足なものであることは概して同意されている。しかしそれは法によって認められてはいるので，裁判所は公判裁判官に，特定の事件で予断偏見があるとして拒絶されるべきか否かを述べる裁量を委ねている。この裁量は制定法によって制限され調整されるべきだと我々は勧告する。証人が主体的に被疑者・被告人を選別するパレードもしくは類似の他の方法による同一性識別が，法廷での同一性識別に先行して条件を整えたうえでなされなければならない。パレードの実施が実行不能か不必要であるようなとき以外は，条件を満たさずにすますことはない。実行不能の例は，被疑者・被告人が参加を拒むときである。不必要の例は，証人が被疑者・被告人を予め知っているときである。被告人席同一性識別が許される全ての事件では，選別するのではなく直面しているにすぎない状況における（識別）証拠の脆弱性について，裁判官は陪審に対して警告するように制定法によって求められるべきである。

8.8　ときに，内務省通達がパレードのやり方や見込みのある証人に対する被疑者写真の呈示方法について，警察に対して教示することがあった。我々はこれらが別々の規則に再構築されたうえで法制化されることを勧告する——それはパレードの規則と写真呈示の規則である。我々は公判前手続の章（＝第5章）で以下に要約する様々な修正を勧告した。公判それ自体に起きる問題は，準則の不履行の結果に関することである。現在では，このことは公判裁判官の自由裁量に委ねられている。我々は再び，この自由裁量が制定法によって制限され規制されるべきだと勧告する。

　パレード準則の目的は，「証人が，特定の場面で以前目撃したと述べた者の写真を，もしそれがあれば，写真帳の中から抜き出すことができるかどうかを審査すること」だといい直すべきだと我々は勧告する。もし公判裁判官が，準則の不履行（あるいは他のどんな違法行為や過ちでも）によって審査を不満足なものにしてしまったと考えるなら，影響を受けたパレードやパレードの一部分は，制定法によって，無効であるとして扱われるべきであり，そこから生じるどんな証拠も排除されるべきである。

　我々は写真呈示準則の不履行についても同様に扱われるべきだと勧告する。準則の目的は「証人が，ある特定の場面で以前目撃したと述べた人の写真が，もしその写真があるなら，写真帳の中から抜き出す能力を審査すること」として述べられる。これらの準則は，不必要な写真呈示に対する規定もまた作ることになる。警察がパレードに参加させうる被疑者を特定したときには，写真呈示という手段ではなくパレードという手段によってこそ同一性識別のさらなる段階に進むべきである。我々はこのことが絶対的な準則であるべきだとは考えていない。なぜなら，調査の必要

性が最も重要だからである。しかし，そこからの逸脱には正当化が必要であると我々は考えている。準則について考慮したうえで，調査の目的に照らして合理的に必要だという理由から，写真を見せることに裁判官が満足した場合を除いて，被疑者・被告人の写真を既に見てしまった証人は，法廷で被疑者・被告人の同定を許されるべきではないという制定法上の規定を我々は勧告する。

III 公判前の手続

8.9 我々が調査してきた主たる側面は
(1) 犯人の描写を獲得することと開示すること（パラグラフ**8.10**）
(2) 写真を呈示すること（パラグラフ**8.11**）
(3) 同一性識別パレード（パラグラフ**8.12－17**）
(4) アリバイの準備と調査（パラグラフ**8.18－20**）
であり，我々は上記された各節においてこれらを別々に取り扱う。

8.10 警察は普通，決して必然的ではないが，告訴がなされた身元の不確かな人についての描写を獲得して筆記する。このような描写は，公判以前に弁護側によって現在よりもより全般的に利用可能であるべきだし，それは証拠として許されるべきだということが示唆される。我々は以下のことを勧告する。
　(1)　警察は，可能である場合はいつでも，犯人に擬せられている人の描写を獲得し書面で残すべきだという管理運営上の規則が存在すべきである。
　(2)　証人がパレードに出席するかどうかに関係なく，犯行現場で犯人を目撃したとして訴追側に知られている証人について，その住所と名前，及びその者によって提供された犯人描写記録の複写を，訴追側は要請に基づき弁護側に対して提供するように制定法によって要求されるべきである。
　(3)　訴追側証人が法廷で被疑者・被告人を犯行現場で目撃した人物であると識別したとき，その証人が署名し，警察官の第1回面接で提供したその人物の描写は，同一性識別が描写と一致することを示す証拠として制定法上許容されうる。

8.11 見込みのある証人に対して被疑者の写真を呈示することは，犯人捜査のための欠くことのできない過程である。同時に，それは証人が行う同一性識別の信頼性に影響する。我々はパラグラフ**8.8**で，この問題について我々が最もよい解決法だと見なしていることについて指示した。一般的に言って，写真が呈示される条件は，同一性識別パレードに適用される条件に可能な限り近づくように準則が改定される

III 公判前の手続

べきだと我々は勧告する。

　手続は，巡査部長の階級以上の警察官に監督されるべきである。

　1度に1人の証人しか出席してはならないので，証人が監督官と2人きりになったときに初めて，写真帳が証人に対して呈示されるべきである。

　もし，複数の証人が選択のために出席したときには，彼らがお互いに話さないように気を付けなければならない。

　証人は，少なくとも12枚以上の写真を含む写真帳の中から，助言・援助なしに選択しなければならない。

　写真検査の日時を含む手続に関する書面による報告書は，監督官によって作成され，その複写が弁護側に開示されねばならない。

8.12　同一性識別パレードは，証人の顔記憶に関する第一義的に科学的な検査というわけではない。それは，単独の対面を避けるための工夫である。パレードによる同一性識別の結果には大抵何らかの価値があるが，一方，単独面通し後の同一性識別にはしばしば何の価値もない。ある限界の中で，パレードは最も有用な道具である。1973年の統計では，パレードに参加した証人の半数以下ほどが被疑者を抜き出したけれど，他の殆どの人は誰も抜き出さなかった。もし，それ以前に対面が行われていれば，「成功率」がより高くなったことを我々は疑うことができない。パレードという道具は，不確かな証人を除去する。それ以上のものではない。

　我々はパレードをそれ以上のものにするような要望を受け取っている。パレードでの同一性識別は現状ではそれ自身で有罪判決を確保するのに十分であり，このことは私たちの関心事の源泉である。しかしながら我々は，パレードから生じる同一性識別の価値を資料的に高めるような，パレードに適用できる実践的方法があるかどうかは疑問に思っている。そこで私たちは，公判においてパレードによる同一性識別に対して付与されている価値を減少させることによって要望に答えることが望ましいと考える。パラグラフ8.4で要約された我々の勧告は，特殊な状況下でのみ，パレードでの同一性識別が被疑者・被告人と対立する主張を構成するように計画されている。

8.13　それ故，我々はパレード手続の過激な修正を決して求めるものではない。我々は，警察のパレード実施に関する不満をほとんど受け取っていない。だから，この見出しのもとで行われる我々の勧告の大部分は，小さな点と関連しているし，多くの事件では警察で既に実行されていることについて公式の規定を作るにすぎない。パレード準則は，包括的な手順を包含するように構成されているのではなく，警察官にとってガイダンスが必要だと考えられる特定の点に向けられている。我々はそれらが，普通なら遵守可能な手順の陳述書の形式をとるように改定すべきだと勧告する。我々はさらにパレード報告書の標準形式についても勧告する。

第8章　要約と勧告

　いったん，同一性が問題になっていることが被疑者にとって明白となり，同一性識別パレードが要請される状況にあるときには，彼はパレードの目的と性質，彼の権利と出席しなかったときに起こりうる結果について記載されているリーフレットを最も初期の適当な時点に手渡されるべきである。
　パレードは少なくとも警部補以上の警察官によって監督されるべきである。
　証人は同一性識別を行う目的でパレードの参加者を紹介される以前には，彼らと会わないよう手配しなければいけない。当該事件の状況が許す限り，証人同士が話をしないようにしなければいけない。
　軍隊や警察といった均質的グループに所属する人々は，通常，同一性識別パレードの参加者として使用されてはならない。
　被疑者はパレードの時点で彼を代理するソリシターを持つことが望ましいが，これは絶対的な必要条件ではない。もっとも，もし被疑者・被告人のソリシターがいない場合には，事件を捜査した捜査官はパレードの実施から排除されなければならない。
　同一性識別を行う目的のために，通常の場合，証人は選んだ人に直接手で触れることが必要である。神経質な証人の問題は，パレード参加者に番号をつけ，選んだ人の番号を示すように依頼することで解決するのが一番よい。
　証人の自発的に発せられた観察（記述）はどんなものも記録されねばならない。
　パレードの構成員が話すのを聞いたり歩くのを見たりしたいという証人の要求は，証人が最初に選んだ人への同一性識別を確認するためにそう希望するという場合以外には保証されない。その場合には，要求されたメンバーだけが話したり歩いたりすることを許される。
　パレードを行う警察官は前もって被疑者に面接をして手続について説明し，彼の権利について書かれた書面——付録Eの書式Dを手渡すべきである。
　パレード参加者の名前と住所は記録されねばならないが，自動的に被疑者・被告人に開示されるべきものではない。請求に応じて弁護人に開示されるだろう。
　パレードは刑事施設で行われてはならない。同一性識別のために刑事施設への被収容者が必要なら，通常，その人物が同一性識別パレードのために警察署に行くよう招請されるべきである。彼が断ったら，それはパレードへの参加を断ったと考えられてよい。重大な保安上の問題がある場合には，パレードは警察署以外で行われてもよい。しかし，保安上の要請に従う限りで，警察官が通常のパレード準則のもとで被収容者たちではなく一

Ⅲ 公判前の手続

般の人々の参加を得たパレードを行うべきである。

記録のために，付録Eにあるような標準形式が全ての警察によって使用されるべきである。書式Aと書式Cの複写は，被告人が告発されるか召喚状が送達されたときにできるだけ早く開示されるべきである。

同一性識別パレードに，見込みのある証人の出席を要請する召喚状が作成されるべきである。

8.14 しかし，特別な注意が求められる3つの点があり，我々はそれらを以下の3段落で要約する。
 1. パレードの写真をとること
 2. とにかく誰かを同一性識別しがちな傾向
 3. パレードに対する被疑者・被告人の権利
がそれである。

最初の2つについては我々は手続の改善を勧告する。最後のものについては改善を考えるが勧告まではしない。

8.15 被疑者がパレードに立っていたかどうかを判断する機会を陪審がもてるように，パレードの様子を写真撮影することが提唱されてきた。(ところが)写真撮影することについての若干考慮に値する異議申立てがなされてきており，したがって，若干の代表的な地域で実験を行い，それが不首尾に終わらない限りにおいて，写真撮影が普遍化されるべきである。

8.16 証人は，誰かを同定することこそが自分に期待されていると感じる故に，パレードにおいて誰かを同定してしまう傾向がある（たとえそれが明確な統計によって示されていないとしても）ということを示唆する心理学者からの証拠に我々は強い衝撃を受けている。我々は証人に対するこの種の圧力を低減する様々な方法を考察し，最もよい方法はパレードを担当する警察官が証人に対して，見た人物がいるかもしれないしいないかもしれない，ということを明白に述べることだと結論した。我々はこのことが，証人がパレードを調査する直前で警察官が証人に話しかける際になされるべきだと勧告する。

8.17 パレードを要請した被疑者が，不合理に拒否された事例に我々は出会わなかったが，パレードへの権利は明確に与えられるべきだと我々は表明する。実際，パレードの実施が不必要だったり実行不能だったりする場合以外には，我々はそのように行ってきた。我々の勧告によれば，それ以前にパレードを行っていない場合には法廷での同一性識別を行うべきではない。しかし，警察と弁護側とでパレード実施の条件について純粋な意見対立がおきる事例（我々はごくわずかの例に出会った

第8章 要約と勧告

のみである) がありうる。我々はこのような意見対立が裁判所の判断によってその時点で解決されるような方法を探索してきた。しかし，我々はそのままにしておくのが最良だとの結論に達した。これは，パレードの条件に関する意見対立を可能な限り公平に判断していかなければならないということである。もし膠着状態になれば，弁護側は嫌でもパレードに参加せねばならず，異議申立ては法廷に提出することになる。もしその条件がパレードの目的を損なうものであれば，その結果は無効なものとして取り扱われるだろう。パラグラフ**8.8**も見よ。

8.18 ドーティーとヴィラーグの事例の状況は，2つの時期における警察のアリバイ捜査への疑義を生じさせた。第1の段階は，よくあるように，被疑者・被告人が逮捕直後もしくは逮捕後少したってからアリバイを提示するときである。第2の段階は刑事司法法に従って，通知によりアリバイが開示されたときである。2つの時期における警察の義務は管理運営上の指示によって明確にされるべきだと私たちは勧告する。

8.19 第1の段階では，警察は弁護側に対して，警察が得たアリバイ証人からの陳述を直ちに提供すべきであると示唆されてきた。しかし，これは犯罪人が偽りのアリバイを構成することを助けることになろう。我々はそれを勧告せず，捜査の過程で警察が文書や物証を証拠として引き受けるなら，それらを弁護側に通知して点検に供するべきだと勧告する。

8.20 第2の段階において，適切なアリバイの提示責任は弁護側ソリシターにあると我々は考えている。警察の義務は，裁判の前に，アリバイをチェックし，それと矛盾するかもしれない資料を検討することである。彼らには，アリバイが全体として適切に裁判所に提出されているかを検討する責任はない。

現行の実務は，警察が弁護側のアリバイ証人に面接することを許しているが，それは通常，弁護側ソリシターが望めば彼の同席のもとでの面接となる。ドーティーとヴィラーグの事件はこの点を巡って発生する種々の困難を例証している。訴追側証人がそうであるように，弁護側も証人から得られた証言を訴追側に提供することが好ましいと我々は考えている。警察は適切な証言が提供されない事例に限ってのみ弁護側証人に面接すべきであると我々は勧告する。

> 被告人は，1967年刑事司法法第11条に基づいて提出されたアリバイの通知に，彼が自分のアリバイ立証のために必要な文書を加えることができる。
>
> アリバイ証人から供述をとるために警察が用いる書式は，供述が訴追側の主張の一部として提出されることが合理的に明らかなとき以外は，偽証による訴追の可能性についての言及を含んではならない。
>
> ソリシターに対して，アリバイ証人を面接したいと警察から通知があっ

たときには，可能であれば，彼は面接が自分の事務所で行われるように手配するべきである。

　ドーティーとヴィラーグの事件に照らして，適切な機関は，提供される報酬の基準も含めて，アリバイの抗弁を行ううえでの現行の手配が満足いくものであるかどうか，もし不満足である場合にどのような代替が必要か，を考えるよう要請されるべきである。

Ⅳ　公判後の手続

8.21　ドーティーの事件は，控訴院の前に新証拠を得る方法の困難さを例証している。我々が考えるに，これらの困難は，もし被告人が自分にとって最善なように自分の事件を公判と上訴のいずれに持ち出すのかについての選択肢を与えられえないのであれば，新証拠の導入を採用する一般的な準則として裁判所が拘束される制限から生起するものである。我々は，通常の法施行と一致する限りは新証拠の許可が最大限であるべきだと考えてはいるものの，控訴院に適用される現行法に対して何らかの代替案を勧告することはできない。もし法がある特定の事例について困難を作り出しているのなら，内務大臣による逆照会（レファレンスバック）によって扱われるのが現状では最善だと我々は考える。

8.22　もし弁護士が新証拠を許可されるだろう合理的な機会があることを助言できるならば，法律扶助の一般準則によれば，新証拠を上訴で必要とする上訴人にはソリシターによるサービスが通常保障されるべきである。1974年6月の実務ノート（ドーティー事件の後に発行された）が，もし緩やかに解釈されるなら，この目的を達成するだろう。
　もし証拠が公判で利用可能であるにもかかわらず使われていない場合には，新しいソリシターと弁護士が準則によって選任されねばならない。

8.23　ヴィラーグ事件において，内務省内では新証拠を紹介する手紙を受理してから警察が捜査を開始するまでの期間は極めて長かった。信じられるように見える新証拠が出てきた事件では2つの問いをまず区別するように勧告する。第1の問いは有罪を覆すか否かということではなく，新証拠が単に事件の状況を変えるか否かである。もし状況を変えるのであれば，警察が新しい捜査の形をとるか完全に再捜査の形をとるかは別として，即座に全体的な調査の必要が生じる。第2の問いは，捜査の結果として有罪判決の正しさに疑いが投げかけられることになるかどうかということである。

第8章　要約と勧告

8.24 第2の問いについて，現在内務省で適用されているテストは硬直しすぎていると我々は考えている。そのテストは挙証責任の転換に近い。我々はテストが控訴院で適用されるべきだと考えている。つまり，全ての重要な資料の再吟味の後，有罪判決が安全で満足がいくとみなされるか否か，ということである。控訴院への照会ではなく（内務省）内での調査という形式をとる場合には，新証拠が全てテストされたかどうかを保証するのは難しいということを我々は認識している。我々は，控訴院への照会に適さない事例を取り扱う独立の再審理機関を設置する可能性について研究すべきだと勧告する。

V　マジストレイト裁判所

8.25 多くの理由によって，我々の提案の適用は，正式起訴に基づく公判に限定するように決めていた。しかし，もし我々の主たる勧告が受け入れられれば，マジストレイトたちも同一性に関する紛争を判断するときには，刑事法院で適用される原理を考慮すべきである。

> ソリシターは，最も早い機会に，同一性を争うという被告人の意思表示を裁判所と訴追側に通知するように期待されている。それが行われないときには，アリバイを捜査する目的のために休廷が難なく保証されなければならない。
>
> 同一性が争われている場合，マジストレイトは被告人席同一性識別のみに基づいて行動することにとらわれるべきではない。十分な理由なしに同一性識別パレードが省略されたと考えるときは特にそうである。

VI　全　般

8.26 我々の勧告を実施するためには，新しい法令か部分的に新しい法令かが必要であろう。しかし我々は制定法の変更を最小限におさえている。というのも，我々は同一性が争われる事例を扱うことに関係する全ての人たち——警察，ソリシター，バリスター，裁判官，マジストレイト，陪審——が，このような事例に固有の諸問題とこれらに包含される危険への意識について，その態度が変わることが最も必要だと信じているからである。この変化は法と実務との判例による発展によって引き起こされるのが最もよい。我々はこのようなことを引き起こす方向性を既に示してきた。こうした経緯は要約の形にはなっていないが，裁判官にとって有用であることをあえて我々は期待する。

VI 全般

8.27 同一性に関する事例は，滅多に起こらないということもあって，扱いが難しい。このような事例に直面した全ての専門家——特に，ソリシター，バリスター，マジストレイト，裁判官——にとって，適用できる法ならびに手続や考慮すべき関連要因についての陳述書が1カ所に集められていれば大きな助けになると我々は考えている。もし我々の勧告が受け入れられれば，1つの法令と2つの新しい規則ができるだろう。我々が述べてきたように，それらは裁判官や弁護士が知る必要がある全てのことを含んでいるわけではない。説示で示される要点についてのアドバイスは既に裁判所によって示されている。例外的事例と追加的証拠の構成についての我々の観察は，結局は裁判所によって決定されるものではあるが，その出発点として使用されるべきである。我々は，全ての資料とこの件について心に留めるべきガイダンスを含んだ小冊子を内務省が発行すべきだと勧告する。このことはマジストレイトにとっても本質的に重要であり，我々は関連する原理を一般的な方法で適用するように求めてきた。そして，このことは果たすべき司法上の義務がある全ての他の人々に対しても非常に有用だろう。そういった問題を把握することが極めて重要となる警察官の訓練にとっても価値があるはずである。

　最後に，我々は秘書のJ・C・ヒンドレイ氏に多大な感謝を表したい。我々の仕事は非常に多くの資料を研究することを含んでいた。我々が特に調査した2つの事例は，それぞれ大量の文書資料を蓄積していた。したがって，当報告書の大部を構成する，我々の検討した広範な質問についていえば，我々は多くの意見を受け，多くの調査を行い多くの回答を得た。これら全てのことに対するヒンドレイ氏の力強いな把握力と細部への精通力は我々にとって不可欠なものであった。

デブリン
キャサリン・フリーマン
ジェルミー・ハッチンソン
フィリップ・ナイツ

J．クリフォード・ヒンドレイ（事務局長）

近年における法と心理学の動向―イギリスと日本―

　イギリスにおける法と心理学の関わりにおいて特徴的なのは，警察の捜査手続きに関する実務規範であるPACE制定（1984）において，実証的方法による心理学的知見が重視されたことである。アメリカのように，心理学者が実際に法廷で活動する代わりに，英国の法心理学者は警察の捜査プロセスに対して積極的に介入してきたといえる。PACEの制定後，全ての警官が捜査手続きに関する訓練を受けた。それによって，それまで「慣習」に依存していた警察の活動が改善されつつある。このような動向に，本書・デブリンレポートが与えた影響は小さくない。

　もちろん，誤判防止の観点から目撃証人に関して心理学者の出廷が要請されることもあるのだが，適切な専門家はイギリスでは少ないと言われている。またイギリスでは従来から，裁判所が心理学者を専門家として認めて証言を求めることに消極的であったとも言われている。もっとも，最近では，陪審員への説示や同一性識別手続に関することはもちろん，さらに広い範囲での「安全な装置」を確立するためにも，（心理学を含む）専門家証言を積極的に認めていく方向性を示唆する意見もある。イギリスにおける「法と心理学」の専門家は，法廷以外で積極的に目撃証言の問題を研究し，法律家に助言している存在なのであったわけが，今後は少しその位置づけが変わっていくだろう。

　一方，日本では，心理学者が専門家として証言を求められることは殆ど無かったといえるのだが，最近になって，甲山事件や自民党本部放火事件，いくつかの宗教的カルト団体の脱退信者の裁判などで心理学者が専門家証人として認められる例が出てきている。

　甲山事件は，最終的に被告の無罪で決着するまで25年もの時間が流れたことでも有名な事件である。知的障害児収容施設において2人の園児が浄化槽内から見つかった事件において，当時保母だったYさんが逮捕される。一旦は不起訴になるが，事件の4年後に再逮捕・起訴。この過程において死んだ園児の仲間だった園児計5名が「Yさんが（死んだ）子の手をひいて歩いていくのを見た」という目撃証言を行ったことが，新しい証拠として強い力を持った。この裁判に関わった心理学者・浜田寿美男は，これらの証言が供述聴取の過程で「作られた」ものだと指摘してきており，裁判全体の過程でも一定の影響力をもった。

付録A　同一性識別パレードに関する内務省通達

　以下の通達は，当時の首都圏警察で一般的であった同一性識別パレードのための規則に関して，1905年に出された勧告に始まる，内務省から全警察本部長への一連の通達の，最新のものである。その規則は1925年に拡充され，さらに1926年に改定されている。1929年には「警察権限と手続に関する王立委員会」によって検討され，同委員会によって報告書（Cmd 3297）の付録資料の中で公刊されたが，それ以上の改正は1969年まで行われず，そのときに現在の内容になった。

　この通達は1969年に出され，1969年版の「犯罪とそれに類する問題に関する内務省から警察への通達集」の付録資料6として綴じ込まれている。これは王立印刷局によって独立したパンフレットとして刊行されており，アーチボールド著「刑事事件における訴答，証拠と実務」第38版の1351‐1353パラグラフにも再録されている。本報告書の中で，同通達は便宜的に「内務省通達1969年第9号」と呼ばれている。

1969年1月
内務省通達1969年第9号
同一性識別パレード

警察本部長殿

ロンドン　S. W. 1., ディーン・ライル街
ホースフェリー・ハウス，内務省
フィリップ・アレン

　国務大臣の指示に従い，以下のようにお知らせします。同大臣は「犯罪とそれに類する問題に関する警察への通達集」に規定されている同一性識別パレードの実施に関する勧告を検討しましたが，添付されたメモランダムをもって，その報告とします。このメモランダムは首席裁判官との協議に基づいて作成されておりますので，

その規定に従うことを怠ると，陪審への説示の際に裁判官が，得られた証拠の信頼性の問題点について言及することになる可能性が高いと，国務大臣は理解しております。

同一性識別パレードの目的

1. 同一性識別パレードの目的は，被疑者を再認する証人の能力が公正かつ十分に検証されていることを確認することである。

2. 同一性識別パレードは公正でなければならない。また公正であると外から見られるものでなければならない。特に，不公正であるとの疑いをもたれたり，証人の注意がパレードの全員に対して同等ではなく，特に被疑者に向けられることによって，誤認の危険性が生じたりする可能性を排除するよう，あらゆる注意が払われるべきである。

同一性識別パレードの実施

3. もし被疑者の立件に関与している警察官が立ち会っているなら，どのような形であっても，パレードの実施に加わるべきではない。

4. 可能である限り，パレードを準備・実施する警察官は警部補より下の階級の者でないようにすべきである。

5. 1度人員が集められ，同一性識別パレードが形成されたなら，それ以後，全ての手続は，被疑者が立ち会いかつ同人が聞こえる範囲内で行われるべきである。同手続は，どのような手続に従うことになるかに関し，出頭した証人に与えられる，全ての指示を含むものとする。

6. 許可のない者は全て，同一性識別パレードが行われる場所から退去させられるべきである。これは厳格に守られなければならない。

7. 被疑者を他の人々と一緒にパレードさせる前に，証人が被疑者と会ったり見たりしてしまうことを防止すべきである。また，パレードのすぐ前に写真や描写を見せられる事例などで起こることだが，被疑者の写真や容貌の描写を以前に見てしまった証人が，写真や描写から記憶しているという理由で被疑者を選ぶことが起こらないようにすべきである。

8. 被疑者はできうる限り，年齢，身長や外見（標準的な衣服や身だしなみを含む），社会的地位・身分が同じ——可能な限り8人以上の——人たちの中に置かれるべき

である。もし被疑者が2名いて，おおざっぱに言って外見が似ているなら，他に最低12人の者が参加する場合においては，一緒にパレードさせることができる。しかしながら，その2名が外見において似ていない場合，あるいは被疑者が2名より多い場合には，それぞれ別の人たちを用いた，別々のパレードが実施されるべきである。

9. ときには，ある集団の全メンバーに被疑者の可能性がある。これは警察官が犯人の場合に起こりうる（例えば，事件発生の日時・場所で勤務中であった何人かの警察官に嫌疑の範囲が絞られた中の警察官1人に関する場合）。そのような状況であっても，ひとつの同一性識別パレードには，被疑者の可能性がある者を2人以上，入れるべきではない。例えば，事件発生の日時・場所に12人の警察官が勤務中であったなら，それぞれ無関係であることが分かっている警官10名と，関係があるかも知れない者2名以下のパレードを，最低でも6回実施すべきである。言い換えれば，可能性がある12人を一時にパレードさせるべきではない。はっきりと違った外見の被疑者2人を同じパレードに入れるべきではない。警察官が制服で同一性識別パレードに参加する場合には，職員番号が見えないようにすべきである。

10. 被疑者は並んだ列の中のどの位置にいるか，自分で選ぶことを許されるべきである。また自分と一緒に参加する他の人たちに関し，あるいはパレード準備の全般について，不服や問題があるかどうか，はっきりと尋ねられるべきである。もし弁護士又は友人に同一性識別パレードに立ち会ってほしいなら，それが可能であることも知らされるべきである。

11. 証人は1人ずつ入室させられるべきであり，帰る際に，その後でパレードを見るために待機している証人と顔を合わせたり話したりしないようにすべきである。また，被疑者はそれぞれの証人が終わった後，自分の位置を変更できることを知らされるべきである。

12. 証人は，識別するために来た人物が，パレードの人たちの中にいるかどうかを尋ねられるべきである。もし積極的な識別ができないのなら，そういうべきであると告げられるべきである。

13. 証人は，同一性が識別できると主張する相手の人物を，手で触るよう指示されるのが一般的に望ましい。しかし，もし証人がそれを怖がり（これは例えば，証人が女性や子供で性的あるいは暴力的な暴行を受け，あるいは他の恐ろしい経験をしたために起こるかもしれない），相手に接触したくないのであれば，指さすことによる識別も許される。

14. もし証人が誰かに目星をつけても，同一性を積極的に識別できない場合，この事実はパレードを実施している警察官によって，注意深く記録されるべきである。同様に記録されるべきは，それに関連する状況や，被疑者あるいは他の人物が指摘されたか，されなかったかである。

15. ときには，証人が被疑者に帽子をかぶったり，とったりすることを求め，そのようなときにパレードに参加する全員がかぶったり，とったりすることに反対しないことがあるかも知れない。またときには，被疑者の歩き方や話し声に何か特徴があり，証人がその人が歩くのを見たり，話すのを聞いたりしたいと思い，その人自身も歩くことや話すことをするよう頼まれても反対しないことがあるかもしれない。証人によって，そのような要請があった場合，どのようなものであっても，記録に残されるべきである。

刑事施設における同一性識別パレード

16. もし被疑者が勾留されており，同一性識別パレードに参加することに同意するなら，刑事施設所長との協議を行い，パレードが行われうる近くの都合のよい警察署に，被疑者を出向かせることができるようにすべきである。特別な警護上の理由により他所で実施するのが賢明でない，あるいは刑事施設で実施するのでなければパレード参加を被疑者が拒否する場合だけ，パレードは刑事施設で実施すべきである。

17. 刑事施設でパレードが実施されなければならない場合，所長がパレードの人員集めに責任をもち，パレードに参加する被収容者たちを監督する役目の刑事施設職員がずっと立ち会うことになる。そうでない場合，事件とは関係をもたない警察官がパレードの責任者になる。それは，パレードを見せるため証人を室内に入れることや，そこで起こったことの全てを記録に残すことなどである。その警察官は，刑事施設外で行われるのと同じやり方でパレードが実施されるよう，保証する役割をもつ。

犯罪人を見つけるための写真の使用

18. 対面的な同一性識別が可能な状況であるなら，被疑者の写真は識別の目的であっても，決して証人に示されるべきではない。誤認という結果を生じなかったとしても，同一性識別パレードによって，証人が被疑者を識別する能力が適切に検証される前に，被疑者の写真が証人に見せられたという事実は，証言の証拠価値を相当に減じてしまう。

19. もし必要とされるなら，使われた全ての写真がすぐに法廷に提出できるよう，

A 同一性識別パレードに関する内務省通達

準備されるべきである。

20. もし証人1人が，写真を使って積極的な同一性識別ができるなら，他の証人たちには写真を見せるべきでなく，同一性識別パレードに出席するよう依頼すべきである。

21. 告発するのに十分なほど確実に被疑者・被告人の同一性に関する，証人以外の証拠がある場合には，写真によって堅実な同一性識別を行った証人は，一般的に言って，同一性識別パレードに連れていかれるべきではない。しかしながら，パレードによって被疑者を識別することを証人に求めることが望ましい状況もあるだろう。例えば，写りの悪い写真やずっと以前の写真を見せられて同一性の識別をしたかもしれない。写真による識別がずっと以前に行われており，現在の識別する能力がはっきりしないかもしれない。写真が取られてから，被疑者の外見が実際に変えられてしまったかも知れない。あるいは，被疑者が話すのを聞いたり，歩くのを見たりする機会があれば，識別の助けになると証人が考えるかも知れない。そのような状況において，証人が同一性識別パレードに出席させられるべきかどうかの判断は，可能な限り，警部補より下の階級の警察官が行うことがないようにすべきである。

22. 写真による指摘以外に被疑者を犯人に結びつける証拠がない場合，同一性識別のための証人は，既に写真による同一性識別が実施されているのではあるが，同一性識別パレードに出席させられるべきである。

23. 警察は，最初の同一性識別が写真によって行われた事件の全てにおいて，弁護側にその事実を知らせるべきである。なぜなら，公判においては普通，前歴があることを明らかにしないで，写真による同一性識別が行われたことに言及するのは，可能ではないからである。

24. 被疑者の写真を示すことが必要なときには，他の印のつけられていない，可能な限り類似した，一連の写真の中に置いて見せるべきである。証人は他からの助けを受けず，他の証人と相談する機会がない状況で，選択するようにされなければならない。

付録B　1973年にイングランド・ウェールズで実施された同一性識別パレード

　表Ⅰは，本委員会のために，首席警察官協会と首都圏警察によって実施された調査に基づいている。
　同表は，同一性識別パレードが実施された事件について扱っている。上側の第1セクションは，実施されたパレードの数を示している。次の第2セクションは，パレードが実施された後で，被疑者が訴追された事例の数を示している。これは別の数字で示してあるが，パレードによって被疑者が選ばれなかったけれども，警察側に十分な証拠があったため，訴追にいたった事件を含んでいる。最後の第3セクションは被疑者に対する唯一の証拠が，1人あるいはそれ以上の目撃証人である事件の数を示している。このセクションに含まれたものは，同一性識別パレードが実施された事件のみに限られており，例えば同一性が争われていない，1人の目撃証人の証拠のみに基づいて訴追されている多数の事件や，同一性が争われているものの，さまざまな理由により，同一性識別パレードが実施されなかった事件については，数字に入れていない。

　　注記　時々，数人の証人が同じパレードを見ることになった場合，1人が被疑者を選び，他の証人が他の人を選ぶかも知れない。この表を作るために，もし少なくとも1人の証人が被疑者を選んだなら，(ⅱ) として数えた。少なくとも1人の証人が被疑者以外の誰かを選んでしまったが，誰も被疑者を選べなかった事件だけを (ⅳ) として数えた。

B　1973年にイングランド・ウェールズで実施された同一性識別パレード

表I　1973年にイングランド・ウェールズで実施された同一性識別パレードとその結果の訴追

		首都圏警察	その他の警察	総計
(a)パレード	(i)パレードの総数	767	1349	2116
	(ii)被疑者が選ばれたパレードの数	296	648	944
	(iii)誰も選ばれなかったパレードの数	387	597	984
	(iv)被疑者が選ばれなかったが，他の誰かが選ばれてしまったパレードの数	84	104	188
(b)訴追	(v)パレードで識別されて，その後で被疑者が訴追された数	248*	602	850
	(vi)上記(v)訴追のうち，有罪になった被疑者の数	193†	503	696
	(vii)パレードが実施され選ばれなかったが，他の証拠で訴追された被疑者の数	30	71	101
	(viii)上記(vii)訴追のうち，有罪になった被疑者の数	22	65	87
(c)証拠	(ix)ただ1人の証人による同一性識別が証拠である場合の訴追の数	69	100	169
	(x)複数の証人によって識別されたが，他に証拠がない場合の訴追の数	71	107	178
	(xi)上記(ix)と(x)訴追のうち，有罪になった被疑者の数	93	165	258

＊その他に4事件がまだ完了していない。
†その他に5事件がまだ完了していない。

付録C　同一性識別パレードの実施方法

はじめに

同一性識別パレードの実施のための手続は，細かい点において，とうぜん地域によって違いがある。どのような施設が利用可能かということによって多くが決まる。例えば，地方の小さな警察署では，理想的に望ましい要件である，手続が始まる前にパレードに参加する者の誰をも，証人が一瞬たりと見てしまうことがないようにすることは，被告人と証人にかなりの不便を強いることなしに，いつでも可能ではないだろう。

2. しかしながら，内務省通達1969年第9号によって定められた原則は，全ての警察によって守られている。そして，ヴィラーグのために準備され実施されたパレードに関する以下の記述は，パレードがどのように実施されるかについての方法を例示するのに役立つ。他の警察でのやり方が，グロスターシャーで行われるものと違っている点については，脚注において注意を喚起した。

ヴィラーグのために行われた同一性識別パレード

3. ロンドン，リバプール，ブリストルにおいて，銃撃犯の行動を目撃した17人を，ステイプル・ヒル警察署での同一性識別パレードに出席させるための準備が行われた。ステイプル・ヒルはブリストルの郊外にあり，同市の北東に位置し，1969年2月23日に，銃撃と乗用車襲撃が起きたM4自動車道からあまり遠くない。最初のパレードは，2月23日にブリストル市内と周辺で起きた事件と，その後の乗用車の運転手を脅した逃亡に関する12人の証人のためのもので，3月26日に行われている。その他に2回が4月14日に行われ，犯罪に使われた盗難車の持ち主と2月23日の出来事についての証人2人が1回目のパレードに，1月19日のリバプール事件の証人2人が2回目のパレードに出席した。

3月26日のパレード

4. パレードは午後3時半に予定され，午前中いっぱい，警察はパレードに参加してくれる8名のボランティアの協力をうるため，一連の問い合わせを行った。この問い合わせを続けていく間に，何人もの不適切な人たちが除外され，最後に，可能

C　同一性識別パレードの実施方法

な限り年齢，身長，一般的外見が被疑者と同じである8人が見つけられた。予期されたように当然，全てのボランティアはブリストルの郊外か，周囲の地域でステイプル・ヒルに近いところに住んでいて，ほとんどが近くの事務所か工場で雇われていた。その後の公判で，銃撃犯の外国なまりについて以前に言及したことがある証人は，ヴィラーグを選んだのは彼の外国人らしい外見が理由ではないかと質問されたが，そうではないと答えた。その証人は，「あなたが外国人らしさを，どう解釈するかは知らない。彼はパレードに参加した他の誰とも同じような外見だった」と言った。

5.　パレードが始まる予定の1時間前，警察の実施責任者は，ヴィラーグ被疑者に手続を説明するために居房に行った。被疑者が英語を上手に理解でき，話せることを確認している。彼は被疑者に対して，逮捕された罪を再度説明した。すなわち，1969年2月23日にグロスターシャーで，警察官を殺そうとした容疑である。続けて，同一性識別パレードの目的と手続を説明した。ヴィラーグは理解したと答え，様式P.50の複写を読むように与えられた。同様式の関連する部分は以下の通りである。

　　同一性識別パレード　(1)逮捕されている者は，もしそう望むのであれば，弁護士又は友人を同一性識別パレードに立ち会わせることができる。(2)同一性識別を行うそれぞれの証人が出ていった後で，自分の立つ位置を変えることができる。(3)実際的に可能であるときには，被疑者と似た者8人以上が，被疑者と一緒にパレードに参加する。(4)目撃者は，同一性を識別できたと主張する人物を，手で触るように求められている。

　警察の実施責任者は，続けて同様式に書かれた情報を説明し，ヴィラーグに対し，その日の午後3時半ごろに行われる同一性識別パレードに出る意志があるかどうかを尋ねた。ヴィラーグはその意志があると答えた。責任者は彼に，弁護士か友人に立ち会ってほしいかどうかを尋ねた。それに対し，ヴィラーグは「妻はロンドンにいる。誰にも，いてほしいと思わない」と言った。

6.　午後3時35分ころ，選ばれた8人のボランティアはパレードが実施される裁判所の部屋（法廷）に連れてこられ，名前と住所が確認された。ほとんど全ての証人が，銃撃犯は帽子をかぶっていたと報告していたので，警察の実施責任者は全く同じ中折れ帽を人数分用意し，パレードに参加した人たちにそれぞれ，それをかぶるよう指示した。それから責任者は居房に行き，ヴィラーグを部屋まで連れてきた。ヴィラーグも帽子をかぶるように指示され，ボランティアの人たちが列を作った。実施責任者はヴィラーグをこのパレードの列の前に立たせ，次のように告げた。「このパレードに並んでいる，8人の人たちの，全ての人たちを注意深く見てほしい。そして，もしこれら8人のうちの誰であっても，あなた自身の外見に似ていないという理由で，あなたと一緒にパレードに参加することに反対したいと考えるの

であれば，そのときは私にノーといいなさい。」ヴィラーグはパレードの人たちを1分ほど見てから，反対するつもりはないと言った。それから責任者は全ての帽子が同じ角度でかぶられ，顔全体がよく見えるようになっているかを確認し，またパレードの列の後ろ側には誰も立っていないようにした。そこで被疑者に対し，「さあ，パレードの列のどの位置でも自分の立ちたいところに立ちなさい。そしてそれぞれの証人が部屋を出たあとで，次の人が入る前に，あなたに自分の位置を変えたいかどうか，私が尋ねます。これ以後，パレードが行われている間，私がいうことの全てを，あなたが立ち会っていて聞こえるところでいいます。」被疑者はここで，6番目と7番目に立っている男たちの間の位置を取った。

7. その間，証人たち12人は，居房やパレードが実施される部屋（法廷）が見えない，2階の1室に入れられていて，被疑者やパレードに協力するボランティアが部屋に入る前に，一瞬でも見ることがないようにされていた[1]。
   (1) 警察によっては，施設に余裕がある場合，証人たちは別々にされ，警察署内にいる間，お互いに話すことがないようにされている。

8. 物理的な設定状況は，229頁にある平面図に示した通りである。パレードの列は，法廷そのものの中に作られた。それぞれの証人は，警察官によって，2階の部屋から順に案内されて，パレードが行われた法廷に連れてこられた。この警察官は，識別手続の間に部屋から出てもよい唯一の人物であって，証人の誰とも会話をしてはならないと厳命されていた[1]。それぞれの証人はAと書かれたドアから入り，パレードの視察が終わると，次の証人が入る前に，Bと書かれたドアから退出した。許可されない者が入室することがないよう，パレード室の入口と出口のドアには，警察官が配置された。全ての証人は，パレードの視察が終わると，パレード全体が終わるまで，Cと書かれた部屋に入れられた。
   (1) パレードの部屋に証人を呼び入れる方法には色々ある。警察によっては，責任者の警察官がパレードの部屋から，次の証人を入れるよう，電話をかける。これは被疑者が立ち会い聞こえる範囲で行われ，被疑者がどこに立っているのかを知らせるメッセージが伝えられる可能性がありえないようになっている。

9. 最初の証人カンリフは，3時51分に呼び入れられた。それから残りの11人が，順に部屋に入れられ，最後はランダル証人で，パレードの全体が4時35分には終了した。それぞれの証人がパレード室に入るときに，責任者である警察官は，その証人による証言の一部の要約を読み上げた。例えば，タッカー証人については，以下のように告げられた。

　　　1969年2月23日日曜日の午前9時半ころ，あなたは自分のタクシーに乗って，バース駅の外側にいた。あなたはA40型の乗用車の助手席から1

C 同一性識別パレードの実施方法

人の男が降りて，駅に入っていき，それから出てくるのを目撃した。この男はあなたのところにやってきて，チッペンナムまで料金はいくらかを尋ねた。男はあなたのタクシーに乗り，あなたはチッペンナムまで運転して，そこのパブかホテルの前庭で，男を下ろした。あなたはその男が，今日のパレードの中にいることを識別できますか。もし識別できるのなら，その男に手で触れ，「この男だ」と言ってください。もし積極的に識別できないのなら，そう言ってください。
最後の3つの文は，それぞれの証人に告げられた[1]。
(1) 警察によっては，証人は何もいわず，識別できると主張する相手の人物に，単に手で触れることを求められる。証人が子供や性的暴行の被害者の女性の場合には，一般に証人は，識別できると主張する相手の人物を，単に指さすよう，告げられる。

10. この説明の後，それぞれの証人は，左端から始めて，パレード列の前を歩いていき，戻る場合にはパレード列の後ろ側を通った[1]。責任者の警察官が，規則によって定められたやり方に従い，被疑者の後ろから証人に対して合図が送られる可能性をなくすため，パレードに関与した者は誰も，パレード列の後ろ側に立ったり座ったりすることを許さなかったので，証人は他の人を誰も伴わない状況で，パレードを視察した。
(1) 警察によっては，証人が，被疑者が立ち会い聞こえる範囲内で特にそう希望しない限り，パレード列の後ろ側に行かされる規定はない。

11. ヴィラーグは，パレードの間に4回，1人の証人が去り次が入る前に，自分の位置を変えた。6番と7番の間で始めたが，3人の証人が終わった後で3番と4番の間に，5人目の証人の後で1番と2番の間へ，そして第8証人の後で2番と3番の間へ移り，第9証人の後で，最初の6番と7番の間に戻り，最後の証人3人をとおして，そこにいた。

12. スミス巡査，デービス巡査部長，ブラッグ巡査，タッカー，ジンゲル，ランダルの証人たちについては，全てヴィラーグに触り，「これがその男だ」と言った。オーガン巡査，ブッチャー，アトキンスは，6番に触り，カンリフとバットは5番に触った。バロックは積極的な識別はできなかったと述べた。犯人が外国なまりで話すのを聞いたと報告していた2人の警察官，オーガン巡査とブラッグ巡査は，責任者である警察官に，パレードの1人ひとりに話すことを許すように頼んだが，この依頼は断られた。この拒絶の理由は疑いなく，ヴィラーグが外見上は明らかに外国人に見えなかったとしても，パレード中，唯一の外国人であることを責任者が知っていたからであった。

付　録

13.　12人目の証人がパレード室を去ったとき，責任者の警察官は，ヴィラーグに対して，「今回の同一性識別パレードが適切で満足できるやり方で行われ，公正であったということについて，あなたは納得しているか」と尋ねた。彼は「納得している」と答えた。さらに，このパレードについて，その他に何でも不服を申し立てたいことがあるかと尋ねられ，彼は，「私は誰にもあったことはない」と答えた。それに対し責任者は，「誰のことか」と聞いた。彼は「目撃者たちだ」と答えた。ヴィラーグはそこで，今回のパレードの実施に納得しているという趣旨の調書に署名するように求められたが，それを断った。

4月14日のパレード

14.　諸般の事情により，この2回目のパレードを準備するのは，前回よりもいくらか難しかった。法廷が使われていたので，居房と証人用待合室から完全に離れている，別の部屋を見つける必要があった。実際に利用可能であったスペースは，その警察署のスキトルズ場（訳注：一種の球戯場──イギリス式ボーリング場）であった。これは完全に壁に囲まれており窓がなかったが，照明は明るかった。スキトルズ場は平面図に示した。パレードは中央部で行われ，責任者はXと書かれた場所に立っていた。証人は正面入り口（Dと書かれている）から入り，通路の反対側で，入口から約25ヤードほどの距離にある，火災用非常口（Eと書かれている）から退室した。

15.　4月14日の同一性識別パレードのために，7人のボランティアしか見つからなかったが，そのうち6人は3月26日のパレードに参加した人たちだった。前回のパレードに参加した残りの2人についても，そのうち1人はたまたま前回，証人2人に間違って選ばれたのだが，4月14日に参加するよう依頼されたかどうかは確認できない。いずれにせよ，その2人はそこにいなかった。

16.　同一性識別パレードや同様のことについての説明に関する事前解説は4月14日にも，3月26日に使われたのと同じ形で，繰り返された。しかしながら，4月14日には被疑者が選任した弁護士がいた。そういう理由で，責任者の警察官が，ヴィラーグに対し，その朝の11時30分から同一性識別パレードに参加する準備が出来ているかと尋ねたとき，彼は同意する前に弁護士に相談した。責任者はそこで次のように言った。「弁護士に立ち会ってもらうのがあなた自身のためになる。立ち会ってもらいたいか。」ヴィラーグはそうしたいと答え，11時30分に責任者は被疑者の弁護士と，パレードが実施される部屋と，証人たちが入れられていた2階の部屋に行った。弁護士はこのように準備状況をチェックし，証人たちが居房も，パレードが行われる部屋も，見ることが出来なかったことを確認した。

17.　それからヴィラーグは，居房からパレードが行われる部屋に連れていかれ，

C 同一性識別パレードの実施方法

そこでパレードの行列が立たされたまま作られた。7人のうちの誰かに異議があるかどうかを尋ねられ、ヴィラーグは4人を指摘し、彼らはパレードの列から外され、部屋から出ていった。除かれたうちの1人は、実際は3月26日に間違って3人の証人に選ばれた男だった。数分後に、さらに2名の男性の協力が得られ、パレードは全員で5人になった。これは内務省通達によって推奨されている8人という数よりも少ないので、責任者はそのときに並んだ5人についてヴィラーグに異議がないかどうかをまず確認して、次のように言った。「現時点では、パレードの行列を作るのに、8人の協力をうることは可能ではない。これらの5人と一緒にパレードに参加する気はあるか。」自分の弁護士と相談して、ヴィラーグは「イエス」と答えた。彼は今回も自分の望む位置に立つことができることと、それぞれの証人が部屋を出た後で、位置を変えることができることが告げられた。彼はそこで1番と2番の間の位置を選び、今回のパレードの間、ずっとそこにいた[1]。

　(1)　7人のボランティアで始め、5人だけになっても続けるというのは、大変に稀な事例である。警察によっては、そのような事例では、より多くのボランティアが見つかるまで手続を延期しようとするかも知れない。かわりに取られる方法としては、(ステイプル・ヒル警察署で取られている) 少ない数でのパレードを実施することに被疑者の同意をうることがある。

18.　ダネンバーグ、フルーム、テイラーの3人の証人が出席したが、どの証人も、誰も選ばなかった。ダネンバーグ証人は「ノー、誰も識別できない」と言った。フルーム証人は「同じ容貌の人は誰もいないと思う」と答えた。テイラー証人は「自分は確信が持てない」と言った。

19.　責任者は、パレードの各人が歩くのを見たいかどうかを、それぞれの証人に尋ねた。ダネンバーグとフルームはこの提案を断ったが、自動車道で銃撃があったときに車を運転していて、自分の方向に向かって歩いてくる銃撃犯を唯一目撃していたテイラー証人は、パレードのメンバーが歩くのを見たいと言った。責任者はそれにしたがって、パレード参加者に、証人に前からと後から見えるよう、1人ずつ部屋の中を歩くように指示した。

20.　最後の証人は、11時56分に部屋を出た。その時点で、弁護士の立ち会いのもと、責任者はヴィラーグに、その日のパレードが満足できる方法で行われ、公正であったということに納得できるかどうか、このパレードに関して、不満があるかどうかを尋ねた。彼は納得でき、不満がないと言った。そして、今回はその趣旨の適切な記録用紙に署名した。

21.　10分ほどの時間をおき、その間、パレードのボランティアは誰も部屋を出る

付　録

ことが許されなかったのだが，1月19日の深夜に自分たちに対して銃を向けた男を識別できるかどうかを調べる目的で，リバプールからやってきた2人の巡査のために，同じ手続で2つ目のパレードが実施された。弁護士の立ち会いのもと，責任者である警察官はリバプールでの事件に関した犯罪事実を読み上げてから，そこに集められた5人の男たちと一緒にパレードに参加する意志があるかどうかを，ヴィラーグに尋ねた。弁護士と相談してから，ヴィラーグは同意した。そして，そこで2人の証人が連れてこられることが告げられ，それぞれに対し，ラインナップの中の自分の選んだ位置を変えることができるといわれた。その2人の巡査，キャロンとロバーツは1時間ほど前に到着していたのだが，そのときから2階の部屋に別々にされていたが，1人ずつ部屋に入れられた。両者とも，リバプール事件に関係した男として，ヴィラーグを選んだ。

22.　その日の手続は，責任者とヴィラーグの間での，次のようなやり取りがあって終了した。
　　警察官：あなたは今回のパレードが満足できる方法で行われ，公正であったということに納得するか。
　　ヴィラーグ：私は今年はリバプールに行っていない。
　　警察官：あなたは，パレードの公正さに関する私の質問が分かるか。
　　ヴィラーグ：はい
　　警察官：あなたはパレードが公正だったと納得しているか。
　　ヴィラーグ：はい
　　警察官：このパレードに関して，不満があるか。
　　ヴィラーグ：いいえ
　ヴィラーグはそこで，これらの質問と答が書かれている適切な記録用紙に署名した。

C 同一性識別パレードの実施方法

ブリストルのステイプル・ヒル警察署と隣接する建物

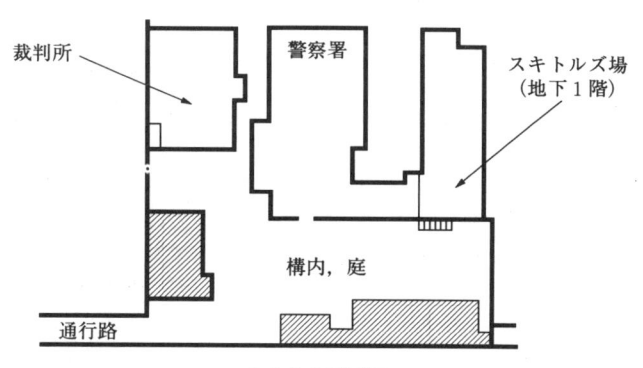

裁判所
警察署
スキトルズ場（地下1階）
構内，庭
通行路

全体的な平面図

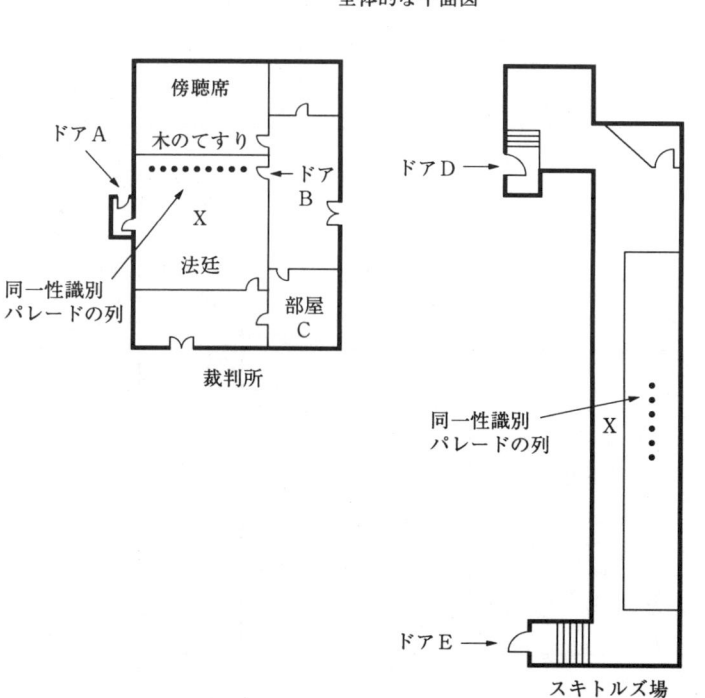

傍聴席
木のてすり
ドアA
ドアB
X
法廷
同一性識別パレードの列
部屋C
裁判所

ドアD
同一性識別パレードの列
X
ドアE
スキトルズ場

229

付録D　ヴィラーグの同一性識別結果

　この表は，写真によるもの，パレードによるもの，あるいは公判におけるものなど，ヴィラーグについて得られた，様々な同一性識別結果をまとめて示している。証言をした証人は，69年1月19日にリバプールで起きた事件と，69年2月23日のブリストル市内と周辺での事件に巻き込まれた者を順にリストした。ダネンバーグは（法廷で証言はしなかったが），後から盗まれブリストルの犯罪に使われた，自分のトライアンフ・ビテスの売却を交渉した相手である，ポラックと名乗った男を識別できるかどうか，69年4月14日のパレードに出た。

1.　リバプールの事件

証人の名前と演じた役割	ヴィラーグを含んだ写真帳を見せられたか否か，そしてその結果	パレードの結果	見せられた写真が，公判において明らかにされたか	同一性識別パレードの結果が，公判において言及されたか	公判廷において，ヴィラーグの同一性を公的に識別できたか
1.	2.	3.	4.	5.	6.
デレク.A.キャロン巡査：警察車両のランドローバーを運転していて，フード街で被疑者と対面した。	いいえ	ヴィラーグを選択	—	はい	はい
テレンス.M.ロバーツ巡査：ランドローバーに乗っていて，キャロン巡査とともに被疑者と直面した。	いいえ	ヴィラーグを選択	—	はい	はい

D ヴィラーグの同一性識別結果

2. ブリストルの事件

1.	2.	3.	4.	5.	6.
コリン.J.カンリフ：ブリストル市内で，パーキング・メーターから男が金を盗んでいるのに気づき，じゃまをした	いいえ (a)	別人を選択	—	はい	はい (尋ねられず) (b)
アルビン.B.スミス巡査：グロスターの巡査，銃撃犯を追跡し，腕を撃たれた	いいえ	ヴィラーグを選択	—	はい	はい
ローレンス.デービス巡査部長：ブリストル警察の巡査部長で，ウスタレーでの追跡に加わった	いいえ	ヴィラーグを選択	—	はい	はい
ジョン.D.ブラッグ巡査：ブリストルの巡査で，デービス巡査部長と同じ車に乗っていた	いいえ	ヴィラーグを選択	—	はい	はい
ブライアン.J.K.オーガン巡査：グロスターの巡査で，スミス巡査と同じ車に乗っていた	いいえ	別人を選択	—	はい	いいえ
トマス.B.テイラー：銃撃犯のために停車しなかったランドローバーの運転手	いいえ	識別できなかった	—	はい	いいえ
ダグラス.G.バロック：アーモンズバリー近くのM4で，銃で脅され強制的に止められたモリス1100の運転手	いいえ	識別できなかった	—	はい	いいえ
ジェフリー.H.ブッチャー：銃撃犯をウスタレーからバーズまで乗せたA40の運転手	いいえ	別人を選択	—	はい	いいえ
ロナルド.G.タッカー：バースからチッペンナムまで銃撃犯を乗せたタクシー運転手	写真帳を見せられた時，ヴィラーグを選択した	ヴィラーグを選択	はい	はい	はい
ロイストン.G.ランダル：チッペンナムにあるベア・ホテルのマネージャー	写真帳を見せられ，ヴィラーグを選択した	ヴィラーグを選択	はい	はい	はい

231

付　録

ケネス.A.ジンゲル：銃撃犯をチッペンナムからニュウバリーまで乗せたタクシー運転手	写真帳を見せられ，別人を選択(c)	ヴィラーグを選択	はい	はい	はい
ジョン.L.フルーム：銃撃犯をニュウバリーのクイーンズホテルから，レディングまで乗せたタクシー運転手	写真帳を見せられ，ヴィラーグを選択	識別できなかった	いいえ	はい	いいえ

注記
(a) 公判において，カンリフ証人は2月26日にブリストルで行われた同一性識別パレードにも参加したことが判明した。このパレードの前に，彼は写真を見せられ，追跡事件に全く関わらなかった別人を選んでいた。ヴィラーグはこの段階では被疑者ではなく，彼の写真が見せられたものの中に入っていることはありえなかった。
(b) 公判において，カンリフ証人は法廷にいる者から犯人を識別することができるかどうかを尋ねられなかった。しかし，同一性識別パレードで自分が選んだ男ともう1人の間で迷ったことを説明した中で，「そのときに私が選びたかったと思ったかも知れないもう1人の人は，そういう言い方をすれば，この法廷に今日来ている，もしそう言ってもよいのなら，その人であろうかと……」
問い：どの人だか，分かりますか。
答え：いいえ。同じ人が法廷にいるのを見るなんて，誰も私に教えてくれなかった。
(c) 1969年4月10日の報告書にヒルズ警部補が記入したことを本表に示した。ただし，1973年にジンゲル証人はアレン警視に対し，ヴィラーグの写真を選んだことを思い出したと述べている。

（ブリストルの犯罪に関して）以下の者は公判廷で証言を行わなかった

	ヴィラーグを含んだ写真帳を見せられたか否か，そしてその結果	パレードの結果
ダニー.A.アトキンス 　義父であるタッカーと，バース駅の外にいた	いいえ	別人を選択
ビビアン.E.ビンガム（旧姓バット） 　チッペンナムのベア・ホテルの受付係	誰も選べなかった	別人を選択
フランクリン.N.M.ダネンバーグ 　1969年2月3日ないし4日に盗まれ，ブリストルの犯罪に使われたトライアンフ・ビテスの所有者	ポロックという男に似ているとして，別人を選択	誰も選べなかった

付録E　同一性識別パレードに付帯して用いられる書式

　　書式A　同一性識別パレードの報告（一般的）
　　書式B　パレードに参加する諸人物の記録
　　書式C　証人の行動の記録（それぞれの証人について別々になされる）
　　書式D　被疑者への警告

付　録

警　　　察

書式A

同一性識別パレード報告

部署：　　　　　　　　　　　　　　　　　　　　　犯罪番号： パレード実施場所： 日付：
被疑者の氏名 告発されたあるいは嫌疑をかけられた犯罪：   衣服ならびに癖などについての簡略な記述，もしあれば：   私は，「警察本部長の同一性識別パレードについての被疑者への通知」が（　　　　＝パレード担当警察官）によって被告人・被疑者に（　　）時（　　）分に手渡されたかあるいは説明されたということを証明する。
被疑者への質問： 「あなたはこの同一性識別パレードに，あなたのソリシターか友人を立ち会わせることを望みますか？」 回答：   被疑者の要求に従うためにとられる処置（ソリシター／友人の氏名，住所及び彼／彼女の出席可能な日時を含む）
同一性識別パレードの調整は，巡査部長以上の地位の警察官，事件を扱った以外の警察官によってなされること。 この報告は，参加者をそこに入れた警察官と，パレードの責任者である警察官の署名が必要である。 注意　回答を記入する紙面が不十分であるなら，続きの用紙を添付すること。

書式Bはパレードを構成する人々の記録で完成させること
書式Cはパレードを検査する各証人について完成させること
これらの書式の全ての複写がこのレポートに添付されること

E 同一性識別パレードに付帯して用いられる書式

パレード開始時刻：

被疑者への質問：
　　　「パレードに並んでいる人の誰かについて異議がありますか？」
回答：

被疑者の異議の結果なされた調整について記録せよ。もし人の入れ替えが行われるなら，新しい書式Bが完成されなければならない。書式Bの全ての複写は最終報告に添付されねばならず，破棄されてはならない。

パレードに立ち会った警察官もしくは他の人々の全員の名前を記録せよ。警察官の場合には，指示に従ったか，上記犯罪の捜査に関係したか，を示すこと。

被疑者への質問：
　　　「ここに居る人の誰かについて異議がありますか？」
回答：

被疑者の要求に従うためにとられる措置：

付　録

担当警察官によるパレード関係コメント		
証人の氏名，住所，職業：		
1	氏名 住所	職業
2	氏名 住所	職業
3	氏名 住所	職業
4	氏名 住所	職業
5	氏名 住所	職業
6	氏名 住所	職業
7	氏名 住所	職業
8	氏名 住所	職業
9	氏名 住所	職業
10	氏名 住所	職業

E　同一性識別パレードに付帯して用いられる書式

証人はパレードや被疑者について何も見ることのできない，手続について何も聞こえない場所に居させられなければならず，1度に1人ずつ招請される。

立ち去るときに，パレードを見るために待っている証人と会話することは許されない。

この指示がどのように行われたか記録せよ。特に，証人がパレード開始の前後にどこに居たのかも示すこと。

それぞれの証人のパレード検査の振る舞いについて－書式Cを見よ

最後の証人がパレードを離れた後

被疑者への質問：
　「同一性識別パレードが行われた形式についてあなたは満足していますか？」
回答：

パレードの終了時刻

これまでに触れられていない注意すべき点

私は，私が警察命令に合致して上記パレードを行ったこと，事件の身柄拘束には関与していないことをここに証明する。

上記参加者を構成した警察官の署名と階級：＿＿＿＿＿＿＿＿＿＿＿＿＿＿＿＿

パレードに責任をもつ警察官の署名と階級：＿＿＿＿＿＿＿＿＿＿＿＿＿＿＿＿

書式BとCを添付せよ

付　録

警　察

書式B

同一性識別パレード記録

犯罪番号：

被疑者の氏名と外見描写	
氏名 外見描写	
パレード構成員の氏名，住所，職業と外見：	
A	氏名　　　　　　　　　　　　　職業 住所 外見描写
B	氏名　　　　　　　　　　　　　職業 住所 外見描写
C	氏名　　　　　　　　　　　　　職業 住所 外見描写
D	氏名　　　　　　　　　　　　　職業 住所 外見描写
E	氏名　　　　　　　　　　　　　職業 住所 外見描写
F	氏名　　　　　　　　　　　　　職業 住所 外見描写
G	氏名　　　　　　　　　　　　　職業 住所 外見描写
H	氏名　　　　　　　　　　　　　職業 住所 外見描写

完成した書式Aに添付せよ。
　　注意：もし人の入れ替えが行われるなら，新しい書式Bが完成されなければならない。書き換える前の書式Bは最終完成版の書式Bに添付されねばならず，破棄されてはならない。

E 同一性識別パレードに付帯して用いられる書式

警　　察

書式C

同一性識別パレード記録
各証人について作成すること

犯罪番号：

被疑者の氏名：
証人が現れる前に被疑者に説明すること： 「あなたはパレードに並んでいる人の中のどの位置に並ぶか選ぶことができます」
被疑者が立った位置に×をつけて示せ。また，パレードの人数を記せ □　□　□　□　□　□　□　□　□
（　　）番の証人： 証人の氏名：
証人の住所：
上記証人が現れてから起きたことの詳細をその出来事が起きた順番に記録せよ 証人が選び出した人がもしいれば，その人の名前も記録せよ：
この証人の参加を取り仕切った警察官の署名と階級：＿＿＿＿＿＿＿＿＿＿

完成した書式Aに添付せよ。

239

付　録

警　察

同一性識別パレード

書式D

被疑者への告知

同一性識別パレードに参加することを同意した後で，他者と一緒にパレードに召喚された全ての人は以下のことを通知される。

1　あなたについて同一性識別を行うことが提案されています。あなたはもし望めば，この同一性識別パレードに，あなたのソリシターか友人を立ち会わせることができます。しかし，その人はいかなる行為や言葉によっても手続に介入することはできません。

2　あなたには，年齢，身長，外見についてあなたと似た人たちが構成する列の中に並んでもらいます。あなたが選ぶどの位置に並んでも構いません［あなたの異議申立てがない限り，パレードについて写真をとります］。

3　あなたはそれぞれの証人が去った後ごとに列の中での自分の位置を変えることができます。

4　あなたはパレードに参加するメンバーや準備について異議申立てをすることができます。その異議申立てはパレードの責任者である警察官に対して述べてください。

5　あなたがどのような人物であるかについての情報は，証人に対して一切与えられません。

6　パレードの終りに，あなたは一連の準備・実行に対して満足したかどうかを尋ねられるでしょう。

　　注記　パラグラフ2では，本レポートのパラグラフ5.48で勧告された実験が行われつつある場所では，角括弧（[　]）の中の文が使用される。

付録F　リバプールとブリストルにおける銃撃犯に関する描写

　以下の詳細な記述は，ヴィラーグ氏が誤って同一性識別された銃撃犯について筆記された描写からひいてきたものであり，これらの描写は関連ある出来事が起きた直後になされたものである。衣服についての描写は1969年2月23日に関するものに限られている。身体的特徴については，リバプールとブリストルの事件双方の証人による描写からひきだせる。

身体的特徴
　　年齢　　範囲は28-30歳から36-40歳もしくは40歳代まで。
　　身長　　5フィート9インチ(もしくは5フィート8-10インチ)と6フィート1インチに分かれた。
　　体格　　小さい
　　　　　　スリム
　　　　　　やせている
　　　　　　中肉中背
　　　　　　重い
　　容貌　　ほお骨の目立つ
　　　　　　巾広い顔しかし小さな目鼻立ち
　　　　　　険がある感じ，長くとがった鼻
　　　　　　丈夫そうな顔立ち
　　　　　　顔の特徴や表情は非常に厳しい，卵形の顔
　　　　　　丸みのある顔
　　　　　　顔についていえばジプシーのような外見
　　目　　　両方の2つの目の下にくまがある
　　　　　　目は暗い。しかし，めがねの縁は赤
　　　　　　深くくぼんだ目
　　肌の色　若々しい
　　　　　　とても若々しい
　　　　　　日焼けした，屋外労働者風
　　　　　　黄ばんだ

付　録

　　　　　　淡い茶色
　　　　　　茶色がかった
　　　　　　暗い，黒ずんだ
　　顎髭等　口髭がいっぱいか，もしくは髭を剃った方がいい感じ
　　　　　　髭がきれいに剃られていて，ほお髭・もみあげは気づかなかった
　　　　　　1日分くらいの無精髭があり，1日に2度髭剃りをしなければいけないタイプ
　　　　　　当日剃ったとは思えないほどの髭が生えていた。

衣　服
　　帽子（色）
　　　　　　暗い色，ネイビーブルー
　　　　　　暗い青かグレー
　　　　　　暗い緑
　　　　　　茶色
　　　　　　中位のグレー（きれいな格子編）
　　　　　　銃撃犯は帽子をかぶっていなかったという人が1人いた。
　　上着（色）
　　　　　　暗い色
　　　　　　暗い青
　　　　　　暗い茶色
　　　　　　緑か茶色っぽいツイード
　　　　　　青
　　　　　　明るい青
　　　　　　明るいグレー
　　上着（スタイル）
　　　　　　ラグラン型コート（これを着た英国陸軍元帥の名から）
　　　　　　ラグラン型ではない型
　　　　　　短い丈のコート－おそらくカーコート《スポーティーな七分丈コート》
　　　　　　3/4丈，短いわけではない
　　　　　　膝丈
　　　　　　通常の丈
　　　　　　長い丈
　　ズボン
　　　　　　暗い
　　　　　　暗いグレー
　　　　　　暗い青か茶色

F　リバプールとブリストルにおける銃撃犯に関する描写

　　グレーのチェック
　　明るいグレーのチェック

　ダネンバーグ氏は，男のことを全体として「黒タラのような」として描写した。それには次の特徴を含んでいる：身長6フィートから6フィート2インチ；わずかに落ち込んだ目；普通の頬髭；年齢40歳から45歳。

付録G　内務省から得た資料

　内務省は第二次世界大戦以後に同一性識別が争点となった38事件の詳細を提供してくれた。これらには，結果として無条件恩赦を受けるに至った16事件と，内務大臣による控訴院[1]への問い合わせが有罪判決の破棄か再公判での無罪獲得という結果になった5事件とが含まれている。残りの17事件は，上訴審か再公判で有罪判決が破棄されたか（15事件），裁判手続が完了する前に真の犯罪者が発見されたか（2事件）のいずれかにより賠償が請求されたことによって，内務省が関知するところとなったものからひいてきたものである。

　(1)　今では関連する根拠条文が1968年刑事上訴法の第17条に見いだされる。

同一性識別パレード
　同一性識別パレードはこうした36事件のうち18事件で計21名の被疑者のために行われた。表Ⅱは，それぞれの被疑者について，被疑者を選んだ証人，誰も選ばなかった証人，被疑者以外の誰かを選んだ証人，の数を示している。それぞれの事件は上記いずれかのカテゴリーに入っており，最終的に被疑者は無罪を宣告された。

正式起訴に基づく公判において争点となった同一性識別
　提供された事例資料（略式公判，正式起訴に基づく公判を含む）に加えて，1963年1月1日〜1974年12月31日までにおきた，正式起訴に基づく公判の後に放免が決定された事例と，内務大臣から控訴院に照会があった事例が，同一性識別が焦点になった事例の状況を調べるために検査された。結果は表Ⅲに示されている。

　この付録と付録Hに含まれる事件数は少ないこと，それ故結論には注意が必要であること，に留意されたい。

G 内務省から得た資料

表Ⅱ 情報が得られた事件の計21名の被疑者に行われた同一性識別パレードでの識別

年	被疑者名	証人が選んだ人数			同一性識別パレードに参加した総人数
		(a)被疑者	(b)不選択	(c)他　者	
1949	A	2	1	—	3
1953	B	1	—	—	1
1954	C	2	—	—	2
1956	D	1	1	—	2
1956	E	1	1	—	2
1962	F	3	—	—	3
1965	G	1	—	—	1
1965	H	1	—	—	1
1965	J	1	—	—	1
1967	K	2	—	2	4
1967	L	2	3	—	5
1967	M	1	—	—	1
1968	N	2	4	—	6
1968	O	1	1	—	2
1968	P	2	—	—	2
1968	Q	1	2	—	3
1969	R	1	1	—	2
1970	S＊	—	1	—	1
1971	T	3	—	1	4
1971	U †	1+?1	7	2	11
1972	V	1	2	2	5

＊強盗で訴追された被疑者は，路上で1人の警察官に同一性識別され，警察の居房でもう1人の警察官に同一性識別された。しかし，強盗の被害者は同一性識別パレードにおいて彼を識別することができなかった。

† 1人の証人は殺人で訴追された被疑者を識別した。2人目の証人はパレードで彼を識別しなかったが，後に被疑者がその男だと確信すると言った（列の中の被疑者がいる位置のことを彼女は言った）。

表Ⅲ 1963年1月1日〜1974年12月31日までの間に，正式起訴に基づく公判の後に放免が決定された事例と内務大臣から控訴院に照会があった事例

	無条件恩赦	有罪判決の問題についての17条照会		
		上訴許可か再公判無罪宣告	上訴棄却か再公判有罪判決	17条照会の合　計
全事例	8	17	13	30
同一性識別が主な争点となった事例	5	5	6	11

付録H　刑事上訴局から得た資料

　刑事上訴局は第二次世界大戦後から1972年までに刑事控訴院で審理された，同一性識別が争点となった61の事例を提供してくれた。これらには，内務省からの資料にも含まれている6事例が含まれている。
　加えて，1973-1974年の間に刑事控訴院で審理された全ての事例も検討され，これらの期間に行われた同一性識別事例も分析されている。同一性識別事例の基準は被疑者・被告人の同一性識別が唯一の争点もしくは第一義的な争点であるということである。この研究は，破棄された上訴，拒否されたか審理待ちになっている上訴許可申請を含んでいない。結果は表Ⅳ～Ⅵに要約されている。
　表Ⅳは全審理上訴件数に占める同一性識別事例の割合を示している。表Ⅴは上訴の判決にあたって同一性識別が主要な争点となった事例。表Ⅵは公判法廷で利用可能な証拠の性質について広範な指示を与えるものである。

表Ⅳ　イングランド・ウェールズで1973年と1974年に審理された，有罪判決に抗する全ての上訴に対する，同一性識別が主要な争点であった有罪判決に対する上訴の割合

	1973			1974		
	許可*	棄却†	合計	許可*	棄却†	合計
1. 有罪判決に対する全ての上訴	153	208	361	105	119	224
2. 「同一性識別事例」	11	18	29	21	17	38
3. (1)に対する(2)のパーセンテージ	7	9	8	20	14	17

＊破棄された有罪判決又は再公判の命令
†確定有罪判決又はそれに代わるもの

　注記　2つの年で，審理された上訴の数が異なるのは，上訴許可申請数の違いに対応している。有罪判決や有罪判決の量刑についての上訴許可申請数は，1973年は1857件であり1974年は1200件であった。

H 刑事上訴局から得た資料

表V イングランド・ウェールズで1973年と1974年に審理された，同一性識別が主要な争点であった有罪判決に抗する上訴。上訴が決定された主要な根拠の分類

上訴が決定された主要な根拠	1973			1974		
	許可	棄却	合計	許可	棄却	合計
公判裁判官の誤指示	2	10	12	8	3	11
控訴院にもたらされた追加証拠	2	1	3	6*	3	9
写真使用又はパレード実行の際の誤りの申立て	—	2	2	—	—	—
訴追側証拠の脆弱性	5	2	7	2	1	3
多要因	2	3	5	5	10	15
合計	11	18	29	21	17	38

＊これらのうち4事例では控訴院によって追加証拠が審理され，再公判が命じられた。

注記 殆どの事例で，上訴の根拠は複数存在するので，ある事例がどのカテゴリーに入るかは私たちの判断によった。上訴の根拠がどれも有力ではないときに「多要因の根拠」に入れられた。

陪審に対する同一性識別証拠の危険性の警告が欠如していたかもしくは不適切だったということは，16事例において全て上訴の根拠か上訴の根拠のうちの1つであった。全てのこれらの事例は表中では「誤指示」か「多要因の根拠」に含まれており，1973年には1件が認可され6件が棄却された。1974年には5件が認可され4件が棄却された。たった1つの事例のみにおいて，警告の欠如が裁判所の上訴認可の判断に対して重大な貢献をしたようである。

表VI イングランド・ウェールズで1973年と1974年に審理された同一性識別が主要な争点であった有罪判決に抗する上訴。公判で利用可能であった証拠の分析

	(1) 1人の証人のみの同一性識別	(2) 2人以上の証人の同一性識別	(3) 陳述	(4) 陳述以外の追加的証拠	合計
上訴認可	12	5	5	10	32
上訴棄却	5	6	2	22	35
合計	17	11	7	32	67

付　録

　注記　列(1)と列(2)には，被疑者・被告人に対する主張が目撃証人による同一性識別に基づいている全ての事例が入っている。残りの事例で，同一性識別証拠が被疑者・被告人による言葉のみによって補強されている(3)か，他の種類の追加的証拠によるもの(4)である。(4)には他の資料が付加した被疑者・被告人の陳述も含まれる。

　列(3)の「陳述」は，短いほのめかしであれ，公式の自白であれ，被疑者・被告人によって語られた，彼に罪を負わせる言動。
　列(4)の「追加的証拠」は，目撃証人の同一性識別証拠以外の証拠のことを意味し，被疑者・被告人に罪を負わせる傾向があり，公判法廷で利用可能なもの
　列(3)(4)を加算すると，軽度ではあるが，被疑者・被告人に罪を負わせる傾向をもつ証拠の全ての項目を考慮することになる。どの裁判もこのような証拠の重要性や信頼性を含意しているわけではない。
　公判法廷の手続の短い写しについての研究によって補強されている控訴院の判断の最初の例に，分析は基づいている。

付録J 「ジャスティス」及びその他から受けた資料

　委員会は「ジャスティス」や市民的自由のための全英協議会，他の多くの団体や個人から多くの事例についての情報を受け取っている。それらの情報においては，誤った同一性識別に由来する，もしくは由来したかもしれない司法の失敗について主張されてきていた。このような主張の功績を査定することは不可能だが，委員会はこれらの事例を刑事手続における同一性識別から生じたかもしれない問題の例として捉えた。

　加えて，この問題について公式な情報経路を通してでは見いだせない不満について審査するため，委員会は「ジャスティス」に保管されている記録についてのいくつかの調査を委任してきている。誤った同一性識別が根拠になって間違った有罪がなされたと主張する不満が1974年に17件あった。12事例では上訴許可の申立てが拒否され，他の3件では上訴が棄却された。残りの事例で上訴許可への申立ては1人の裁判官によって拒否されたが，研究時点では，新しい申請が全員法廷で審理されていた。棄却された上訴の1つは量刑のみに対してなされたものであり，この事例では，「ジャスティス」は有罪判決に対して上訴を助言した。4事例では，上訴許可への申立てが拒否され，「ジャスティス」はさらに手続を進めるよう助言した。有罪判決後に通常の上訴手続が用いられなかった事例は見いだせなかった。

　（訳注　付録Iは原本になく付録Hの次が付録Jとなっている。）

付録K　参考文献特選

1　他の重要な事例

　照会期間中に指示された重要な事例を斟酌する中で，委員会はほとんどの部分を，内務省と刑事上訴局から提供された資料の宝の山からひいてきた。しかし，この100年間に起きた注目すべき諸事例については，ほとんど心に留められてこなかった。こうした事例の詳細は多くの公刊物によって知ることができる。以下がその特選リストである。

　　R. Brandon and C. Davies, *Wrongful Imprisonment*, 1973, chapter 2.
　　P. Cole and P. Pringe, *Can You Positively Identify This Man ?*, 1974.
　　P. Hunt, *Oscar Slater, The Great Suspect*, 1951.
　　Report of the Committee of Inquiry into the case of Mr. Adolf Beck (Cd 2315), 1904.
　　Report of the Tribunal of Inquiry on the Arrest of Major R. O. Sheppard, DSO, RAOC (Cmd 2497), 1925.
　　C. H. Rolph *Personal Identity*, 1957.
　　W. Roughead （ed）, *The Trial of Oscar Slater*, 4th ed., 1950.
　　W. N. Roughead (ed), *Tales of the Criminous : a selection from the works of William Roughead*, 1956 （pages 53-81 on warner's case）.
　　E. R. Watson （ed）, *The Trial of Adolf Beck*, 1924.

2　他のこと

　委員会はまた，多くの他のことについて以下の文献を参照にした。

　　F. C. Bartlett, *Remembering*, 1932 （repr. 1972）.
　　Committee on Criminal Procedure in Scotland （Second Report）（Cmnd 6218）, 1975.
　　Criminal Law Revision Committee, *Eleventh Report, Evidence* （*General*）（Cmnd 4991）, 1972.
　　M. Knight, *Criminal Appeals*, 1970.
　　J. Marshall, *Law and Psychology in Conflict*, 1966.

R. H. Renton and H.H. Brown, *Criminal Procedure according to the law of Scotland* (4th ed., G. H. Gordon), 1972.

D. R. Thompson and H. W. Wollaston, *Court of Appeal Criminal Division*, 1969.

A. Trankell, *Reliability of Evidence : Methods for Analysing and Assessing Witness Statements*, 1972.

P. M. Wall, *Eye-Witness Identification in Criminal Cases*, 1965.

付録L　諸国の法と実践

　委員会はオーストラリア，カナダ，アイルランド共和国，フランス，オランダ，スウェーデンの各国から法と実践に関する資料提供を受けた。この付録第1部はコモン・ローの伝統の下にある3カ国について受けた情報を要約する。第2部はその他の3カ国からの情報を要約する。

I　オーストラリア，カナダ，アイルランド

　これらの国では，同一性識別パレードは被疑者を識別する証人の能力を審査する最も利用可能な方法であるという共通の土壌がある。アイルランドのパレード手続とオーストラリアのコモンウェルス諸州はイングランド・ウェールズで行われているものと大変に近似している。カナダでは，実務は様々であるが，パレードの仕方を規制する原則は同じである。3カ国は大まかにいえば，同一性識別の目的のための警察の写真使用について，イングランド・ウェールズで広くある準則と同じものに従う。3カ国は公判裁判官の役割について大筋において一致している。しかし，同一性識別証拠の扱いに関する裁判官の裁量が制限される点でいくらかの相違がある。イングランド・ウェールズの法と実務から著しく異なる点は，以下に述べられる。

同一性識別の方法
2.　3カ国の警察はイングランド・ウェールズと同じように様々な方法を利用している。しかし，西オーストラリアの遠隔地区では，被疑者と合理的に似ていて，同時にその地方の証人には知られていない人たちをパレードに集めことは，必ずしも容易ではない。街頭その他で非公式な同一性識別に訴えることは，次第に多くなってきている。同じように，カナダの地方や小都市の社会では，その地域の人たちがお互いに一般には顔なじみであるため，同一性識別パレードの要請は大都市の中心地ほど頻繁ではない。

3.　オーストラリア高等法院は，被疑者・被告人が証人に被疑者として単独で示さ

れた個人対面による同一性識別は誤りやすいため，証人の識別が直接証拠又は状況証拠というその他の証拠によってさらに証明されない限り，被告人に有罪判決を言い渡すことは安全ではない，と判示した[1]。しかしクイーンズランド州では，被疑者にこの方法と同一性識別パレードとの間の選択肢を提供することが，警察に要請されている。

(1) *Davies and Cody v. R.* (1937), 57 CLR 170.

同一性識別パレード

4. アイルランド，カナダ及びあるオーストラリアの6州のうち5州の警察では，同一性識別パレードを行うことは，大なり小なり内務省通達9/1969に含まれているものと類似する実務準則により規制されている。西オーストラリアでは公式の準則はないが，その他のところと同じ原則に従う。ボランティアの最低限の数がパレードには通常要請されるが，様々である。ニューサウスウェールズでは例えば5人，カナダとアイルランドは6人，ビクトリアは8人以上である。

5. カナダでは，手続は地方の様々な状況を広く考慮して解釈される。証人が被疑者の積極的な同一性識別をラインナップで行うことはできる限り難しくなるように一般に意図されている。例えば，共通の技術として，証人に前からラインナップをみさせるようにする。そして，部屋から彼を遠ざけて，その後後ろから外形を見るために，位置を変えるように参加者を調整する。衣服もこれらの過程でかえられ，各段階で被疑者は自分の位置を選択することができる。一方で，オーストラリアの幾つかの警察では，衣服の交換を禁止するか厳格に制限する準則がある。

6. 一般に，被疑者は調整された措置に異議を申し立てること，特にパレードに集められるボランティアに異議を申し立てることが認められる。さらに，オーストラリアのコモンウェルス警察ではパレードの人が証人に個人的に知られているかどうか確認するよう証人に質問することが，個別に要請されている。

7. 証人が企図された同一性識別を明らかにする方法は様々である。あるところでは，証人は人に手で触れるか，その人をその他の方法で指摘する。別のところでは，証人は手で触れることを求められる。ビクトリア州では，証人は人を指摘するだけである。カナダでは，これらの実務が行われていることもあれば，パレードに数字が付され，証人は適当な数字を書くことが求められることもある。

8. 同一性識別をする証人が他の証人と連絡しないように全警察が気を付けているが，証人が部屋から出て，パレードを見終わった証人を分離しているところもある。また，同一性識別した，あるいは同一性識別しようとしている証人は，全ての証人

が戻ってくるまで部屋を離れることが認められないところもある。

9. パレード記録については，パレード構成者の名前と住所がオーストラリアの数カ所の警察ではとられている。一方，そのような記録をとることが禁止されているところもある。カナダでは，実務でパレードが撮影される。そして，手続の公正さを可能な限り担保するため，終始どこでも写真撮影できる。

写真の利用
10. その他の手段が利用可能であるとき，証人が同一性識別することを可能にさせるために，写真は利用されるべきではなく，そして被逮捕者の写真は呈示されるべきではないという原則が一般に受け入れられている。また，写真による同一性識別が適当であるときには，単独の写真が呈示されるべきではないが，数枚の写真の配列から1つを抜き出すように証人は求められるべきであることが認められている。呈示されるべき写真の最低枚数（10あるいは12）を明記するところもある。しかし，写真で同一性識別した証人が，今度はパレードで被疑者を適切に識別するように条件について定めている内務省通達の規定とは対照的に，オーストラリアのコモンウェルス警察によれば，写真による同一性識別をする証人が同一性識別パレードで被疑者の識別を試みるように求めることには，何ら異議がないという。

法律問題
11. 1963年ドミニク・カーシー事件におけるアイルランド最高裁判所では，陪審に同一性識別証拠全てにある一般的な危険性を警告することを裁判官に義務づける範囲は，キングスミル・ムーア裁判官の判決の主題であった[1]。この重要事件は，本報告書パラグラフ**4.44**で要約されている。そこでは評決が実質的に同一性識別の正確性に依拠している場合であれば，同一性識別につき複数の証人がいたときですら，最良の条件における最良の証人ですら誤る可能性があるから陪審に注意する必要があることを一般的な言葉で警告するのが裁判官の義務であると述べられた。その後1972年，未公刊のマイケル及びトマス・オドリスコル事件では，アイルランド刑事控訴裁判所は，カーシー事件の基本線に沿って警告することが，証人が被疑者と以前に知っていたときだけでなく，証人の同一性識別が補強されているか否かにかかわらず要請されることを明らかにした。裁判所によれば，補強は主要事実と関係なく，争われている同一性識別の問題についての適切な警告は，共犯あるいは性的暴行事件の告訴に関する補強されていない証拠について要請されるものと区別されなければならない。

  (1) *The People (at the Suit of the Attorney General) v. Dominic Casey (No. 2)*, [1963] IR 33.

L 諸国の法と実践

12. カーシー事件の判断に対応してイングランド・ウェールズでは，当報告書の本文パラグラフ**4.47-48**で議論されている。カナダでは，オンタリオ控訴裁判所の一連の事件でその事件が参照された。キングスミル・ムーア裁判官の判断は *R. v. Sutton*[1] (1970) の事件においてモデルとして採用されたが，オンタリオ控訴裁判所は，この種の警告が全ての同一性識別事件で強制されるということは否定した。*R. v. Spatola*[2] (1970) では，この点につき何らの見解も示されなかったが，*The People v. Casey* で宣言されたこの種の警告は，「同一性識別証拠が正反対の性質の証拠によって，又は，当該犯人を目撃した位置が同じであったとしても，別の証人が同一性識別できないという証拠によって覆される場合には」強制的であると判示された。*R. v. Howarth*[3] (1970) では，そのような警告は同一性識別証人と同じ機会がその他の誰にも恵まれなかった場合，あるいは，犯罪に関与した者を同一性識別する同じ機会をその他の誰も利用しなかった場合には，必ずしも必要ではないと判示された。

(1) [1970] 3 CCC 152.
(2) [1970] 4 CCC 241.
(3) [1970] 1 CCC (2d) 546.

13. オンタリオ控訴裁判所の立場は，*R. v. Olbey*[1] (1971) でより一般的に述べられた。そこでは以下の基準が提供された。

> 評決が実質的に同一性識別の正確性に依拠している場合には，*The People v. Casey* (*No. 2*), [1963] I. R. 33 at 39で提示された基本線に沿っての陪審への説示は必要不可欠ではない。本事件では，公判裁判官は詳細に，同一性識別証拠を弱める傾向にある証拠に関する全ての問題を指摘した。公判では説示について何ら異議は唱えられなかった。したがって，裁判官の説示は諸状況からして適切であった。同一性識別事件では，特定の事件状況においては，同一性識別証拠を許容するかどうか慎重に考慮すべき問題について公判裁判官が陪審に注意深く説示すべきであるという原則があるが，とにかくその原則から離れるわけではないけれども，一般，具体の別を問わず，特定形式の用語 —— それを使わないと新公判を必要とする —— の使用は先例と衝突する。

同じ判断が，ブリティッシュ・コロンビア控訴裁判所，*R. v. McCullum*[2] (1971) でなされている。

(1) 13 CRNS 316.
(2) [1971] 4 WWR 391.

14. オーストラリアでは，ニューサウスウェールズ及びビクトリアの刑事控訴裁判所における幾つかの判断において，訴追側の主張がかなり同一性識別に依拠している場合には，陪審に警告又は注意の必要があると強調された。しかしそれらにお

いては，そのような準則は強制的ではないと判示された。1970年マルイ事件[1]では，同一性が争われている全事件では警告が与えられなければならないとする法の支配はない。しかし事件状況がそれを要請する場合には，陪審は適切な言葉で同一性識別に関する証拠について結論を出す前に相当の注意をする必要があるとの警告がなされるべきだとの趣旨の，10年ほど前にビクトリア州のプレストン事件[2]で定められた準則をニューサウスウェールズ裁判所は承認した。例えば同一性識別について証人が1人しかいない場合には，陪審は証人が誠実であるばかりか，正確であることに納得すべきである。アイルランドにおけるドミニク・カーシー事件に関して，裁判所は一般的警告が強制的であるという考え方を認めていないように思われる。

(1) (1970), 92 WN 757.
(2) [1961] VR 761.

15. さらに最近ではキャラハー事件[1]（強姦で有罪判決を受けた者が同一性を争った）において，オーストラリア高等法院は，性関連の事件では補強されていない被害者の証拠に基づき有罪判決を下す危険性を警告することは，補強となりうる証拠が利用できるときには，必ずしも必要ではないというニューサウスウェールズ刑事控訴裁判所の判断を支持した。上級裁判所の裁判官の1人であるギブス裁判官も，同一性が争われている事件で，裁判官が同一性識別に影響する全ての状況を明確に述べているのであれば，視覚的同一性識別の証拠に基づくことの危険性を一般的に警告しなかったとしても，説示は不十分とは考えられないというイングランドのオーサー事件[2]とロング事件[3]の判断を支持した。しかしギブス裁判官は，訴追側の主張には以前に被疑者・被告人を知らない人による視覚的同一性識別の証拠がある場合には，陪審に適切な警告をするのは，一般的には実務上望ましいと付け加えた。

(1) (1974), 48 ALJR 502.
(2) (1970), 55 Cr App R 161.
(3) (1973), 57 Cr App R 871.

16. 同一性識別が警察写真からなされた公判で，開示による予断偏見についての興味ある2つの判断，つまりカナダとオーストラリアからそれぞれ1つずつが，注目されるだろう。1944年ワトソン事件では，オンタリオ控訴裁判所は，そのような開示が誤判の原因とはならない，なぜなら警察は，事実，有罪判決を受けた者以外の人の写真を所有しているからであると判断した。しかし，そのような事実がある場合には，公判裁判官は被告人への偏見の知識によって心証が影響されることを陪審に警告するのが賢明であると判断した。殺人で告発されたというオーストラリアの1963年ドイル事件では，ビクトリア州最高裁判所は次のように判断した。写真の開示により陪審が被告人に不利な推論へと導かれた場合には，この事件ではその証明力のある価値がこの危険性より重要である。公判裁判官は証拠の許容につき自己

の裁量を正確に行使する。証拠から生じる逆推論を無視するための陪審への警告を省いたときには，それは誤判に相当しない。(望ましくない方法で物事を強調する) そのような警告をする判断は公判裁判官の裁量内にある。

17. 判例集未登載のケース，すなわちオンタリオ控訴裁判所の1973年 *R. v. Marcoux and Solomon* の事件では，被疑者・被告人が同一性識別パレードへの参加を拒否したという証拠を提出することが，訴追側にとって適切であるかどうかが検討された。説示において，公判裁判官は被疑者・被告人，警察署にいる人にラインナップへの参加を強制する制定法上の権限はないし，裁判官は示されたラインアップへマコーが参加することを拒否したのをいかに重視するか，証拠の全体に照らして陪審が判断すべきであると述べた。

18. 上訴審で，2人の上訴裁判官は，この説示は何人も自己を罪に陥れる供述を強制されないという原則と衝突しないと判示した。彼らは次のように判示した。

> その特権は口頭による自白あるいは供述を被収容者から獲得することと関連する。ここでは，提示された証拠は被疑者・被告人の挙動に関連する。彼が自分に対する告発について述べたり，述べなかったりすることと関連しない。したがって，格言（自己負罪拒否特権）における権利の侵害ではない。しかし，その他の事情を合わせると，陪審は考慮するよう権限付けられる状況にある。

反対意見においてブルークJAは，自己負罪拒否特権は，ラインナップへの参加を拒否する権利を上訴人に付与している，消極的な推論がその権利行使から導き出されることは，権利自体を一部否定することに等しいと述べた[1]。

(1) これは，アメリカ合衆国の最近の判例とは著しく対照的である。アメリカ合衆国では，一定の状況において，裁判所が被疑者に同一性識別に立つことを命令することは憲法違反ではない，と判示された。ワイス事件（1971）では，被疑者を一連の写真からためらいながら識別した強姦被害者が，被疑者を自分で見ることを求めた。裁判所の命令が得られ，被疑者が要求されるラインナップへ出頭するよう要請された。コロンビア地区控訴裁判所は，警察側はこの事件において命令のためのより詳細な申請を再提出しなければならないと判断し，特に，裁判所は拘禁されていない被疑者を同一性識別手続に出頭するよう命じることができるという見解を支持した。同一性識別手続，すなわち，指紋・血液あるいは尿，身体の表面又は指のつめの下にある同一性識別の材料が関係する手続，そしてラインナップ，写真，声の標本，筆跡の標本を通した証人による同一性識別をうる手続への出頭を，裁判所が一般的に合理的な嫌疑という理由に基き，命令する権限があるとアメリカ法律協会が提案したと我々は理解している。

Ⅱ　その他の国

フランス[1]

19.　（被疑者を示す犯行現場で発見された指紋や足跡，物のような）「重大な手段」と人の証言を採用する手続を区別している。

　　(1)　この章はフランス内務省国家警察総局より提供されたノートを翻訳したものである。

20.　人の証言は被疑者の写真あるいは被疑者自身と関連する。証人は写真又は自分に呈示された被疑者を認識したかどうか述べるよう求められる。しかしこれを実施するには，少なくとも，証人が人の顔を見知っていて，その人を見たことがあるか注視したことがあり，一定の事件では現実に犯行を行っているその人を目撃したことがあることを前提としている。

21.　法的なレベルでは，技術的手段による同一性識別は刑事手続規則に規定される鑑定の規則に従う。写真又は人の提示による同一性識別は，証人尋問の法律と関連している。この段階では刑事手続規則は，特に規則を定めていなかった。規則に定められている唯一の規定は，証人は「分離して」尋問されるということだけであった。それにもかかわらず，慎重を期して，数枚の写真あるいは数人が被疑者あるいは被疑者の写真として，同時に証人に示されるように要請する実務準則が生み出された。準則は（採用された場合の）この手続が同時に数人の証人に実行されることを禁止する。証人に1人あるいは1枚の写真だけを呈示することにより，特定の返答が暗示されず，1人の証人は他者による証言を知識としてうることにより影響されてはならない，という関心が明らかである。

22.　この2つの古典的な証明手段により，同じ信用性に到達するわけではない。実質的な証明の手段により，自然と信用性も増す。人により証言は本質的に主観的であり，不確かでもろい。フランス法は法定証拠主義を採用していない。自由心証主義の特徴の1つ，疑いの段階では有罪とされないとの利益は被疑者・被告人に与えられる。

23.　2段階の聴問という法的手続のもとでは，公開裁判の法廷で口頭で全告発を議論するよう準備され，証人と専門家とがいずれも反論を受けることが認められ，そして一定の限度で，証人の真摯さ，証人の供述の信用性を吟味することが認められる。

オランダ
24. 被疑者・被告人の同一性識別に関する特別の準則又は手続はない。

スウェーデン
司法手続規則
25. スウェーデン法には刑事事件の同一性識別につき特別の規定はない。行政機関による何らかの指示あるいは準則もない。しかし，同一性識別パレードは公判前捜査の一部である。したがってこれと関連手続はスウェーデン司法手続規則の捜査に関する一般的規定で満足されている。この規定のもと，警察には被疑者の有罪方向を示す状況だけでなく，被疑者に有利なものも検討するよう要請される。警察は自己に有利な証拠物だけでなく，不利な証拠物も収集しなければならない。この規定は同一性識別手続を調整するときにも遵守されなければならない。

26. スウェーデン司法手続規則によれば，裁判所は公判中に提出された証拠を自由に検討し，評価する権限が与えられる。したがって，裁判所は同一性識別手続の結果に拘束されない。しかし，手続が実施された状況を十分に検証しなければならない。このため，警察は異議を予防する方法で問題を処理し，説明と写真とが用いられる手続を書面化している。弁護人は通常立ち会う機会を付与されることに注意すべきである。

同一性識別手続
27. 最初に各証人は犯人の描写，記憶の鮮明性，及び他の証人あるいは事件関係者と目撃についてどの程度議論したか十分に質問される。

28. 一種の同一性識別パレードといえるかもしれない。イングランド・ウェールズで実践されている公式のラインナップはないが，被疑者が他者と一緒に観察されるというさらに非公式の方式である。少なくともその他に6人が出席し，被疑者が証人から特色のある衣服を着ていたといわれた場合には，同一性識別の方式あるいは「面接」においてこれが再現される。

29. 普通の会話を通じてその他に集められたグループの構成員がお互いに楽しむようにしている十分に明るい部屋に被疑者は入れられる——第1に被疑者を寛がせるようにし，被疑者の方が神経質になりがちにならないようにする。このことによりまた，証人は特徴的なしぐさや顔の表情などを観察する機会をもつ。

30. 証人は都合のよい方法で場面を観察できる——隣の部屋から，開けたドアからでも可能であり，窓や，鏡からもある。

31. 例えば，以下のような方法がある。
1. 数人の証人が，歩いていて軍服を着ている若い男性を目撃した。彼は殺人の嫌疑をかけられた。「対面」は多くの本棚が離れて置かれている広い図書館で行われた。警察官が対面を担当し，「指揮者」として行動した。グループのその他の構成員は制服を着用し，数字を身につけた。警察官の指示のもと，彼らは本棚の間を歩いたり，証人から半身に向いて立ったり，離れて立ったりした。証人はお互いに相談できないように配置された。
2. ダンスホールに来た後すぐに消えた女性が後に殺害されているところを発見された。彼女がダンスホールで誰と会っていたかを立証し，事件に関係ない者を除外することは大変に難しかった。お客は全部探し出され面接を受けた。最終的に，彼らは壇と席のある会議室に一般的な会議と称して全員呼び出された。

24人いて，彼らは相互に対面させられた。彼らに数字と質問票が振り分けられ，彼らは席についた。順番にそれぞれ彼らは壇上にのぼり，他の人の前で自分を見せた。

書式にある質問は以下の通りであった。
① 彼らの中からあなたが知っている人はいるか。
② 彼らの中からあなたがダンスホールで見た人はいるか。
③ 彼らの中からあなたが自分の供述の中で話した人はいるか。

数字の付された欄に，質問に対してバツを付けるやり方で回答がなされた。

写真の使用

32. 証人が犯人を抜き出すために写真帳を見ることが許容される。ただし，証人は探すときに誰からも助けを借りてはならない。しかし警察が既に嫌疑をかけている者が写真帳の中にいる場合には，そのような証人はもやは使用するように考えられない。なぜなら，証人は自分の犯人に関する元々の記憶と彼が見た写真との区別がつかなくなるかもしれないからである。この禁止のルールは，要するに，警察が1度名前の分かる被疑者を持ったときには，その者の写真が証人に呈示されるものの中に含めるべきではないことを，警察に警告している。

33. 以下の例示によれば，写真から人を認識することは難しい。
「指名手配」リストにある殺人者の写真が少なくとも6つの異なる角度から撮られていた。それ故これらの写真全てには相当に違いがあった。その他の物と一緒に，リスト写真は殺人者の前の働き場所に展示された。何度も被疑者と会ったことがある証人が，順番に写真をそれぞれ指しつつ，次のように述べた。「これは彼じゃない，これも違う…だがこれが彼だ」。

その他の方法

34. 上記の非公式の「面接」形式は証人が被疑者の外見をよく知っていると主張する —— かつ，十分な描写ができる —— 場合にのみ，適当であると考えられる。そして実際の観察は好ましい状況のもとで行われた。これに対し観察が非常に短く，明るくないところで行われ，不完全な人物像しか提供できない場合には，元々の観察時間の諸条件とできる限り同じ状況で，同一性識別が行われなければならない。

35. スウェーデンの官憲が，明るさなど犯行時の状況と類似する条件のもとで，顔を認識する証人の能力を審査する実践的実験を行なったことがあるが，それにはかなり長い期間を必要とした。

36. 声による同一性識別については，いくつかの事件で被疑者とその他の人が適当な文章を読みテープに録音して，後にそれが証人に聞かされた。

付録M　参考人名簿

I　ヴィラーグ，ドーティー事件
委員会は次の人たち及び機関から口頭による意見を得た。
　フェンヴィック氏
　ハミルトン氏
　ストーラー氏
また委員会は，次の人たち及び機関から様々な調査で大変に援助を受けた。
　R. E. アレン警視
　故 B. アンス，勅選弁護士
　カールトン調査会社
　公訴局長
　ダーラム警察
　ジル裁判官閣下
　グロスターシャー警察
　内務省
　ジャスティス
　故リール裁判官
　マーシーサイド警察
　首都圏警察
　マイケル・フリーマン事務所
　ミネット裁判官殿，勅選弁護士（前ケネス・ミネット氏，勅選弁護士）
　D. ナプリー氏
　A. J. オルソン氏
　パターソン・グレントン及びストレイシー事務所
　刑事上訴レジストラー
　セント・マリー・アボット病院，ケンジントン
　サンデー・ピープル
　ヴォーデン裁判官閣下，勅選弁護士（前デスモンド・ヴォーデン氏，勅選弁護士）
　O. ライトソン氏

M 参考人名簿

Ⅱ 一 般

(1) 委員会の要請に対応して，以下が書面による意見を提出した。アステリクの付いたものは，また，口頭による意見も提供した。

＊首席警察官協会
　イギリス法律家協会
＊公訴局長[n]
　R.N.グッダーソン氏
＊内務省
＊「ジャスティス」
＊マジストレイト補佐官協会[n]
＊ソリシター協会
＊マジストレイト協会
＊首都圏警察
　首都圏有給マジストレイト
＊市民的自由のための全英協議会
　警察官連盟
　警視協会
＊刑事上訴レジストラー
　スコットランド内務保健省
　法曹学院連合評議会（刑事バリスター協会）
　グランヴィル・ウィリアムズ教授，勅選弁護士，FBA

(2) 心理学的問題につき，以下が口頭あるいは書面による意見を提供した。
　D.E.ブロードベント博士，CBE，FRS，オックスフォード大学臨床心理学部
　L.R.C.ハワード博士，サセックス大学
　L.ヒルゲンドルフ嬢，タビストック人間関係研究所
　I.M.L.ハンター教授，キール大学
　L.テイラー教授，ヨーク大学
　B.アービング，タビストック人間関係研究所

(3) 書面による回答，あるいは情報を数多くの以下の人たち及び団体から受けた。含まれるものとして，
　W.バイスウェイ博士，M.クラーク氏
　E.P.コーク氏
　コーン・ゴールドバーグ事務所
　キュザック裁判官閣下
　C.デービス氏

付　録

　　D. フィルトン氏
　　犯人識別法に反対するマジストレイト
　　A. サミュエルズ氏
　　W. A. ソマース氏
　　D. A. トマス氏

(4)　我々は，P. コール氏，P. プリングル氏から "Can you Positively Identify This Man (Andre Deutsch, 1974)" の複写を，ルードビッチ・ケネディー氏から現在公刊されている彼の著作 "A Presumption of Innocence (Gollancz, 1976)" の校正ゲラの複写を頂いた。深く感謝の意を表する。

　(n)　口頭による意見のみ

原語訳語対照表

原　語	訳　語
accused	被疑者・被告人，被告人
acquittal	無罪放免
Administration of Justice Bill	司法運営法案
adversary system	当事者主義
American Law Institute	アメリカ法律協会
appeal	上訴
Appellate Committee of the House of Lords	上院上告委員会
appendix	付録
apprehension	身柄の確保
Assistant Under Secretary of State	内務大臣事務次官
Assistant Secretary	大臣補佐直近
Association of Chief Police Officers	首席警察官協会
attempted murder	謀殺未遂
barrister	バリスター
brief	事件内容説明書
British Legal Association	イギリス法律家協会
cell	居房
Central Criminal Court	中央刑事裁判所
charge	罪
charged	告発された
chief constable	警察本部長
chief superintendent	警視正
clerk to the justice	マジストレイト補佐官
codes	規則
Commissioner of the Metropolitan Police	警視総監
Commissioner of Police	警察本部長
committal proceedings	公判付託手続
Consolidated Circular	統合通達
constable, PC	巡査
conviction	有罪判決
Council of the Association of Chief Police Officers	首席警察官協会評議会
counsel	弁護士
Court of Appeal	控訴院
Court of assize	アサイズ裁判所
Court of Criminal Appeal	刑事控訴院
Court of Quater Session	四季裁判所
Criminal Appeal Act 1968	1968年刑事上訴法
Criminal Bar Association	刑事バリスター協会
Criminal Justice Act 1967	1967年刑事司法法
Criminal Justice Act 1972	1972年刑事司法法
Criminal Law Revision Committee (CLRC)	刑法改正委員会
criminal prosecution	刑事訴追
Criminal Record Office	犯罪記録局
croner	検死官
Crown Court	刑事法院
defence	弁護側
defendant	被告人
description	描写（必要なときは描写記録とする）
Director of Public Prosecutions	公訴局長
dock identification	被告人席同一性識別
Donovan Committee	ドノバン委員会
duty solicitor	当番弁護士
enquiry	捜査
evidence of distinctive feature	特徴証拠
evidence of identification	同一性識別証拠
examining magistrate	予備審問マジス

265

原語訳語対照表

トレイト
Executive Officer　事務官
　－Senior Executive Officer　高級事務官, Higher Executive Officer　上級事務官
foreman　陪審長
free pardon　無条件（の）恩赦
full court　全員法廷
Health and Safety at Work etc Act 1974　1974年労働等保健安全諸法
Home Office Circular　内務省通達
Home Secretary　内務大臣
Honourable　閣下
House of Commons　下院
identification　同一性識別
identification parade　同一性識別パレード
identify　識別する
indictable offence　正式起訴事件
indictment　起訴
inspector　警部補
International Commission of Jurists　国際法律家委員会（ジャスティス）
judge　裁判官
juge d'instruction　予審判事
juror　陪審員
jury　陪審
jury trial　陪審裁判（審理）
Justices' Clerks' Society　マジストレイト補佐官協会
Law Society　ソリシター協会
legal aid　法律扶助
Legal Aid Act 1974　1974年法律扶助法
Load Chief Justice　首席裁判官
magistrate　マジストレイト
Magistrate Association　マジストレイト協会
Magistrate's Court　マジストレイト裁判所
Metropolitan Police　首都圏警察
Metropolitan Stipendiary Magistrates　首都圏有給マジストレイト
miscarriages of justice　誤判
National Council of Civil Liberties　市民的自由のための全英協議会
New Scotland Yard　新警視庁
no case to answer　答弁不要の申立て
notice of additinal eveidence　追加証拠の通知
notice of Alibi　アリバイ通知
persons in custody　拘禁中の人間
petty offence　軽罪
pleading　訴答
pleading diet　答弁打ち合わせ
police　警察
Police Federation　警察官連盟
Police Superintendent's Association　警視協会
potential witness　見込みのある証人
precognosce　事前認識
prejudice　予断偏見
preliminary procedure　予備審問手続
prerogative　国王の赦免権
prima facie case　蓋然性主張
prima facie evidence　蓋然性証拠
Principal　幹部
　－Senior Principal　高級幹部
principle of finality　羈束性原則
prison　刑事施設
prisoner　（刑が確定している人の場合は）受刑者,（それ以外は）被収容者
privilege against self-incrimination　自己負罪拒否特権
procurator fiscal　（スコットランドの）検察官
prosecuting solicitor　訴追側ソリシター
prosecuting solicitor's department　訴追ソリシター局
prosecution　訴追
Prosecution Department　訴追局
prospective witness　申請予定の証人
public mischief　公的阻害

266

rank	階級
reference	照会
Registrar of Criminal Appeals	刑事上訴レジストラー
re-trial	再公判
review	審査
Right Honourable	閣下
Royal Commission on Police Powers and Procedures	警察権限と手続に関する王立委員会
Royal Court of Justice	王立裁判所
rule	準則
scene of crimes officer	犯罪現場分析官
Scottish Home and Health Department	スコットランド内務保健省
section	条
Secretary of State	国務大臣
Secretary of State for Home Department	内務大臣
Senate of the Inns of Court and the Bar	法曹学院連合評議会
sergeant	巡査部長
single judge	単独裁判官
solicitor	ソリシター
Solicitor General	法務次長
spontaneous identification	自発的同一性識別
statutory	制定法上
summary trial	略式裁判（審理）
summing-up	説示
Superintendent	警視
suspect	被疑者
The Chief Officer of Police	警察局長
trial	公判
trials on indictment	正式起訴に基づく公判
unanswerable case on appeal, unanswerable grounds for appeal	答弁できない上訴事件，理由
visual identification	視覚的同一性識別
wounding with intent to murdur	謀殺意図のある傷害
wrongful conviction	あやまった有罪判決

コラム参考文献

[法律学と心理学のかかわり]
Saks, M. J. (1986), "The Law Does Not Live by Eyewitness Testimony Alone", *Law and Human Behavior*, 10, 279-280.
菅原郁夫 (1998)『民事裁判心理学序説』信山社

[耳撃証言研究の動向]
Bull, R. and Clifford, B. (1999), "Earwitness testimony", *Medicine, science and the law*, 39, 120-127.
Cook, S. and Wilding, J. (1997), "Earwitness testimony : never mind the variety, hear the length", *Applied Cognitive Psychology*, 11, 95-111.
畑野智栄・佐藤達哉 (1998)「ストレス状況における耳撃証言－不快な感情を引き起こす電話の声の同一性識別－」日本心理学会第62回大会発表論文集813頁
McGhee, F. (1937), "The reliability of the identification of the human voice", *Journal of General Psychology*, 17, 249-271.
Rathborn, H., Bull, R., & Clifford, B. R. (1981), "Voice recognition over the telephone", *Journal of Police Science and Administration*, 9, 280-284.

[知人同定に関わる問題点]
浅井千絵 (1998)『裁判における知人同定証言の信憑性－法心理学的視点からのアプローチ－』福島大学大学院地域政策科学研究科平成9年度修士論文
Lipton, J. P. (1996) "Legal aspects of eyewitness testimony", In Sporer, S. L., Malpass, R. S., & Koehnken, G (Eds.), *Psychological issues in eyewitness identification*. Mahwah, N. J. : Lawrence Erlbaum Associates Ltd, 7-22
仙波厚・小坂敏幸・宮崎英一 (1999)『犯人識別供述の信用性』司法研究報告書49巻
渡部保夫 (1992)『無罪の発見』勁草書房

[ターンバル判決について]
グランヴィル・ウィリアムズ (1981)『イギリス刑事裁判の研究』(庭山英雄・訳) 学陽書房
渡部保夫 (1985)「犯人識別供述の信用性に関する英国控訴裁判所刑事部の一判決について」判例タイムズ559号31-44頁

[現在の証拠開示]

酒巻匡（1988）『刑事証拠開示の研究』237-259頁

松代剛枝（1993）「イギリス刑事証拠開示の分析」法学57巻3号65-105頁

 同 （1996）「イギリス刑事証拠開示手続の現状と課題」東北法学14号107-130頁

 同 （1996）「事前全面開示説の理論的検討」渡辺編著『刑事手続の最前線』304-316頁

 同 （1997）「刑事証拠開示論攷（2・完）」法学61巻2号75-127頁

[心理学実験の論理]

Wells, G. L. (1993) "What do we know about eyewitness identification?", *American Psychologist*, 48, 553-571.

[目撃証言研究の歴史]

佐藤達哉・溝口元（編）（1997）『通史　日本の心理学』北大路書房

佐藤達哉（1996）「欧米と日本における証言心理学の展開」現代のエスプリ350号135-142頁

あ と が き

I　デブリン卿の経歴

　1989年3月，私たちNHK取材班の一行は，ロンドンからウイルトシャーに向けてハイウエイを一路南下していた。デブリン卿（当時83歳）に会うためであった。私はデブリンレポートの入った鞄を小脇に抱えて少しいらいらしていた。約束の時間に間にあうかどうか，心配だからであった。無事，5分ほど前に屋敷前について驚いた。広大な牧場と農場との一角に，由緒ありげな赤レンガのマンションが立っていた。それが1940年代以来の彼の住居であった。もう1つ驚いたことは，接待してくれた人がすべて男性だったことであった。こういう人たちをサーバントというのか，と思ったりした。この時のインタビューの模様は，NHKの特別番組「冤罪──誤判は防げるか・英米司法からの報告」として，1989年5月2日夜（憲法記念日の前夜）に放映され，大きく反響を呼んだ。これがきっかけとなってわが国にも当番弁護士制度が生まれたのであるが，本稿の主題からは外れるのでここでは割愛する。

　デブリン卿は1905年にアイルランド系の建築家の息子としてアバディーン（スコットランド）に生まれた。ローマカトリックの家庭に育ったので最初，その系統のストーニハースト・カレッジ（ランカシャー）に学んだ。当時，牧師になることを夢見ていたようである。実際，兄弟の1人はジェスイット派の宣教師になり，2人の姉妹は修道院に入って尼僧になっている。もっとも，変わり種もおり，兄弟の1人はシェークスピア劇役者として有名な俳優である。デブリン卿はケンブリッジ大学（クライスト・カレッジ）に学んで精神世界が広がったためか，教会から離れて，法律家の道に進んだ（人間の一生はわからないものである）。しかし「すずめ百まで踊り忘れず」ともいう。デブリン卿の生涯にどこかストイックな匂いがするのは，幼いときの家庭環境によるものかもしれない。

　「彼の力量からすれば法曹界のトップに立ってもおかしくない」と，のちに同僚の間でささやかれたと伝えられるが，大学時代のデブリン卿は学業の面では決して目立つ学生ではなかった。本人にいわせると，テニスなどのスポーツに熱中していたようである。しかしのちのカンタベリー大主教ラムジーのあとを継いで学生自治会の会長になっている。雄弁で鳴らしたというから，才能の片鱗は見せていたようでもある。大学卒業後はグレイスイン法曹学院に進み，1929年にバリスターとなった。最初，当時の司法長官ウイリアム・ジョウイットの秘書となり，国側のバリスターを務めた。しかし個人的な資産がなかったので1930年代に彼は利益のあがる商事事件を扱い，年収15,000ポンドに達していたといわれる。同時に著名な刑事事件

あとがき

も扱い，成功を納めた。一方，1931年から1939年まで造幣局のバリスターをも務めた。この時代彼は商事関係事件を多く手掛けている。そのためかのちに，スカーマン卿（親友）などは彼のことを商法が得意だと評している。

　第2次世界大戦中彼は補給省法務部に勤務し，1942年から1945年までは，軍事・輸送・食料・補給の各省の代理人を務めた。それが評価されたのか，1945年には勅選弁護士に推薦され，さらに1947年にはコーンウオール侯爵領の法務長官に任命された。翌年には高等法院の裁判官資格もえた。裁判官席に座ってわずか数か月の間に，デブリン卿は注目すべき判決を出した。「挑発」の関係であったが，のちに首席裁判官のゴダード卿は同判決について「古典的解釈として長く残されるべき価値がある」と評価した。皮肉なことに，その解釈はそれをさらに拡大したい人たちから今攻撃されている。すでに触れたようにデブリン卿は1948年にわずか42歳で高等法院の裁判官となった。これは記録的な若さであり，いまもってケンブリッジの卒業生は誇りにしている。次いで1960年には控訴院の判事に任命された。過去4年間，制限的取引慣行裁判所の長として業績を挙げたためと聞く。だが一部には，政治的任命との声もあった。続いて1961年には上告審の裁判官の資格もえた。しかし驚いたことに1964年に突如退官した。この早すぎる辞任がなにに起因するのか，いまもってよくわからない。一説には，首席裁判官の地位をパーカー卿に奪われたこと，続いて記録長官の職さえデニング卿にさらわれたことにあるという。本人はむろん否定しているが，将来の見通しについて絶望したことは十分に考えられる。一方，裁判官在職中に交通事故を惹起したためという人もいる。ずっとあとで新聞記者の質問に答えて「事実審裁判官の仕事は実にやりがいがあったが，控訴院の仕事は退屈であった。期待していたが上告審の仕事はもっと退屈であった」と述べている。しかし彼の早すぎる退官によって国民全体は大きな利益をえたように思う。

　退官後も彼は，1971年までウイルトシャー四季裁判所の議長として残った。さきの新聞記者への返答はまんざらうそでもなさそうである。さて，これだけの人材を世間が放っておくはずがない。彼は1964年から1968年まで，国際労働機構（ＩＬＯ）の行政審判所の裁判官および同機構下の委員会の委員長や大会の議長を務めた。すでに裁判官をやるかたわら港湾労働組織にたいする調査委員会の議長を務めたことがあったが，1965年には同じく港湾労働者の賃金関係の調査委員会に入り，週40時間労働制のもとで最低賃金15ポンドを勧告したりしている。これらを聞くと伯父さんの経済的援助で大学を出たという経歴が思いだされる。彼はまた1964年から5年間，プレス評議会の議長を務めたりしている。一部から奇妙な人物といわれる所以である。

　彼は晩年，圧政や不正義と彼がみなす勢力にたいしては強い独立の姿勢を保った。彼は常任上訴貴族制度の廃止を主張して，適切な長官を有する最高裁判所制度の樹立を提唱した。彼はスパイキャッチャー事件において控訴審判決を批判し，ピーター・ライトの出版事件において，その禁止は公正な裁判違反だと非難した。一方，

271

あとがき

陪審における無条件件忌避権の廃止に反対し，ＢＢＣ事件ではプレスの自由を擁護した。むろんバーミンガム・シックスなどの冤罪事件では，大きな運動を引っ張る原動力の役割を果たした。このような姿勢はどこから出てくるのか。彼の説明によれば，退官後間もなくプレス評議会の議長を経験し，国民の声の大切さを知ったからだというが，どうもそれだけでは説明はむずかしいように思われる。

ロード・デブリンは1992年8月9日にその波乱の生涯を閉じた。享年86歳であった。私たちがインタビューしたのは83歳の時であったから，よく会ってくれたと今にして思う。そういえば，インタビューの間終始，夫人がぴったりと寄り添っていた。夫人はオッペンハイマー卿の娘であるが，夫の職業にも理解があり，子育てが終わると治安判事や郡裁判所議長を務めた。2人の間には4人の息子と2人の娘とがあり，孫は21人にのぼる。次に掲げる最後の著作は孫たちに捧げられており，家庭的には恵まれていたようである。

- Trial by Jury, 1956（3版1966年刊の翻訳を庭山が計画中）
- The Criminal Prosecution in England, 1958（邦訳，児島武雄『警察・検察と人権』1960年，岩波書店刊）
- The Enforcement of Morals, 1959
- Samples of Lawmaking, 1962
- Too Proud to Fight, 1974
- The Judge, 1979
- Easing the Passing, 1985（邦訳，内田一郎『イギリスの陪審裁判・回想のアダムズ医師事件』1990年，早稲田大学出版部刊）

Ⅱ　デブリンレポートの意義

1958年にイギリスで公刊された『警察・検察と人権』(前掲邦訳) は次のように述べる。「警察の任務の1つは，被疑者の同一性が争われている場合に，公正な同一性確認の方法を準備することである。証人を法廷に連れてきて，『この被告人がわかりますか』ということは，明らかに無益である。諸君は，いまなお，次のような質問が（往々，意外な成果を納めて）なされるのを聞くかもしれない。すなわち，『法廷を見廻して，君に攻撃を加えた者に似た人がいるかどうかを陪審に告げなさい』と。しかし，同一性が本当に争われている事件においてはいかなる場合でも，そのような質問は，今日では全く形式的な質問と考えられねばならず，警察が前もって適切な面割り行列を行い，証人が背丈・体格の似かよった多数の人のなかから被疑者を選び出したのでない限り，訴追側は，このような事件で成功を納めることを期待できないであろう。」(91頁以下)

同書は次のように続ける。「こうした面割り行列は，警察署において警部の監督のもとに行われ，事件担当の刑事によっては行われない。そして，警部は，通行人のなかから被疑者に十分似かよった12人くらいの人を集めることに，できる限りの努力をする。被疑者が拘束されていない場合には，同一性の確認は，往々，写真に

よって行われねばならないことがある。その場合にも同一の原則が遵守せられるべきであり，警察は，容疑者の写真以外に多くの写真を証人に示さねばならない。しかしながら，もし証人に前もって被疑者の写真が示されているならば，その後証人がじかに被疑者を識別しても，その同一性の証明は，大した価値をもたない。」(92頁)

本書の読者は，本書の原著が公刊される20年近くも以前に，すでに原著の骨格が示されていることを知ったことであろう。デブリン卿がドーティー・ヴィラーグ両事件の調査委員会の責任者に選ばれたのは，決して偶然ではない。そして1976年公刊のデブリンレポートは，やがて1984年警察・刑事証拠法の実務規範Dとして結実し，さらに何度かブラッシュ・アップされて現在の法制度ならびに実務を形成しているのである。それでは，現在はどうなっているのであろうか。以下にそれを見てみることとする。

(1) 被疑者が警察に確認されている場合

確認されているか否かの基準は，「逮捕を正当化するのに十分な情報」を警察がすでに収集しているかどうかである。したがって，確認されている場合とは，捜査当局がすでに被疑者を特定しており，被疑者から異議申立てがあったとき，証人による犯人識別を実施できる状態にある場合をいう。この場合には，証人を被疑者と想定されている人物を現認できる場所に同行するか，写真もしくは写真類似のものを用いるかして，識別を行うことが認められている。より具体的には次のようになる。

① 同一性識別パレード　証人が，被疑者を含む一定の人数の対象者を直接に観察し，そのなかから証人自身の記憶にもとづいて，目撃した犯人を指名する方式。通常，対象者が一列に並べられるところからパレードと呼ばれる。かっては証人がパレードの前を歩いて行って，犯人候補にタッチしたりしていたが，現在ではマジックミラーを通して見て，指名するやり方が多い。

② 集団識別　日常的に多くの人たちが通行し，または待ち合わせを行っている公共的な場所で，とくに用意したわけではない集団を利用して行う方式。その場所は当然のことながら，証人が被疑者と似たような多くの人を見られるところでなければならない。またその実施の模様はカラー写真もしくはビデオで撮影し，記録されなければならない。

③ ビデオテープ識別　同一性識別パレードをビデオテープを利用して行う方式。証人が，ビデオテープに収録された，被疑者を含む一定の人数の対象者を観察し，指名する。

④ 単独面接　証人が，被疑者だけを直接に観察し，同人が自分の目撃した人物かどうか判断する方式。公正ではないやり方だとして現在ではほとんど用いられない。用いられたとしても，証拠としてはまず採用されることはない。

以上が現行の4方式であるが，実施規範Dの制定当初，つまり1986年段階におい

ては，以上の他に路上識別というのが，警察が被疑者を確認しているか否かを問わず許されていた。しかしいろいろと弊害があり，1991年改正で被疑者が確認されていない場合に限られた。また1995年改正では，証人によって与えられた被疑者についてのすべての描写が事前に記録されることとなった。さきの路上識別が行われた後，被疑者は識別パレードを要求することができるが，証人は同一人物を指名するであろうから，ほとんど意味がないといわれる。

(2) **警察が被疑者を確認していない場合**

これには被疑者が，短時日の間に識別パレードに参加できない場合も入る。ところで警察官が証人に写真を見せる時には，付則D（実務規範Dに付けられている）に従わなければならない。すなわち，巡査部長以上の警察官が実施を監督し，責任を負わなければならない。具体的には，担当警察官は，証人に写真等を見せる前に，証人が最初に述べた被疑者についての描写が記録されているかどうか確認しなければならず，確認できない時には実施を延期しなければならない（1995年改正による）。

証人には1名ずつ別々に写真等を見せなければならず，証人相互の情報交換は禁止される。証人には同時に，できるだけすべての対象者が同様の写り方をしている12枚以上の写真等を見せなければならない。証人に対するいかなる示唆や暗示も許されない。1人の証人が，被疑者を特定した時には原則として他の証人には写真等を見せず，さきに記した単独面接を除く識別手続のいずれかを実施し，全証人にパレードへの参加を要請しなければならない。

前述の識別パレードに参加した証人が事前に写真等を見ている場合には，捜査担当官はその事実を識別担当官に通知し，被疑者ならびにその弁護士は識別パレードが実施される前に，その事実を知らされなければならない。また，証人が被疑者を特定したか否かにかかわりなく，どの写真をどのように見せたか，および証人のすべての意見が記録されなければならない。

III　デブリン卿の業績と人となり

彼の著作のなかで最も広く注目を浴びたのは『回想のアダムズ医師事件』（前掲邦訳）であった。これは彼自身が担当した事件を，主要な関係者の死亡後に，回想したものであった。どうして同事件を担当するようになったか，を始めとして説示作成の実際や法務長官（訴追側）との確執など，かなり赤裸々に記されており，一部から非難も出された。しかしわれわれにとっては実に興味深い内容であり，これを訳出した内田一郎教授の学界への貢献は大きい。デブリン卿は判決理由のなかで，「被告人の黙秘から不利益な推定がなされてはならない」と述べているが，同判示はその後，多くの裁判官によって引用されることとなった。当時の世間一般の評価では，アダムズ事件の有罪は確実であったが，デブリン卿は堅く法原則を守って譲らなかった。この点で法務長官と衝突したのであったが，口さがない人たちは，2人が次期の首席裁判官（イギリス法曹界の実質的ナンバーワン）の椅子を争っている

からだ，とうわさした。

　その次に広く注目を浴びたのは，彼の最初の著作『陪審裁判』（前掲，初版1956年）であった。「陪審は自由のとりでだ」との思想で貫かれた同書は，イギリス国民に勇気を与えただけでなく，広く自由を愛する世界の人々を鼓舞した。私も同書によって勇気を与えられた1人である。私のケンブリッジでの指導教授，グランヴィル・ウイリアムズ博士は陪審にはかなり批判的な学者であった（参照，拙訳『イギリス刑事裁判の研究』1981年，学陽書房，刊209頁以下）から，同書に接しなかったら帰国後「陪審裁判を考える会」の設立に積極的に協力することもなかったであろう。陪審は司法的機能だけでなく，政治的機能をももつ。現在，政府の司法制度改革審議会の審議対象の1つに掲げられているが，日本という国が民主・自由国家を標榜するかぎり，それは当然であろう。

　以上の著作よりももっと人々を驚かせたのは，デブリン卿が冤罪事件の支援に乗り出したことであった。1986年にロバート・キー著『裁判と誤判』を読んで心を動かされた彼は，1975年に発生したギルドフォード4人組事件の再公判請求において，控訴院が新証拠を認めなかったことをきびしく批判した。「新証拠は控訴院のために存在するのではなくて，陪審のために存在する。被疑者・被告人にはそれを陪審によって判断してもらう権利がある。したがって控訴院は原則として新証拠の信用性を容認すべきである」と彼は主張した。有名なスカーマン卿が彼に同調したので，騒ぎは大きくなった。結局，同事件は見直されて無罪となった。このケースは，彼の正義のための戦いへの熱情と彼の真実と考える法原則遵守に対する強靱さとを物語るものであった。

　私がデブリン卿に初めて会ったのは1975年，ロンドン大学政経学院における「法と道徳」に関する講演会においてであった。当時すでに69歳に達していたためか，私にはおだやかな学究に見えたが，壮年時代には圧倒的な迫力をもっていたらしい。アダムズ事件担当の頃の写真にそれをうかがうことができる。彼の特徴は，長身，もじゃもじゃの頭髪，際立った猫背，そして強い知的能力を示す風貌にあったとされる。私はイギリスの非常勤裁判官制度調査のため大法官府で裁判官任用制度の実態を調べたことがあったが，それによれば，専任の職員が任官希望者全員について種々の情報を収集し，それをもとに任用委員会で判断するとのことであった。デブリン卿が若くして裁判官のトップクラスにのぼることができたのは，彼の風貌とも無関係ではないと思われる。

Ⅳ　むすび

　わが国の研究関心も近時ようやく人の同一性識別に向けられて来た。たとえば司法研修所編『犯人識別供述の信用性』（1999年，法曹会刊）は，①捜査上の問題点，②審理に関する問題点，③補強証拠，④心理学鑑定の活用，⑤年少者の犯人識別供述，にわけて具体的裁判例を検討し，注意則などを引き出している。このときにあ

あとがき

たり，イギリスの判例と制定法とを生み出す原点となったデブリンレポートの全貌を知ることは，この方面の研究を促進するのに役立つと思われる。本書がわが国の冤罪・誤判を減らすために少しでも貢献できれば幸いである。

〈参考文献〉　本文中に掲記のものを除く

Obituaries : Lord Devlin by Simon Lee and Lord Scarman, The Guardian Aug. 11, 1992

Obituary : Lord Devlin by James Morton, The Independent Aug. 11, 1992

Obituaries : Lord Devlin by Graham Mills and Alan Hamilton, The Times Aug. 11, 1992

Michael Zander, The Police & Criminal Evidence Act 1984, 1985 & 2nd ed. 1990

M. D. A. Freeman, Do, 1985

D. Wolchover and A. Heaton-Armstrong, Questioning and Identification : Changes under P. A. C. E. '95, 〔1995〕Crim. L. R. 356

Do, Exorcising Dougherty's Ghost, NLJ. Feb. 1, 1991

Criminal Law Revision Committee 11th Report, Evidence (General), 1972 (Cmnd. 4991) Royal Commission on Criminal Justice, Summary of Recommendations, NLJ, Jul. 16, 1993

大出良知「イギリスにおける証人による『犯人』識別の実際」季刊刑事弁護11号（1997）

岡田悦典「イギリスの目撃証人をめぐる現状と課題」同21号（2000）

渡部保夫『無罪の発見』（1992年勁草書房刊）

庭山英雄他訳『取調べ・自白・証言の心理学』（1994年，酒井書店刊）

湯川二朗「民衆刑事司法と非常勤裁判官制度」庭山古稀祝賀『民衆司法と刑事法学』（1999年，現代人文社刊）

鯰越溢弘「陪審制度の復活のために」同前

小山雅亀「英国の公設弁護人制度」同

三宅孝之「イギリスにおける保守党政権下の刑事政策」同

熊谷弘『英米陪審制度の運用と其の批判』司法研究報告書11－3（1960）

〈謝辞〉　文献収集にあたって小野新・専修大法学部教授の助力をえた。ここに記して感謝の意を表したい。

(文責　庭山英雄)

[翻訳者・執筆者紹介]

庭山英雄（にわやま　ひでお）
前専修大学法学部教授・福島大学行政社会学部非常勤講師
公設弁護人研究所長・弁護士（刑事訴訟法・イギリス法）

浅井千絵（あさい　ちえ）
千葉大学大学院自然科学研究科博士後期課程（認知心理学・法心理学）

大山弘（おおやま　ひろし）
福島大学行政社会学部教授（刑法・刑事政策）

岡田悦典（おかだ　よしのり）
福島大学行政社会学部助教授（刑法・刑事訴訟法）

黒沢香（くろさわ　かおる）
千葉大学文学部助教授（社会心理学・性格心理学）

佐藤達哉（さとう　たつや）
福島大学行政社会学部助教授（社会心理学・心理学史）

菅原郁夫（すがわら　いくお）
千葉大学法経学部教授（民事訴訟法・法心理学）

畑野智栄（はたの　としえ）
千葉大学大学院自然科学研究科博士後期課程（認知心理学・音響心理学）

同一性識別の法と科学

初版第1刷　2000年10月20日

監訳者
庭　山　英　雄

発行者
袖　山　貴＝村岡倫衛

発行所
信山社出版株式会社

113-0033　東京都文京区本郷 6-2-9-102
TEL 03-3818-1017　FAX 03-3818-0344

印刷・製本　松澤印刷株式会社
PRINTED IN JAPAN ©庭山英雄, 2000
ISBN4-7972-5239-1 C3032

信山社

菅原郁夫 著
民事裁判心理学序説　Ａ５判　本体 8571円

山村恒年＝関根孝道 編
自然の権利　Ａ５判　本体 2816円

ダニエル・ロルフ 著・関根孝道 訳
米国種の保存法概説　Ａ５判　本体 5000円

浅野直人 著
環境影響評価の制度と法　Ａ５判　本体 2600円

松尾浩也＝塩野 宏 編
立法の平易化　Ａ５判　本体 3000円

水谷英夫＝小島妙子 編
夫婦法の世界　四六判　本体 2524円

伊藤博義 編
雇用形態の多様化と労働法　A5判　本体 11000円

三木義一 著
受益者負担制度の法的研究　Ａ５判　本体 5800円
＊日本不動産学会著作賞受賞／藤田賞受賞＊

許 斐有 著
子どもの権利と児童福祉法　Ａ５判　本体 2600円

外尾健一著作集

第1巻	団結権保障の法理Ⅰ	第5巻	日本の労使関係と法
第2巻	団結権保障の法理Ⅱ	第6巻	フランスの労働協約
第3巻	労働権保障の法理Ⅰ	第7巻	フランスの労働組合と法
第4巻	労働権保障の法理Ⅱ	第8巻	アメリカ労働法の諸問題